# 我国独立学院
# 核心竞争力的培育研究

张梅荷／著

图书在版编目(CIP)数据

我国独立学院核心竞争力的培育研究/张梅荷著. —上海：立信会计出版社,2018.7
ISBN 978-7-5429-5852-5

Ⅰ.①我… Ⅱ.①张… Ⅲ.①高等学校—核心竞争力—研究—中国 Ⅳ.①G649.2

中国版本图书馆 CIP 数据核字(2018)第 160607 号

责任编辑　王斯龙
封面设计　南房间

## 我国独立学院核心竞争力的培育研究

| 出版发行 | 立信会计出版社 | | |
|---|---|---|---|
| 地　　址 | 上海市中山西路 2230 号 | 邮政编码 | 200235 |
| 电　　话 | (021)64411389 | 传　真 | (021)64411325 |
| 网　　址 | www.lixinaph.com | 电子邮箱 | lxaph@sh163.net |
| 网上书店 | www.shlx.net | 电　话 | (021)64411071 |
| 经　　销 | 各地新华书店 | | |
| 印　　刷 | 江苏凤凰数码印务有限公司 | | |
| 开　　本 | 787 毫米×1092 毫米　1/16 | | |
| 印　　张 | 16 | | |
| 字　　数 | 252 千字 | | |
| 版　　次 | 2018 年 7 月第 1 版 | | |
| 印　　次 | 2018 年 7 月第 1 次 | | |
| 书　　号 | ISBN 978-7-5429-5852-5/G | | |
| 定　　价 | 58.00 元 | | |

如有印订差错,请与本社联系调换

# 前　言

独立学院的诞生,在扩大高等教育规模、提高本科高等教育资源供给的同时大大缓解了我国高等教育的供需矛盾。促进了我国高等教育从精英教育向大众教育的转变,开创了高等教育的制度创新,对中国高等教育体制变革和发展产生了深远的影响。然而,独立学院在高速扩张的道路上也遇到了重重障碍与问题,例如,宏观方面有规模扩张与质量保障问题、营利性与公益性问题、长期目标与短期利益问题、创新与稳定问题;而微观方面有办学定位不清、产权结构不明、管理体制不完善、师资激励机制落后等问题。这些问题目前已成为制约独立学院提升竞争力并赢得市场的枷锁和桎梏。所以独立学院的核心竞争力研究具有较强的现实意义和应用价值。

本书试图将发展较为成熟的企业界的核心竞争力理论全面引入独立学院领域,通过移植和改造,进一步探索出独立学院形成核心竞争力的各种关键因素及提升核心竞争力的途径和模式。本书研究的重点如下:一是把独立学院推向社会、推向市场、参与竞争,激发它自主建设、自主发展的资源和能力,使其不再扮演附庸者和服从者的角色;二是对各独立学院的研究采取系统的、整体的观念,改变了过去研究中只重局部、知识和技能,不重发展战略、环境变化的零散、封闭、单一的状况;三是积极引导独立学院转型,培养更多的技能型、应用型人才,以适应当前中国由经济大国变成经济强国的发展方式;四是把赢得竞争作为独立学院发展的目的,强调以知识、技能和资源整合为基础,通过改造升级把独立学院导入内涵发展轨道,从而形成持续的竞争优势和核心竞争能力。

张梅荷

2018 年 7 月

# 目 录

1 绪论 / 001
    1.1 选题背景、目的和意义 / 001
    1.2 研究的思路和方法 / 004
    1.3 理论综述 / 005

2 大学核心竞争力概述 / 013
    2.1 大学核心竞争力的内涵及特征 / 013
    2.2 大学形成核心竞争力的关键因素分析 / 015

3 我国独立学院创办的历史、背景、办学模式与定位 / 017
    3.1 独立学院产生的背景 / 018
    3.2 独立学院概念界定 / 024
    3.3 独立学院的办学定位及办学模式 / 029
    3.4 独立学院的性质、特征 / 030

4 我国独立学院的内外部发展现状及SWOT分析 / 033
    4.1 我国独立学院总体发展现状 / 033
    4.2 我国独立学院发展形势喜人的一面 / 036
    4.3 我国独立学院尚待解决的问题 / 039

4.4　相关的公共政策尚待健全 / 050

4.5　我国独立学院的 SWOT 分析 / 053

## 5　我国独立学院形成核心竞争力的要素研究 / 059

5.1　先进的理念和良好的校园文化是独立学院持续发展的灵魂 / 059

5.2　培育结构合理的高水平师资,是赢得竞争的关键 / 061

5.3　参与竞争,走差异化、特色化的发展之路是赢得市场的核心要素 / 062

5.4　整合资源,提升质量,争创双一流才是形成核心竞争力的保障 / 065

5.5　积极转型,提升自适应动态调整的能力 / 068

5.6　加强品牌塑造是独立学院提升市场认可度的源泉 / 070

5.7　科学而健全的制度是独立学院可持续发展的重要保证 / 071

## 6　国外应用技术大学的发展经验借鉴 / 074

6.1　国外高等教育从精英教育到大众化教育的经验介绍 / 074

6.2　美国私立大学的发展经验借鉴 / 077

6.3　德国应用技术大学发展经验借鉴 / 079

6.4　德国应用技术大学的保障体系 / 085

## 7　培育我国独立学院核心竞争力的对策研究 / 090

7.1　全国优质独立学院办学经验借鉴 / 090

7.2　独立学院培育核心竞争力的途径和对策 / 103

7.3　转变政府职能,落实独立学院自主办学的权力 / 129

  7.4 改革独立学院内部管理体制与机制 / 132

  7.5 构建科学有效的教育质量评价体系 / 133

**8 我国独立学院形成核心竞争力的前景展望 / 135**

  8.1 我国独立学院可持续发展的可行性分析 / 135

  8.2 新"民促法"下独立学院的发展机遇 / 137

  8.3 我国独立学院形成核心竞争力的预测 / 138

**结语 / 141**

**附录 1 相关调查统计资料 / 142**

**附录 2 中华人民共和国教育部令第 26 号 / 159**

**附录 3 国务院关于加快发展现代职业教育的决定 / 168**

**附录 4 关于地方本科高校转型发展的指导意见(征求意见稿) / 177**

**附录 5 教育部等五部门关于印发《民办学校分类登记实施细则》**
    **的通知 / 186**

**附录 6 教育部 人力资源社会保障部 工商总局关于印发**
    **《营利性民办学校监督管理实施细则》的通知 / 190**

**附录 7 中华人民共和国民办教育促进法(新) / 199**

**附录 8 国家中长期教育改革和发展规划纲要(2010—2020 年) / 209**

**参考文献 / 244**

# 1 绪 论

## 1.1 选题背景、目的和意义

大学肩负着人才培养、科技创新、服务社会、传承文明的重要职能,是我国实施"科教兴国"和"人才强国"战略的基础和先导,是国家综合实力和发展水平的重要标志,也是中华民族实现伟大复兴的重要保证。独立学院作为我国高等教育的新生力量,其办学质量将直接影响着上千万的后备人才。因此,开展独立学院核心竞争力的培育研究,是国家发展战略决定的,也是独立学院参与竞争,实现可持续发展、提升自身整体实力的需要。

根据2016年全国教育事业发展统计公报显示:全国共有普通高等学校2 596所,比上年增加36所,普通高校中本科院校1 237所,高职(专科)院校1 359所。普通高等学校全日制本专科在校生人数达2 695.8万人。截止到2016年12月,全国共有独立学院266所,学校数量占全国普通高等学校的10.25%,在校生人数251万人,占全国在校本专科大学生总数的9.3%。可见,独立学院已成为中国高等教育的重要发展力量。独立学院作为我国大学扩招后发展起来的一支重要生力军,学校数量最多的时期是2009年,达322所,占当时2 305所普通高校的13.97%;在校生规模达238万人,占全国在校大学生总数2 113万人的11.26%,承担着29%的本科招生任务,近50%的扩招任务。可见,独立学院的存在对缓解我国扩招压力起到了关键性的作用,同时也为我国高等教育进入大众化阶段作出了巨大贡献。目前我国高等教育毛入学率达到42.7%,预计2020年将达到50%,意味着中国高等教育正式进入普及阶段。这与1999年(扩招前)12%的毛入学率相比不能不说是一项伟大的创举,然而尽管如此,高等教育毛入学率与发达国家(美国80%,加拿大、芬兰、韩国等均超过65%)相比,依然存在不小的差距。①

国际经验表明,各国综合国力与国际竞争力的提高越来越依赖于本国高等教育的发展。中国改革开放30多年来的高速发展也证明人力资本是支撑一个国家快速发展最核心的要素。高等教育繁荣发展与国家发展、民族复兴同向同行。德国前总理施密特曾说过,当德国的大学是世界上最好的时候,也是德国的国势在世界上最强的时候。美国联邦储备委员会前主席格林斯潘也说过,美国成为经济强国、军事强国是以强大的高等教育体系为基础的,一流的高等教育培养了众多人才,同时雄厚的经济实力也吸引了世界各地的优秀人才为美国效力,才成就了美国今天的国际地位。发达的高等教育是发达国家经济高速发展的关键因素。美国经济学家范登布什和阿吉翁等分析认为,接近技术前沿的国家应该更多地投资于高等教育,因为这样可以通过技术创新而使这些国家达到技术前沿的位置。相反,远离技术前沿的发展中国家则应该更多地投资于基础教育,因为他们需要通过模仿发达国家的技术来获得发展。在跨越中等收入陷阱,实现从发展中国家向发达国家迈进的过程中,则更要重视高等教育的作用。可见,高等教育可以通过知识创新、科技创新,造就大批各类建设人才,在为国家科技创新作出巨大贡献的同时也提高国民素质、满足人民群众接受高等教育的需求,并在促进社会经济实现可持续快速发展中,发挥出先导性、全局性、基础性的推动作用。

应该说独立学院发展至今,作出的教育贡献是有目共睹的。然而,这类不"公"不"民"的本科院校的出现,极大地冲击了原有的理论和人们传统的思想观念,社会看法不一,争论激烈。支持者认为"它是深化高校办学机制与模式改革的重大突破,是适应我国高等教育现阶段发展特点的制度创新"的"高等教育新长城";反对者则认为"它是公办学校盈利冲动的商业行为,有违教育公

---

① 中华人民共和国教育部. http://www.moe.edu.cn/.

平竞争原则,是影响高等教育发展"的"怪胎"。① 如何辨清围绕独立学院展开的种种理论争论,并不是一件简单而容易的事情,特别是独立学院模式本身尚未定型、变化因素颇多,如何正确地导向独立学院持续健康地发展,是国家的需要,也是独立学院发展的需要。无论是2008年4月颁布的中华人民共和国教育部令第26号《独立学院设置与管理办法》(以下简称26号令),还是后面颁布的一系列的政策法规,如2009年2月发布的《教育部办公厅关于编报省级〈独立学院五年过渡期方案〉的通知》,2014年4月教育部印发的《关于地方本科高校转型发展的指导意见》(征求意见稿),2017年9月1日开始实施的根据第十二届全国人民代表大会常务委员会第二十四次会议决定第二次修订的《中华人民共和国民办教育促进法》,其宗旨都是要把学院的"规范管理"作为重点工作,狠抓落实,并把独立学院定位于"应用型大学"。明确独立学院可以选择营利性和非营利性两种办学模式,同时引导独立学院转型和转设。这一系列的政策法规,一方面解决了独立学院争论已久的"非公非民"的问题、"营利性和公益性"的问题;另一方面从制度和法律层面明晰了产权关系。从而推动独立学院走向"真正意义上的独立"。当然这也把独立学院推到了发展的风口上,因为名校光环的消退使独立学院没有了依靠,只能在激烈的市场竞争中走向自我发展和自我强大的道路。所以倘若独立学院目前还不能甩掉母体院校的光环和办学模式,走差异化、特色化的发展之路,并建立自己的品牌,培育其核心竞争力,那独立学院很有可能会在竞争日益激烈的高教市场中被淘汰出局。

所以说大力发展独立学院,是我国高等教育改革与发展的重大举措,也是我国高等教育发展的新机遇。引发这场改革的原因,不仅有高等教育内部体制改革的因素,也有深刻的社会、经济、文化背景。当前,我们迫切需要从我国的经济发展需要和高等教育发展的全局出发,充分认识独立学院产生和发展的深刻历史背景和现实条件,分析其特点、办学模式以及对高等教育改革和发展的重要影响,探讨其发展壮大的内生发展机制,研究制定保证独立学院健康发展的政策举措,使之成为我国实现高等教育现代化、大众化的新增长点。我们所面临的问题,概括地说就是"独立学院在我国的发展情况如何"和"我国怎

---

① 杨东平.中国教育公平的理想与现实[M].北京:北京大学出版社,2006.

样发展好独立学院的问题",这不仅是区域性的问题,也是全国性的问题,问题的焦点集中在独立学院在我国的举办过程中有何优劣势,其核心是我国举办独立学院有何不足及解决的对策。

所以笔者试图将较为成熟的企业界的核心竞争力理论全面引入独立学院领域,并对全国办得比较成功的三所独立学院——云南师范大学商学院、吉林大学珠海学院、四川大学锦江学院进行实证研究,通过移植和改造企业核心竞争力理论、高校核心竞争力理论,探索我国独立学院形成核心竞争力的各种关键内在因素及培育其核心竞争力的途径和方法,进而对全国独立学院培育核心竞争力提供一些可操作的、具有前瞻性的理论观点。

## 1.2 研究的思路和方法

通过大量阅读独立学院的研究文献,发现独立学院是否真正独立并建立起核心竞争力是影响其生存、发展的重要问题,同时又是理论界研究中相对薄弱的环节。本书主要是在目前文献资料分析整理的基础上,运用管理学、经济学、教育学的相关知识,采用理论研究与实证分析相结合的方式,深入个案研究。采用的研究方法有:

(1) 文献研究法。通过图书馆、档案馆等传统渠道和互联网网站、网络数据库,收集整理相关文献资料,获得可供本书参考或借鉴的理论、数据、观点和方法。

(2) 访谈和问卷调查法。这是本书应用的最主要的方法。访谈和问卷调查分三个阶段:第一阶段主要是针对我国独立学院的高层,了解培育我国独立学院核心竞争力的关键因素及办学条件;第二阶段的访谈和问卷调查主要针对管理层、教师、学生三个群体进行满意度调研;第三阶段针对用人单位和部分学生家长进行访谈,了解第三方对学校办学质量和毕业生质量的满意度。通过统计分析,了解目前我国独立学院存在的现状、问题及改进的措施与方案。问卷调查采用纸质和电子两种方式同时进行,电子主要是通过在线的问卷星、问卷网,还有高校同行的QQ群和微信群等多种方式进行,希望尽可能地获得更多和更全面的调研数据。对于独立学院的管理者、教师、学生三个群体通过随机抽样的方式,通过问卷星、问卷网及纸质问卷等方式共回收 168 所独立学院 1 008 份调查表(纸质有效问卷 108 份)。其中满意度问卷 938 份,办学条件及教学工作状态调查表 70 份。独立学院的办学条件及教学工作状态调查表主要是通过访谈和教育部网站发布本科教学质量报告支撑数据的统计获得,938 份满意度调查问卷中管理层 103 份,教师 362 份,学生 443 份。此外,深入访谈用人单位(主要对在独立学院自己举办的招聘会上的招聘单位和常年合作的实习单位进行重点调研)300 多家,家长 1 000 多人(毕业典礼和开家长会时的访谈及学校调研的家长满意度反馈表统计),总的来说,数据具有较强的可信度。

(3) 定量与定性分析法。本书研究我国独立学院时,以大量数据作为重要研究基础,对招生情况、财务情况、师资力量等采用定量分析,而对学院品牌、社会认可度、人才培养方案等则采用了定性分析法。

(4) 比较研究法。在研究我国独立学院形成核心竞争力的要素时,采用了纵向比较法及横向比较法。

(5) 实证研究法。笔者选取云南师范大学商学院作为样本进行研究,系统剖析该样本案例,通过实证研究探索独立学院培育核心竞争力的途径和方法。

本书共分为四大部分。第一部分(第一、第二章):主要从理论层面对高校核心竞争力进行研究;第二部分(第三、第四、第五章):独立学院的发展历史、面临的问题及对策研究,探索我国独立学院形成核心竞争力的要素及培育途径,从而保障独立学院的可持续发展能力;第三部分(第六、第七章):借鉴德国应用技术大学发展的经验,对近年来办学比较成功的三所独立学院进行实证研究,梳理其获得竞争力的原因;第四部分(第八章):新"民促法"背景下我国独立学院形成核心竞争力的预测及未来展望。

## 1.3　理论综述

### 1.3.1　企业的核心竞争力

最早提出"核心竞争力"一词的标志性文章是美国两位学者 C·K·普拉

海拉德(C. K. Prahalad)和 C·海默(C. Hamel)于 1990 年在《哈佛商业评论》上发表的《公司的核心竞争力》(*The Core Competence of the Corporation*)一文,他们认为,企业的核心竞争力是指在组织内部经过整合的知识和技能,尤其是关于怎样协调好多种生产技能和整合不同技术的知识和技能。普拉哈拉德和哈默尔认为,企业的核心竞争力具有如下特征[①]:①价值性,即核心竞争力要通过市场检验,符合市场需求,能为顾客创造价值,它是企业核心竞争力的根本特性;②独特性,即企业的核心竞争力与同一产业竞争对手的竞争力相比,具有不易模仿和不易复制的特点,在满足顾客需求等方面具有较大的领先性;③整合性,即企业的核心竞争力是知识、技能、管理能力的有机整合,单独的任何一项都不能成为核心竞争力;④延展性,即能够不断地开发出新产品和新服务以满足顾客需求,维护已有的核心竞争力,擅长变更和培育新的核心专长,使企业具有旺盛、持久发展的生命力。

随着国际形势的瞬息万变,企业、产品的生命周期越来越短暂,而那些具有自己的核心竞争力的百年老店越来越引起人们的注意,于是企业核心竞争力的研究与探讨在西方掀起了一个又一个的高潮;《竞争优势》《竞争战略》的作者 M. 波特(M. Port)也在他的著作里强调核心竞争力的重要性,并且提出用价值链的方法对核心竞争力进行识别;麦肯锡也在积极研究提高核心竞争力的方法。由此可见,对于核心竞争力的研究角度一直很广泛,有从技术产品的创新角度出发的,有从知识量的角度、资源的角度、系统观点的角度出发研究的。而企业的核心竞争力也被视为企业持久的特殊本质,核心竞争力理论成为分析企业间有效竞争和成长的一个重要工具,成为当前经济竞争的重要目标。但对于核心竞争力的研究一直集中于企业的竞争力研究中,对其他领域的竞争力研究涉足较少。

### 1.3.2 大学的核心竞争力

当前,国外有关高等教育核心竞争力的研究比较集中,主要以微观层面关

---

① Prahald C K, Hamel G. The Core Competence of the Corporation[J]. Harvard Business Review, 1990(3).

于具体院校核心竞争力研究为主,是高校管理者结合院校实际,所做的有关提升大学竞争力的各项研究。而这也往往和高校的战略联系在一起。但目前国外专门涉及高等教育核心竞争力的论文较少,主要还是作为高校战略的部分在校长报告中呈现。如斯坦福大学的校长杰拉德·卡斯帕尔(Gerhard Casper)教授在校长报告中强调,大学若要竞争成功,必须进行变革,保障经费、创新治理、灵活管理缺一不可;麻省理工学院的保尔·E·格雷(Paul Edward Gray)教授也提出了,院校核心竞争力提升的关键,在于学科建设的潜在能力和原动力。除此之外,英国诺丁汉大学校长科林·坎普贝尔、瑞典皇家理工大学校长彼得·古德蒙顿也有类似的论述。这些都是在办学实践中总结得出的,是对大学核心竞争力的深入思考和研究所得。伯顿·R·克拉克(Burton. R. Clark)则是选取了高深知识这个角度来分析大学核心竞争力。加里·霍尔姆斯(Gary Holmes)和尼克·霍普(Nick Hooper)的《核心竞争力与教育》是从核心竞争力与教育的若干关系和层面,对核心竞争力展开了分析,并将教育核心竞争力总体定义成"通过学习,转化知识和运用知识解决实际问题的能力"。比尔·沃特(Bill Warter)则把"冲突转化"作为核心竞争力,他在报告中强调:大学作为一个学术组织,在审视其核心竞争力上,不应该局限在核心的学术能力上,还应该重视其在合作和转化冲突方面的能力,具体指冲突转化、冲突协商以及冲突仲裁的能力。因此在理解核心竞争力上,必须将核心知识、核心技能和核心态度作为重点。[1]

为应对高等教育全球化和大众化的趋势以及高校之间日趋激烈的竞争,我国一些热心于高等教育研究的理论工作者们将企业核心竞争力创造性地运用于高等院校战略管理之中。20世纪90年代末,核心竞争力被引入高等教育领域,所以说"大学核心竞争力"是一个移植性概念[2],是"核心竞争力"研究与"大学"研究两个学科、两种研究交汇的结果。目前,国内外对高等学校核心竞争力的研究尚处在引入概念、嫁接模式、借用方法的探索阶段,对高等学校核

---

[1] Bill W. Acore academic competency conflict management is higher education report [J]. Collaboration and Conflict Resolution Skill, 2000, Nov/Dec.

[2] 张卫良.大学核心竞争力理论与实证研究[D].中南大学,2005.

心竞争力的定义和内涵等基本概念,尚未形成一个能被公认的统一看法。国内最早从技术观提出大学核心竞争力的学者是赖德胜和武向荣(2002),他们认为大学的核心竞争力就是以技术能力为核心,通过对战略决策、科学研究及其成果产业化、课程设置与讲授、人力资源开发、组织管理等的整合或通过其中某一要素效用凸显而使学校获得持续竞争优势的能力。同时他们认为核心竞争力是"技能、知识、组织"三者合为一体的复杂体系。夏仕武(2003)将大学核心竞争力概括为以资源为基础,教学、科研、社会服务三大职能活动为中介,以核心能力为支点在大学管理运行机制作用下而产生的整体能力。它是大学的"优势资源",是主体对大学资源有效运作而产生的,其表现为"深植于竞争主体的各种资源之中,以自身独有的核心能力为支撑点在履行三大职能中运作自身资源所形成的整体"。肖更生和杨晓耀(2004)认为高校的核心竞争力是高校拥有的独特的为社会和学生带来的特殊效用,是高校在某一行业或某一领域长期具有竞争优势的内在知识资源,是高校内部一系列的技能和知识的有机结合,具有使高校的一个或多个专业达到一流水平的能力,也称高校的核心能力或核心专长。马士斌(2006)等人则将高校竞争力的构成因素分为如下几个层次:办学资金、知名度与美誉度、科研成果与毕业生、办学方向和办学能力、人的因素、内部管理体制与人力资源管理运行机制。阿曼古丽(2011)提出基于动态综合评价法的高校核心竞争力研究,提出高校核心竞争力并非是某种核心要素,或者是几种资源的简单加和、更抑或是少数几项能力的组合,而是一个综合系统。继而对高校核心竞争力的特征、构成要素进行分析,结合高校的组织特性、高校竞争的特点及竞争对象,明确了影响高校核心竞争力形成的核心要素,从高校对核心要素的投入能力与核心竞争力的产出能力两方面构建了相应的评价指标体系。张晋妍(2015)在研究浙江省高等教育核心竞争力的现状分析及提升路径文章中选取教育结构、教育规模、教育经费、基础设施、师资力量和科研实力作为评价比较指标,并依据这六大指标对浙江省的高等教育核心竞争力的现状进行深入介绍与分析。研究国外学者Julita Jablecka认为大学核心竞争力的关键资源包括全体教员(他们的声誉、学术成就、教学能力以及他们对学校的忠诚度);财务资源和物质基础结构(决定了学习的条件);无形资源,比如商标名字和网络(决定了学校提升和使用外部资源的能力);位置(地理位置决定了吸引消费者的机会和日常运行所需的必要资源)。

笔者更赞同张卫良博士对高等学校核心竞争力的概括,他认为高等学校核心竞争力是高校独特的、能支撑高等学校可持续性竞争优势的核心能力,是高等学校在长期的教学、科学研究活动中形成的、蕴涵于高等学校的组织结构和文化中,支撑高等学校过去、现在和未来的竞争优势,并使高等学校在激烈的市场竞争中获得竞争优势的核心能力。这种特有的能力表现为高等学校在发展过程中不断培养出高素质的人才、创造出高水平的科技成果、促进社会更好更快地发展的能力并保持自身适应环境和获得竞争优势的超常能力。

### 1.3.3 独立学院的核心竞争力

由于我国独立学院办学历史较短,1999年至今还不到20年时间,而大学教育培养周期比较长,4年才有一届"产品"出来,因此一所学校质量要得到社会的认同和认可需要经历多年的时间检验。所以大学教育的这种特殊性使得独立学院目前虽然已有近20年的办学历程,但还难以形成核心竞争力。此外,作为中国教育界乃至世界教育界从未有过的办学模式,由于没有可以借鉴的经验,所以独立学院的办学依然还处于探索阶段,目前只能说具备了一定的竞争力。

目前独立学院的管理模式基本为董事长领导下的院长负责制,其办学的资源主要由两部分组成:一部分是母体院校的优质资源,如品牌、师资等无形资产;另一部分则主要是广泛吸纳社会团体、组织、个体的投资来办学,因此它既非传统意义上的公办高校,也非新发展起来的民办大学。所以独立学院既有一般高校的特征,又有类似企业的运作模式。作为一般高校,它同样要实现培养人才、科学研究、服务社会、传承文明四大功能;而在品牌建设、人才招聘、资金运作等方面却又具有显著的企业特点。因此独立学院培育核心竞争力的目标也有别于其他高校,再加上办学时间短、办学定位模糊、缺乏特色,以及生源质量相对较差、师资年轻、结构不合理、资金紧张等因素,所以其管理模式、资金筹集、人才培育模式等也有别于公办高校。作为新生事物,近年来研究独立学院的论文虽然渐渐增多,但研究独立学院核心竞争力的文章却不多见。概括地说有以下几种观点。

刘春艳、孙小权和钱少明(2006)指出构成独立学院核心竞争力指标包括：办学定位、快速反应能力和资源整合能力、师资力量、硬件设施、校园环境、科研能力、生源质量、毕业生就业去向、学院整体形象、社会声誉、学生品牌、专业品牌、师资品牌、整体办学实力、办学理念、校园文化、人才培养、专业设置等方面，通过对这些指标设置不同的权重综合评分后汇总衡量，这种完全量化的指标有一定的独创性，但自身的缺陷也是显而易见的。

刘俊和陈志丹(2007)提出"独立学院作为成长型大学，必须在激烈的高校市场竞争中有所为、有所不为"，坚持"以人为本，质量立校，以市场为导向，以特色求发展"的办学理念，形成自己的核心竞争力，以实现这一新型高教办学模式的可持续发展。关于民办高校核心竞争力的研究，杨树兵(2007)指出民办体制以灵活和高效的管理普遍优于大部分公办高校。民办体制是形成高校核心竞争力的中心要素。

任芳(2003)虽然不是直接研究独立学院，但其研究的民办大学与独立学院有很多相似性，一些观点也值得借鉴，她指出，学校竞争力的培育需要经过以下三个核心阶段：第一阶段是开发与获取核心专长和技能的阶段，本阶段要做的就是开发学校的综合人力和财力资源，明确本校特色优势，形成整体核心竞争力的技能。第二阶段是竞争要素的整合阶段，围绕学校的核心价值，将特殊技能、人力资本、领导才能、组织管理甚至大学精神等融合在一起。第三阶段是核心竞争力的更新阶段，这一阶段主要是与时俱进，不断优化自己的资源，成为持久的竞争优势。

杨芸(2009)认为民办高校核心竞争力的本质因素包括以下三方面：一是民办学校制度；二是民办大学精神；三是民办学科机制。将其细分为领导体制、行政管理体制、教学制度、人本精神、合作精神、竞争精神、学科导向机制、学科激励机制、学科保障机制九个方面，并基于此对我国民办高校核心竞争力提出了切实可行的建议。李占平和王颜林(2009)提出高等教育是一种服务产品，产品竞争的核心是教育质量，而消费者是学生，但学生为了得到知识和技能，最终走向社会。他们基于此提出以社会营销观为指导提升高等教育质量、以适变观指导教学改革、在教学管理中贯彻产品质量观来提升高等教育服务产品的核心竞争力。

王文彬和许冉(2011)依据客观公正、适用性等原则建立民办高等学校的核心竞争力评价指标体系,并对指标体系的合理性进行了详细的阐述和分析。荆光辉、刘巨钦和袁剑波(2014)认为独立学院要继续努力探索,积极创新,使人才培养数量和质量进一步提高,使独立学院成为应用型人才培养主阵地,独立学院要进行教学探索、教育研究、就业指导和质量监控等方面的探索与创新。

其他学者则从区域、省域或者个别高校的角度对高等教育核心竞争力进行了研究。谢沁岑和马继刚(2015)从经费、师资、办学特色三个方面分析阻碍西部高等教育核心竞争力形成的因素,指出西部高等教育只有结合本地区独特的人文、资源、地理环境创新特色办学,并调整教育、专业结构适应自身经济发展,才能形成自己的竞争优势。

专著方面,主要有浙江大学副校长来茂德教授主编的《独立学院:中国高等教育发展的新探索——以浙江大学的两个独立学院为案例》(2004年出版);浙江师范大学校长徐辉、浙江师范大学行知学院院长季诚钧教授主编的《独立学院人才培养的理论和实践》(2007年出版);刘巨钦、朱健主编的《独立学院人才培养质量体系建设研究》(2008年出版)。这些专著也都从制度建设、人才培养、专业建设、质量保障体系等不同方面研究了独立学院的可持续发展能力及市场竞争力的问题,对本书的撰写都具有较好的参考价值。厦门大学潘懋元教授是研究独立学院问题最早的学者之一,他在2009年出版的《中国高等教育大众化的结构与体系》一书中就谈到独立学院的发展问题及发展方向。在最近几年潘懋元教授又提出,独立学院要从传统普通本科教育转型为应用技术本科教育,就要解决好专业设置与课程教学改革、提高产学结合度、应用技术技能师资队伍建设等问题。

其他一些学者在硕博论文中提到独立学院核心竞争力的问题,但论述都不够全面和深入,也未从本质上揭示独立学院形成核心竞争力的关键因素和内涵。笔者认为,独立学院的核心竞争力是那些促使独立学院不断创新、不断追求卓越的积累性学识,是促使独立学院对环境的快速反应能力、高效的资源整合与配置能力、对未来发展的准确判断能力、对目前存在的问题的修复能力等一系列支持独立学院可持续发展的内在力量,以及那种动态地随着社会的发展而不断完善的能力。所以笔者认为独立学院的核心竞争力是独立学院在办学实践中,通过科学定位、组织学习、资源整合、持续地创新所形成的,在现在和将来能为其在市场竞争中带来的持续竞争优势和进一步掌握主动发展的整体综合能力。

# 2　大学核心竞争力概述

## 2.1　大学核心竞争力的内涵及特征

　　为了更为清晰地认识高校的核心竞争力的内涵,我们先来识别一下高校的竞争力、竞争能力及核心竞争力。高校的竞争力主要指高校在竞争与发展过程中与其他高校相比所具有的吸引、争夺、转化教育资源以及创造社会价值并为社会提供知识和人才的优势能力。一所高校的资源、知识、管理等只要具有一定优势都可以形成竞争能力,它通常表现为一所高校的师资竞争力、科研水平竞争力、学术声誉竞争力、区位竞争力、管理竞争力等。这些竞争力只是该组织在某一方面、某一领域的竞争能力,是某一种相对的优势,其稳定性相对较差;而核心竞争力则是指这些竞争能力的整合、升华而形成的处于核心地位的,使竞争对手在较长时期内难以超越、难以模仿的竞争能力,它具有较长的生命周期和较高的稳定性,能保持长期稳定的竞争优势,获得较高的经济、社会效益。① 与企业的核心竞争力相比,高校的核心竞争力也具有以下五大特点。

　　其一,独特性(或优越性)。即不易被他人轻易占有、转移或模仿的与众不同的独到之处,它是靠自身的不断学习、积累和创造而逐步建立和形成的独特能力,例如,品牌、综合声誉等。正是这些独特的能力使其获得更好的竞争优

---

①　张继延.大学核心竞争力研究[D].合肥工业大学,2004.

势,为学生、家庭、社会带来更好的服务水平和服务产品,从而更好地满足"客户"的需要,为"客户"带来更多的"消费者利益",大学只有始终保持竞争要素的优势地位,才能为"客户"带来价值的优越性。

其二,动态性。核心竞争力形成以后,绝非一劳永逸,大学的核心竞争力是办学历史的积淀,随着办学活动的延续,这种积累的产物的内容和优势极有可能会随着环境的变化而变为一般性能力。因此高校核心竞争力的动态性包含两层含义:一方面,大学的核心竞争力的形成是各方面不断优化整合的一个过程,是一个由量变到质变的发展过程;另一方面,大学的核心竞争力形成之后,不能始终保持不变,而必须根据自身的特色,适时实现核心竞争力的升级转换。高校只有与时俱进,不断创新,才能不断地创造"人无我有,人有我优"的优势。

其三,拓展性。核心竞争力应该具备一定的拓展性,应该为高等学校的进一步发展提供支持,对高等学校一系列的竞争力形成促进。例如,优质的高校可以培育出杰出的人才,而杰出人才的贡献和社会影响力又反过来促进高校的发展,影响到生源市场的主动权等。随着经济和技术的发展,核心竞争力可以生长出许多奇妙的竞争力,创造出新的市场,它是高等学校竞争优势的根源。拥有强大的核心竞争力,就意味着高等学校在市场上拥有了选择权。

其四,前瞻性。我国正处于经济转型期,市场对人才的需求不能完全体现行业的发展趋势,如果仅凭某专业的一次性就业率就对原有培养模式进行调整的话,那么这一培养模式将随着调整期的结束而显现出缺陷,培养的人才必然缺乏竞争力。因此,制定人才培养方案一定要用发展的眼光、战略的眼光和国际化的视野。

其五,综合性。高校核心竞争力是集体智慧的结晶,是高校对不同学科专业和各种教学要素整合的一种综合能力。大学的核心竞争力大多是由多种竞争要素相互协同作用,并随着办学活动的长期积累,而逐渐形成大学的积累性学识,才形成了核心竞争力。所以即使是某一些具有竞争优势的要素能够凸显出大学的核心竞争力,也不能说就具备了核心竞争力。就每一所大学的核心竞争力而言,往往更表现为其在教育市场中的总体竞争实力,因此,核心竞争力的综合性是决定大学总体竞争力的标志性特征。

## 2.2 大学形成核心竞争力的关键因素分析

伦敦商学院教授哈默尔(Hamel)在其《Competing for the Future》一书中说道,核心竞争力是打开未来市场之门的钥匙,但核心能力不是一把钥匙,而是一大串钥匙。由此可见,大学形成核心竞争力的关键因素不是单一的、孤立存在的、静态的一种或几种能力,而是通过一定时期经过不懈努力而形成的综合能力。它包括高校所拥有的人力、物力、财力、信息等资源,同时还包括使这些资源转化为与其他高校区别开来的难以模仿与抗衡的能力。大学之间就拥有的资源本身而言,具有较大的同质性,那么能否把这些资源有效地利用起来,让其成为自己的竞争优势,关键还是看资源的整合能力、利用能力、优化能力及创新能力。所以简单地说,高校形成核心竞争力的关键因素就是资源和能力。相比较而言,能力起主导作用,有了能力,资源的获取就得到了保障,如何把拥有的资源变为核心能力则又是能力的体现。大学的核心竞争力也不是影响大学竞争的所有要素的集合,而是一个由构成大学竞争力的核心要素整合而成的有机整体,其核心要素是先进的办学理念、合理的市场定位、有效的学科生长机制和深厚的大学文化底蕴,它们互相作用,形成体系,这些都是大学核心竞争力不可缺少的部分。形成大学核心竞争力的关键在于大学内部的资源整合和分配,而不仅是拥有资源的多少。大学资源分为有形资源和无形资源,有形资源如校舍、设备等硬件资产,这些资产可以用金钱来购买;无形资源则包括人力资源、生源、社会声誉、校园文化等因素,这些资源都是在大学发展的过程中积累起来的,短时期内难以获得,且不能用金钱换来。由此可见,无形资产的资产专用性较强,竞争对手难以在短时间内模仿获得,由此而形成的竞争优势最不容易失去,是构成核心竞争力的主要因素。大学是一种人力资源密集型的社会组织,大学的竞争优势最终体现在拥有人才上,拥有大量优秀人才是大学具有核心竞争力的关键因素,是形成核心竞争力的基础。大学人力资源主要包含两方面的内容:教师人力资源与学生人力资源。教师人力资源是大学聘用的教授、专家等长时间为学校工作的人员,他们在学术研究、科技创新、人才培养方面起着中流砥柱的作用,有一流的教师,才能独领某一领域的前沿优势,从而为铸就大学核心竞争力打下基础。世界大学排名的一项重要指标就是各大学的诺贝尔奖得主人数、著名专家和学者人数。在我国,许多大学都在竞聘两院院士、特聘教授、长江学者等,其目的就是使学校聚集人才优势而增强整体实力。学生人力资源主要体现在学校培养出来的学生在社会广泛领域发挥的积极作用。毕业生的素质和能力是表现一所大学竞争力的外在表现,充分体现了学校培养学生的能力。如果某一学校能够培养出更多的科学家、政治家、军事家或企业家,那么,这所学校的人力资源竞争优势就十分明显,也就能够吸引更多更优秀的生源,而优质的生源又是提高人才培养质量的基础,这也是大学竞争的重要方面。

  大学核心竞争力的形成是一个复杂的过程,它不仅是技术知识的转化,更多的是知识技能、管理、资源等多种因素相互作用的结果,大学核心竞争力的生成机制可简要概括如下:在大学办学理念的指导下,以获得竞争优势为核心,通过研究、分析,整合资源,完善制度,管理创新,最后形成大学独特的、难以模仿的、具有制胜能力的竞争力。

# 3 我国独立学院创办的历史、背景、办学模式与定位

我国的独立学院起源于1993—1995年一些公立高等学校内部以民办机制运行的二级学院,规模形成于1999年高等学校的扩招,正式以"独立学院"命名是在2003年教育部发布《关于规范并加强普通高等学校以新的机制和模式试办独立学院管理的若干意见》(以下简称《若干意见》)之后,开始"独立"则是在2008年4月1日教育部颁布的26号令以后,教育部给出5年的时间,引导独立学院转设为民办本科或专科。独立学院清晰定位于应用型大学是在2013年,国家根据当前的经济发展形势及就业结构性失调的情况,引导独立学院向应用技术大学转型,才在业界形成统一的认识。但独立学院真正"独立"则是在2017年新《中华人民共和国民办教育促进法》(即新"民促法")实施后,独立学院的办学者可以选择"营利性和非营利性"两种办学方式。

我国最早的国有民办二级学院是1993年郑州大学与海外投资共建的二级学院以及天津师范大学应用文科学院,但引起广泛关注并形成规模的是由湖北、浙江两省于1998—1999年大量兴办的二级学院。截止到2016年12月,独立学院较多的是江苏(25所)、浙江(22所)、湖北(17所)、广东(15所)、湖南(15所)等高等教育比较发达的地区。其实在2008年的时候,湖北省是当年全国独立学院数量最多的省份(31所),同时也是到目前为止独立学院成功转设为民办高校最多的省份,2008—2016年,湖北省成功转设为民办本科的高校有14所。

## 3.1 独立学院产生的背景

### 3.1.1 独立学院产生的政治背景

1985年,中共中央《关于教育体制改革的决定》要求改变"政府对高校统得过多、管得过死"的弊端,民办教育蹒跚起步。

1999年,教育部在"面向21世纪教育振兴行动计划"中指出:1999年,高校毛入学率达15%,比1998年的12%增长3个百分点,到2010年,我国高校毛入学率要达到25%。借着这股扩张之风,二级学院(独立学院的前身)得以迅猛发展。同年6月,全国第三次教育会议提出[①]:"进一步解放思想、转变观念,积极鼓励和支持社会力量以多种形式办学,形成以政府办学为主体、公办学校和民办学校共同发展的格局。凡符合国家有关法律法规的办学形式,均可大胆试验。在发展民办教育方面迈出更大的步伐。"

2003年4月,教育部在认真总结各地各校办学经验、广泛听取各方面意见的基础上,制定并下发了《若干意见》,提出了"积极支持发展,规范管理"的原则。《若干意见》明确规定:"试办独立学院一律采用新的办学模式,做到'七个独立',即应具有独立的校园和基本办学设施;实施相对独立的教学组织和管理;独立进行招生;独立颁发学历证书;独立进行财务核算;具有独立法人资格;能独立承担民事责任。"高等教育的这一改革创新从政策上使独立学院得到认可,进入了保护性和规范性的发展阶段。同年6月,教育部召开了普通本科高校试办独立学院视频工作会议,对符合《若干意见》要求的二级学院全部更名为"××独立学院"。在此次会议上,教育部肯定了这种以新的机制和模式试办的独立学院,认为它是中国高等教育改革与发展的重大举措。

2008年2月4日,教育部制定了26号令,于2月22日发布,4月1日起

---

① 《中共中央国务院关于深化教育改革全面推进素质教育的决定》,1999年6月。

执行。26号令指出：今年要把贯彻落实《独立学院设置与管理办法》，加强独立学院规范管理作为重点工作，狠抓落实。及时组织符合条件的独立学院按照国家有关规定取得学士学位授予权，对符合条件的学生颁发独立学院的学士学位证书。此外，26号令对独立学院的办学条件也作出了明确的规定：参与举办独立学院的社会组织，应当具有法人资格。注册资金不低于5000万元，总资产不少于3亿元，净资产不少于1.2亿元，资产负债率低于60%，占地面积不得低于500亩；属于自己的专职老师达到30%，学历结构、职称结构基本合理等。并提出5年的整改期限，到期教育部进行考察验收。26号令下发后，意味着独立学院将面临着重新洗牌，独立学院在"断奶"之后如何发展，成为摆在每一所独立学院面前的重大问题，因此26号令被看成独立学院非自发性的"独立宣言"。26号令的实施，宣告独立学院只求数量不求质量的粗放式发展阶段的结束。教育部给出5年的转设时间（2008—2013年），但由于产权问题、收益问题等比较棘手，对独立学院的合格验收工作被推迟到2016年，但到了2016年，由于种种原因，独立学院的合格验收工作没有如期完成，仅验收了部分成功转设的独立学院。

随着我国产业转型的加速，就业结构性矛盾的日益突出。2014年2月26日，李克强总理主持召开国务院常务会议，部署加快发展以就业为导向的现代职业教育体系，其中特别提到"引导一批普通本科高校向应用技术型高校转型"的议题。2014年4月教育部印发《关于地方本科高校转型发展的指导意见》（征求意见稿），明确国家顶层设计，计划出台改革试点的各项配套政策措施及制定改革的时间表和路线图。2014年6月22日，国务院发布《关于加快发展现代职业教育的决定》，提出要引导普通本科高等学校转型发展："采取试点推动、示范引领等方式，引导一批普通本科高等学校向应用技术类型高等学校转型，重点举办本科职业教育。独立学院转设为独立高等学校时，鼓励其定位为应用技术类型高等学校。建立高等学校分类体系，实行分类管理，加快建立分类设置、评价、指导、拨款制度。招生、投入等政策措施向应用技术类型高等学校倾斜。"2014年12月6日，教育部副部长鲁昕在宁波"产教融合发展战略国际论坛2014年秋季分论坛"上指出："引导部分地方本科高校转型发展、建设中国特色的应用技术类型高校是国务院的战略部署，是教育领域的一项重大改革,要充分认识到转型改革的复杂性和艰巨性,用'十年磨一剑'的精神,切实做好改革试点,积极稳妥地加快这一进程。"

2015年1月,国务院常务会议通过了《教育法律一揽子修正案(草案)》,拟对《中华人民共和国教育法》《中华人民共和国高等教育法》和《中华人民共和国民办教育促进法》(即旧"民促法")进行统一修改。并于2015年8月、12月将这批法案相继提交全国人民代表大会常务委员会(以下简称全国人大常委会)进行初次、二次审议。但全国人大常委会在二审时,却"三法变两法",仅通过了对《中华人民共和国教育法》和《中华人民共和国高等教育法》的修正案;对《中华人民共和国民办教育促进法》,则因为审议意见分歧较大,暂不提交表决,使得触发这波教育法律整体修改的"民办教育分类改革",又因争议而延宕。

2016年4月,《民办学校分类登记实施细则》以及《营利性民办学校监督管理实施细则》等配套制度陆续颁布。2016年10月31日至11月7日,在第十二届全国人大常委会举行第二十四次会议上,《民办教育促进法》修正案草案的三审终于提上日程。最后获通过的《民办教育促进法》修正案版本,延续了前稿对"营利性""非营利性"民办学校的分类规定,但特别指出,"不得设立实施义务教育的营利性民办学校"。2016年11月7日,第十二届全国人大常委会第二十四次会议通过了关于修改《民办教育促进法》的决定。

2017年9月1日新"民促法"正式实施,结束了旧"民促法"中教育的"公益性"和办学"合理回报"的矛盾之争。2002年我国第一部《民办教育促进法》颁布,它从法律上确定了民办教育的法人地位,促进了民办教育的发展,增加了教育服务的供给。但由于旧"民促法"一直没有解决公益性与营利性相矛盾的冲突,一直为业界诟病。公益性与营利性不仅是独立学院发展中办学行为的冲突问题,也是教育改革中的矛盾表现。所以说2017年新"民促法"最大的亮点就是明确了办学者可以有营利性和非营利性两种选择,并进一步确立了法人财产权,细化了民办学校的准、退出制度,完善了法人治理机制,进一步保障了举办者的权利和师生的权利。新"民促法"的实施,标志着我国民办教育进入了一个新的发展阶段,当然也带来了独立学院的举办者在营利性和非营利性选择方面的深度考验。新"民促法"分类管理的优异性主要体现如下:第一,有利于从法律层面解决民办学校法人属性和产权归属等方面的问题和矛盾,法人资格和产权属性进一步得到明晰。第二,有利于按照民办学校的法人属性,分类落实财政、税收、土地等方面的扶持政策。营利性民办学校则可以根据市场定价机制,吸引更多的民间资本进入教育市场,甚至进入资本市场;非营利性民办学校可以获得政府更多扶持,提高办学质量,培育一批高水平的民办学校。第三,有利于拓展民办教育发展空间。营利性民办学校利用市场机制,创新教育产品,体现教育个性化、国际化,实现教育供给侧改革,满足不同家庭、学生的教育需求。

### 3.1.2 独立学院产生的经济背景

长期以来,因我国人口众多,我国政府承受着沉重的教育财政负担。教育经费不足是制约我国高等教育发展的主因。按照1996年全国教育经费统计的数据,当时培养一名大学生每年需要开支10 000元,然而国家财政拨款只能解决6 000元,经费缺口达4 000元。可见高校教育经费的需求与国家拨款之间存在着相当大的距离。民办学校也就是在这样的背景下出现的。根据国家的"十三五"规划,我国要在2020年高等教育的毛入学率达到45%的目标,从目前情况来看达到50%没有问题。这使得原有公办高等教育的资源变得紧张,许多公办高校的潜力基本上已经发挥到极致,处于超负荷运转状态,而各地通过民间资本创办的纯民办大学又得不到社会的认可,短时间内兴建公办高校也是可望而不可及,所以大力发展独立学院成为当时解决规模扩张问题的最佳选择。此外,加快高等教育发展还面临着教育经费投入滞后的问题。如何引进社会其他力量来促进高等教育的发展,成为当时中国高等教育领域里的一项重要课题。在这种背景下,办学质量高、办学条件好的公办高校试办的以民办机制为运作模式的二级学院出现了,浙江和江苏两省率先尝试利用现有普通高校的资源及社会力量办学,进行了举办国有民办二级学院的大胆探索,招收第二批次或者第三批次的本科生,有效弥补了国家财政对高等教育投入不足的情况。独立学院多渠道、多方式引入社会资本,完全不依靠国家财政拨款,这种有效利用社会资本举办的新型大学,为国家财政节约了大量资金。与此同时,绝大部分独立学院还向举办高校缴纳一定比例的学费,大大充实了公办高校财政经费。虽然近几年我国经济发展较快,但扩招压力也很大。尽管对高等教育的投入已经很大,但是我国的经济基础和教育基础毕竟比较薄弱,再加上需要受教育的人口众多,教育投入始终不能适应教育事业发展的需要。

在这种经济形势下,如何充分发挥独立学院灵活的"融资"机制,自筹经费,使教育投入水平有大幅度提高就成为独立学院的历史使命。所以说,独立学院的出现在一定程度上缓解了教育经费紧张的状况,改善了高校办学条件,扩充了高等教育资源,促进了高校的发展。

此外,中国经济经过20多年的飞速发展,城镇及农村家庭收入不断提高,家庭对教育消费的支付能力也随之增强,良好的家庭经济基础为私人分担高等教育成本奠定了重要的经济基础,这也是营利性民办教育得以发展的基础和肥沃的土壤。随着知识经济时代的到来及居民收入的不断提高,社会的发展对高层次人才的需求更旺盛,老百姓希望子女接受高层次、高质量教育及个性化、国际化教育的需求日益增长,这与我国现有的高等教育发展水平形成强烈反差,本科数量严重不足,供需矛盾日见凸显,这也是催生独立学院诞生的契机。

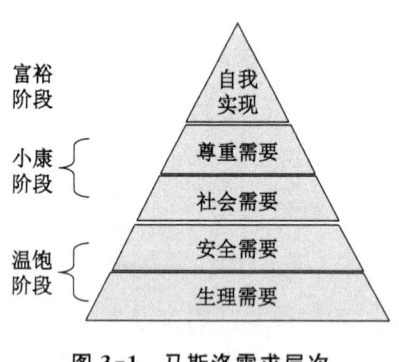

图 3-1 马斯洛需求层次

根据美国科学家亚伯拉罕·马斯洛所提出的马斯洛需求层次理论(Hierarchy theory of needs),如图3-1所示,低层次的需要基本得到满足以后,它的激励作用就会降低,其优势地位将不再保持下去,高层次的需要会取代它成为推动发展的主要原因。随着衣、食、住、行及安全的需要得到满足以后,父母对子女接受更好的教育来改善生活境遇的需要就显得更为强烈。

### 3.1.3 独立学院产生的文化背景

中国具有高等教育官学和私学平行发展的悠久历史。在春秋战国时期"天子失官,学在四夷",原来由贵族垄断、官府掌管的文化也散落到民间,从此，古代社会的高等教育就形成官学和私学平行发展的局面。伟大的教育家孔子是最早开办私学的人物之一，私学中的书院作为中国古代一种重要的高等教育组织形式，不仅仅是教育场所，也是当时的学术场地。著名的书院有宋朝的白鹿洞书院、岳麓书院，明朝的东林书院等。与其他私学形式相比，书院不仅有相对固定的教育经费作后盾，而且有严格完整的管理体系作保障。书院在形成和发展过程中，广泛吸取了传统官学和私学的有益经验，形成独具特色的教育制度。所以民办高等教育在中国有广泛的社会群众基础。而独立学院的办学主体、经费来源以及管理体系，都与古代书院的形式极其相似。因此，与其他民办高等教育形式相比，独立学院这一公办和民办相结合的高等教育模式将会更受社会的欢迎。

受中华传统儒家文化的影响，中国自古就有着重教、重文、重学历的传统。"教育改变命运"已为世人所广泛接受。中国老百姓在基本解决温饱问题之后，对于孩子上大学的需求更加迫切。"万般皆下品，唯有读书高"，此话千古传诵，被历代统治者和读书人视为信条去追求。"书中自有黄金屋，书中自有颜如玉"的理想境界仍然是众多学子苦读十数年的动力，毕竟对于绝大多数人而言读书依然是步入更高社会阶层的捷径，是进步的阶梯，是布衣百姓改变境遇的最佳选择。虽然历史上也有焚书坑儒、罢黜百家独尊儒术，也有后来的读书无用论，但历尽沧桑后，"唯有读书高"仍占上风。

此外，由于高校内部管理体制长期受高度集中统一的高等教育体制的统辖，使高校管理缺乏弹性，缺乏办学自主权，很难引入市场机制，从而也暴露出公办高校的很多问题。独立学院的出现，打破了单一办学主体的局面，减轻了完全依靠国家财政办大教育的负担。独立学院拥有较为独立的人事任免权、利益分配、经费支出、教学管理、招生等方面的权力，因此有利于建立一套系统健全的激励竞争机制、约束机制、调节机制，并有利于实施有效经营和科学管理、提高资金的利用效率、改善高校整体办学条件和增强社会的适应性。此外，独立学院可以针对市场需求调整办学定位，满足目前学生及家长对个性化、国际化教育的需要，这也是独立学院赢得市场的关键。

至20世纪末，中国高等教育人才培养同质化严重，出现了"两头膨胀、中间空虚"的结构性失衡。在这样的背景下，独立学院的出现，一方面，满足了社会对人才多样性的需求,顺应我国的国情和高等教育的发展趋势,为社会输送了大批高素质应用型人才,对我国产业结构的调整适时提供了层次化人才,有效缓解了社会就业压力,维护了社会稳定。另一方面,随着人们对高等教育需求的持续升温,越来越多的学子渴望进入自己所喜爱的高等学校、自己所喜爱的专业进行学习,在公办高校不能完全满足学生求学愿望的情况下,独立学院作了有力的补充,独立学院的发展正是适应了学生在专业、学校、收费水平等方面多样化的教育需求,为学生在现有教育体系之外提供了另一种选择。

## 3.2 独立学院概念界定

从其历史沿革看,独立学院是从过去的"国有民办二级学院"发展起来的,其民办性是显然的,又因是依赖公办高校的有形无形资源创办的,当然与公办高校也有着千丝万缕的联系。因此,"民办高校""国有民办二级学院""独立学院"这三个概念之间既有区别又有联系。只有对它们的内涵加以界定和辨析,才能更好地理解独立学院的含义和特征。

### 3.2.1 民办高校

中国民办教育是在 20 世纪 80 年代初,国家实现了以经济建设为中心的战略转移后,公办普通高等教育满足不了各行各业对人才的需求的背景下,并且在新"民促法"的指引下进一步发展壮大。虽然理论界对民办高校并未作出统一的定义,但是民办教育本身不是一个新名词,其内涵和本质特征在发展过程中也表现得比较清晰与确定。民办高校一般是指完全由社会力量创办、以非财政拨款的社会资源为全部经费来源进行办学、完全以民营机制运作的高校,一般以职业技术教育为主实施专科层次的职业教育,以培养具有一定理论知识和较强实践能力,面向基层、面向生产、面向服务和管理的实用型、技能型专门人才为培养目标。

### 3.2.2 国有民办二级学院

1999 年,浙江大学与杭州市人民政府联合创办了浙江大学城市学院,这标志着独立学院的前身二级学院的诞生。当时的二级学院发展之快十分惊人，研究者及实践者甚至还没有来得及赋予其一个正式的、统一的称呼，它就在全国各地如雨后春笋般迅速出现。到 2003 年上半年，全国共有此类国有民办二级学院 360 所。对于究竟什么是"国有民办二级学院"，在学术界也众说纷纭。比较有代表性的有刘根东等(2004)的描述[①]：由公立大学（普通高校）创办或附属于公立大学的，部分办学经费来自财政拨款之外的社会资源，部分来自母体有形与无形的资产，运作方式是国有民营，显著特点是具有独立法人、独立校园和独立财务三个独立。另外，除个别高校招收专科生外，国有民办二级学院一般实施本科层次的教育，招收第三本批次的本科生。有专家指出，这类二级学院最大的特征可以归结为"一校两制"，即公立高校创办的或附属于公立高校、具有民办运行机制，或以混合所有制为基础的非传统型的二级学院。

二级学院成为当时各省市实现高等教育大众化的主要途径。这类二级学院主要是公办高等院校内部以民办机制开办的，用公办高校的知名度、影响力、教学和管理经验等无形资产，以财政拨款以外的社会资金为经济来源。这些二级学院开创了普通高校与外界机构合作开办高校的先河，至此，二级学院真正步入我国高等教育改革的历史舞台，并迅速在江苏、浙江等经济发达地区发展起来。

### 3.2.3 独立学院

正式以"独立学院"命名是在 2003 年教育部颁布的《若干意见》之后，当时独立学院的定义如下[②]：独立学院是指普通本科高校按新机制、新模式与社会力量合作举办的本科层次的二级学院。一些普通本科高校按公办机制和模式建立的二级学院、"分校"或其他类似的二级办学机构不属此范畴。这个定义从宏观上概括了独立学院的内涵，但不够具体，比如说"新机制""新模式"到底是指什么还需进一步阐述；还有的学者认为：独立学院是指以公立高

---

① 刘根东，邓小泉.民办二级学院转变为独立学院的实质[J].教育发展研究，2004(3).
② 费坚.当前我国独立学院的困境及对策研究[D].南京农业大学，2006.

校办学活动中积淀的无形和有形资产为依托,以非财政拨款的社会资源为主要经费来源,采取民办高校运行机制而建立的拥有较大自主权和独立性的新型高等教育机构。这个定义则从微观上阐述了独立学院的具体内涵,不过"拥有较大自主权和独立性"究竟是多大,用语也很模糊,并且这也不是在定义中一两句话能够完全概括的。26号令下发后,一些学者对独立学院的概念进一步进行了界定:独立学院是指由具有博士学位授予权的本科高校以有形和无形资产为股份而参与举办、以具有独立法人资格的经济组织或社会团体出资(非财政拨款)创办、其领导模式主要以董事会领导下的院长负责制、运行机制采取企业的运作模式、实行"六个独立"(独立法人资格、相对独立办学条件、独立招生、独立颁发文凭、拥有独立校园、独立核算财务)的本科层次的学校。

2008年,26号令对独立学院重新作了定义:"独立学院是指实施本科以上学历教育的高等学校与国家机构以外的社会组织和个人合作,利用国家非财政性经费举办的实施本科学历教育的高等学校。独立学院是民办高等教育的重要组成部分,属于公益事业。"同时,明确了举办独立学院的合作方是"非国家机构"。可见,独立学院是指由公办高校与社会力量合作举办的,以民办机制运行的本科层次院校,经费来源是非国家财政性经费。在性质上,独立学院与普通公办本科院校、高职院校和独立学院有所不同,但取其所长。独立学院培养的应该是拥有公办院校学生所具有的较为深厚的理论基础,又兼具高职院校学生所具备的技术能力的复合应用型人才。

独立学院自创办以来,结合各自实际发展模式存在不同的类型。来茂德教授(2004)归纳了独立学院的六种办学模式:高校独家举办模式、高校+企业模式、高校+地方政府模式、高校+地方政府+企业模式、中外合作模式、公办高校+民办高校模式。关于各种办学模式的优劣,季诚钧教授认为教育部较为强调高校+企业模式,对高校独家举办模式未加肯定;他还认为办学模式多样化是独立学院的内在要求,可以为中国高等教育的改革和发展提供经验,千篇一律地强求一种模式并不符合中国的实情,既然试办就允许多种发展模式,让实践来检验这些不同办学模式的优劣,在实践中进行规范和发展。

经过近20年的发展,独立学院的"公私"身份之争从未停止过,"营利性和非营利性"问题也从未停止过讨论。其未来发展何去何从,终于在2017年9月1日新"民促法"正式实施以后得以明晰。新"民促法"的实施将对民办学校实施分类管理,这就意味着独立学院的举办者可以选择营利性和非营利性两种模式,从此以后266所独立学院将转变成民办独立学院和非民办独立学院两类。那么民办独立学院可能继承高校+企业模式、高校+地方政府模式、高校+地方政府+企业模式、中外合作模式等,而收归国有的独立学院将变为高校+地方政府模式一种。

总的来说,不同学者对独立学院的发展历程有不同的划分。笔者通过归纳,大体可以把独立学院的发展分为四个时期:主体依附期、增强办学自主期、转设民办高校期和分类管理期。

第一阶段,主体依附期(1999—2002年)。在这一时期,独立学院为高校扩招减轻了不少压力。但是作为产生于母体大学基础之上的独立学院,无论是师资还是学校管理都对母体高校有较高依赖性,其专业人才的培养计划和培养方案,以及课程的教学内容、教学方法和方式等,往往也是基本照搬和套用母体高校,未顾及本校学生的需求和特点。这一阶段独立学院的生存主要依赖于母体高校的名牌效应和师资、管理等资源。

第二阶段,增强办学自主期(2003—2008年)。在这一时期,独立学院在《若干意见》的支持下向自主办学过渡,开始增强自主权,自己进行管理办学,对母体高校的依赖逐渐减弱,但没有实质性的进展。其办学规模不断扩大、学院数量大幅增加,呈高速发展。然而,其按"三本"分数线来招生,学费比普通本科、专科院校高很多,能够支付高额学费的考生有限。有限的生源数量引发了独立学院之间对生源的争夺,还有部分独立学院迫于生源的压力,出现"降分录取""代理招生""虚假宣传"等违规行为。

据调查得知,在这一时期,全国各省独立学院开设的学科专业与母体高校几乎一致,其中有70%的学校是完全一致。引起这种现象的原因主要是由于在人才培养目标、学科专业设置方面基本都是沿用母体高校的优势学科和特色专业。随着信息时代的到来,社会对人才的需求也有所改变,传统优势学科专业已不再吸引考生。部分独立学院为寻求自身发展,开始面向市场培养应用型人才。

第三阶段,转设民办高校期(2008—2016年)。在这一时期,独立学院在国家政策的推动下,进行改革转设民办高校,完全与母体高校脱离。2008年,26号令的颁布与实施,使部分独立学院经申请获得教育部批准成功转设,这标志着独立学院的发展进入了全新阶段。26号令指出全国独立学院将于2013年完成改革,并指明了独立学院的3条"出路":继续作为独立学院存在、转民办高校、撤销或合并。该政策的发布使独立学院的办学者对学院未来的发展前景更清晰、明确。但很多独立学院不同程度地存在等待观望或侥幸心理;资产过户矛盾;被动等待政府出台政策;有的独立学院注入了社会资本,但在办学条件方面还达不到要求;有的目前还没找到投资方、合作方,仍为"校中校";有的还按兵不动,仍沿用现有模式办学等现象。总的来说,独立学院依然存在资金不足、办学条件不达标、资产过户困难、体制机制有待完善、缺乏独立发展能力等问题。8年过去了,由于历史原因,独立学院产权问题、收益分配问题的错综复杂性,使得独立学院的转设工作直到2016年仅完成几十所,绝大多数独立学院的转设计划再次搁浅。所以到了2013年年末,多数独立学院的转设工作并未如期完成。因此,教育部不得不将独立学院规范验收工作的最后期限延迟到2016年。其间部分省份已经开始尝试独立学院省级规范验收,比如湖北省就成功地把14所独立学院转为民办大学。

第四阶段,分类管理期(2017年至今)。酝酿已久的新"民促法"的正式实施,明确了民办学院可以实施分类管理,即独立学院举办者可以选择营利性和非营利性两种办学模式。站在新的历史节点上,全国独立学院的命运何去何从将成为社会各界关注的焦点。党的十八届三中全会对深化教育领域综合改革作出了系统部署,明确提出"鼓励社会力量兴办教育"。党的十八届五中全会指出,"支持和规范民办教育发展,鼓励社会力量和民间资本提供多样化教育服务"。全国人大常委会已审议通过修改后的《中华人民共和国民办教育促进法》,对民办教育实行营利性、非营利性分类管理。独立学院作为民办高等教育的重要组成部分,迎来了新的机遇和挑战。随着适龄生源的日趋减少、高校竞争的日趋激烈,独立学院在"后过渡期"将进一步走向分化,呈现多元化发展格局,而能否把握机遇、狠抓内涵、办出特色是独立学院在未来竞争中能否胜出的关键。

### 3.2.4 三者的区别

通过以上分析,可以很明显地看出民办高校、国有民办二级学院、独立学院三者的区别[①]。民办高校完全由社会力量创办,经费来源单一,完全独立,没有可以相依附的公办高校,其办学以专科层次为主,真正的自主经营。国有民办二级学院并不是独立的办学实体,它的实质是"一校两制",只有三个独立,即独立法人、独立校园和独立财务,对母体高校的依附性较强,办学层次以本科为主,产权混乱,风险较大,不利于管理和发展,因此升级转型为独立学院是历史的必然。独立学院是独立的办学实体,实质是由表面的"民办"转变为真正的"民办",具有"六个独立",其中除了相对独立的教学组织和管理外,其他的都应该是完全独立,对母体高校的依附减弱,其办学资质更为严格,管理更为规范,从2008级学生开始独立颁发学历证和学位证。

## 3.3 独立学院的办学定位及办学模式

任何事物要发展壮大,首先应该找到一个科学合理的定位,独立学院也不例外,《若干意见》规定:独立学院的专业设置,应主要结合地方和区域社会、经济发展的需要,特别是要努力创造条件加快发展社会和人力资源市场急需的短线专业。并且,科学定位有助于学院管理层去识别和把握办学中的具体问题,使学校的各项工作协调有序地进行,尤其是有助于学校明确自身的办学基础、优势及不足,创新办学理念,增强学校的凝聚力、向心力和吸引力,有利于扬长避短,形成鲜明的办学特色,打造办学品牌,从而在激烈的高等教育服务竞争中赢得主动权。所以,独立学院应是培养应用型技术人才的"教学型"普通本科院校,主要面向社会经济培养技术应用、生产、服务和组织管理的各类应用型人才。独立学院要根据这个定位制定人才培养目标、专业培养计划,构建学生合理的知识、能力和素质结构。

---

① 费坚.当前我国独立学院的困境及对策研究[D].南京农业大学,2006.

其次是独立学院的发展要突出办学特色,即在学科专业、教学方法与教学手段等方面有着不同于其他院校的特点。独立学院的专业设置,也应该按照《若干意见》努力创造条件,加快社会和人力资源市场急需的短线专业的设置和建设,不能简单地照抄照搬母体学校的发展模式。

总之,独立学院要科学分析社会需求和自身实力,找准自己的角色,优化学校内部的组织结构和运作机制,形成独具特色的学科专业结构和人才培养模式,不断发展自身优势,最终形成办学特色。只有这样,独立学院才能迅速摆脱颁发独立学院文凭时所带来的生源滑坡的危机,从而赢得更大的发展空间。

## 3.4 独立学院的性质、特征

教育部原部长周济在《促进高校独立学院持续健康快速发展——在普通高等学校以新的机制和模式试办独立学院工作会议上的讲话》中指出,独立学院的特点是"优、独、民"。其中,"优"是指利用母体院校的"优"质资源(这是与纯粹的民办高校最大的不同之处),依托于公办高校好的品牌、教学传统、教学资源、管理模式及教师队伍;"独"是相对于过去的国有民办二级学院而言,由三个独立变成了六个独立;"民"是相对于公立大学而言,独立学院是民办的,由社会力量投入资金、土地使用权等而创办的,同时也带来民营的机制与活力。在《2004中国成长型大学——独立学院峰会会议纪要》中根据独立学院的发展需要,又增加一个"特"。所谓的"特"是指适合独立学院的办学特点和办学特色。

与普通高校及民办大学相比,独立学院具有以下四个基本特性:

第一,投资主体的社会性和多元化。几十年来,我国高等教育在计划经济体制下形成的一元化办学体制和单一的政府投资渠道,使国家财政背上了沉重的包袱。虽然许多高校尝试了社会渠道捐资、筹资的办法,但均未能从根本上解决办学经费短缺的问题。而独立学院的资金不是由国家和地方政府的财政性教育经费支持的,而主要是由各种社会力量支持,如企业、社会团体或个人的非公有资本,以及其他有合作能力的社会机构等。独立学院的投资方(合作者)可以是一家投资单位,也可以是多家单位组成的联合投资体,经济比较发达的省市还可以得到政府的资金或政策扶持,投资主体体现出了较大的社会性和多元化性。公办高等院校与投资方(合作者)共同拥有独立学院的管理权和支配权。公办高校不仅要投入学校的教育品牌、成熟的教学管理经验等无形教育资产,还要投入相当数量的高水平教师和教育管理人员,对独立学院的教学和管理负责;合作者不仅要"负责提供独立学院办学所需的各项条件和设施",而且还要"参与学院的管理、监督和领导",这是独立学院与一般民办高校的本质区别。

第二,民办机制。26号令颁布以后,独立学院的发展方向基本可以确定,逐渐走向完全意义的民办大学,机制上一律采用民办机制办学,改变过去的"非公非民"状态,母体院校由"主导"逐渐走向"过渡"进而"退出"历史舞台,基本完成搭建梯子的历史使命。独立学院在办学过程中不仅要遵循《中华人民共和国高等教育法》,而且还必须贯彻实施新"民促法",建立学院董事会,实行董事会领导下的院长负责制,维护学院独立的法人地位,按照民办机制筹措学院建设与发展所需要的各项经费,独自实施学院资产和财务管理,自主经营、自负盈亏。由此可见,独立学院的机制较普通高校而言,更为灵活,市场化运作的空间更大。

第三,独立性。独立学院应与母体高校相分离,享有独立法人地位,独立承担民事责任;还应具有独立的校园和基本办学设施,实施相对独立的教学组织和管理,独立进行招生,独立颁发学历证书,独立进行财务核算。因此,独立学院与母体学校之间不是简单的上下级关系,不是学校与其下属的、一般二级学院的领导与被领导的关系,而是独立法人与独立法人之间的关系。从某种意义上说,是校方、合作方在独立学院这个独立平台上的同舟共济的平等合作关系。

第四,创新性。创新是独立学院不断发展进步的内在动力。独立学院正是在我国高等教育改革的大背景下应运而生的,是我国自下而上的一种办学模式与运营机制的新探索和新思路。在制度上,独立学院突出一个"民"字,由普通高校和社会力量合作举办,不是原来意义上的公办高校,这是一种创新;

独立学院不靠政府投入,以民办机制来提供高等教育资源,这也是一种创新。人才培养也要有创新性,要走差异化、特色化培养的道路。唯有不断创新,独立学院才具有发展动力和无限可能。

# 4 我国独立学院的内外部发展现状及 SWOT 分析

## 4.1 我国独立学院总体发展现状

截至 2016 年,我国独立学院已覆盖 30 个省市区(仅西藏没有独立学院),共计 266 所(见表 4-1),比 2015 年少了 9 所,比 2017 年多 1 所。

表 4-1 独立学院名单(266 所)

| 北京(5 所) | 天津(10 所) | 河北(17 所) | 山西(8 所) | 辽宁(12 所) | 吉林(6 所) |
|---|---|---|---|---|---|
| 黑龙江(1 所) | 上海(2 所) | 江苏(25 所) | 浙江(22 所) | 安徽(11 所) | 福建(7 所) |
| 江西(13 所) | 山东(11 所) | 河南(8 所) | 湖北(17 所) | 湖南(15 所) | 广东(15 所) |
| 广西(9 所) | 海南(1 所) | 重庆(6 所) | 四川(9 所) | 贵州(8 所) | 云南(7 所) |
| 陕西(12 所) | 甘肃(5 所) | 宁夏(2 所) | 青海(1 所) | 新疆(5 所) | 内蒙古(2 所) |

数据来源:中华人民共和国教育部网站,http://www.moe.edu.cn/edoas/website18/info7067.htm(截至 2016 年 12 月)。

根据 2017 年 7 月 10 日教育部官网发布的 2016 年全国教育事业发展统计公报显示,全国各类高等教育在学总规模达到 3 699 万人,高等教育毛入学率达到 42.7%。全国共有普通高等学校和成人高等学校 2 880 所,比上年增加 28 所。其中,普通高等学校 2 596 所,比上年增加 36 所;成人高等学校 284 所,比上年减少 8 所。普通高校中本科院校 1 237 所,比上年增加 18 所;高职

(专科)院校1 359所,比上年增加18所。全国共有研究生培养机构793个,其中,普通高校576个,科研机构217个。

2016年普通高等教育本专科共招生748.61万人,比上年增加10.76万人;在校生2 695.84万人,比上年增加70.55万人;毕业生704.18万人,比上年增加23.29万人。普通高等学校校均规模10 342人,其中,本科学校14 532人,高职(专科)学校6 528人。普通高等学校2016年教职工240.48万人,比上年增加3.55万人;专任教师160.20万人,比上年增加2.94万人。2016年普通高校师生比为17.07∶1,其中,本科学校的师生比为16.78∶1,高职(专科)学校的师生比为17.73∶1。2016年普通高等学校校舍总建筑面积为92 671.05万平方米,比上年增加455.86万平方米;教学科研仪器设备总值4 514.42亿元,比上年增加456.82亿元。2016年全国共有民办高校742所(含独立学院266所),比上年增加8所;招生181.83万人,比上年减少2.16万人;在校生634.06万人,比上年增加23.15万人。其中,硕士研究生在校生715人,本科在校生391.52万人,高职(专科)在校生242.46万人。①

目前,我国已成为名副其实的高等教育大国。数据显示,2005—2015年10年来本科累计毕业生达到2 853万人,本科毕业生占新增城镇就业人口比例从22%增加到47.2%。本科毕业生已经成为我国新增人力资源最重要的发动机,为经济社会健康发展提供了持续的智力支持和人力资源保障。同时,本科教育办学条件改善显著,整体上为提高教育教学质量、打造一流本科奠定了良好的基础。在这期间,教育经费投入大幅增加,截至2015年,全国普通高等学校生均公共财政预算教育事业支出18 144元,是2005年5 376元的3.4倍,年平均增长率为12%。1995—2015年,教师数量持续增长,全国普通本科高校教职工总数从106.5万人增加到236.9万人,跃居世界第一。

独立学院也成为我国高等教育的重要组成部分。我国独立学院学校数量最多的时候是2010年,共有323所,但在校生人数最多的是2012年约278万。随着26号令的颁布,独立学院数量从2010年开始逐年下降。但由于

---

① 2016年全国教育事业发展统计公报. http://www.moe.edu.cn/jyb_sjzl/sjzl_fztjgb/201707/t20170710_309042.html.

2013年全国生源供给依然处于高位,独立学院依然承担着本科扩招任务量的30%以上,所以尽管学院数量下降,但在校生人数增加的情况一直持续到2013年。2013年国家根据经济发展对应用型人才的需求及就业结构性失衡的情况把独立学院定位为"应用型大学"。在这样的形势下,很多条件成熟的独立学院开始转设为民办大学。因此,从2013年后独立学院的数量和在校生人数开始双双下降,至2017年独立学院数量为265所,在校生245万人。2009—2016年我国独立学院占普通高校总数及在校生人数比例如表4-2所示。

表4-2　2009—2016年我国独立学院占普通高校总数及在校生人数比例

| 年份 | 普通高等学校数量(所) | | | 普通高等学校在校生人数(人) | | |
| --- | --- | --- | --- | --- | --- | --- |
| | 普通高校 | 独立学院 | 独立学院占比 | 普通高校 | 独立学院 | 独立学院占比 |
| 2009 | 2 305 | 322 | 13.97% | 21 132 684 | 2 379 596 | 11.26% |
| 2010 | 2 358 | 323 | 13.70% | 22 077 870 | 2 597 420 | 11.76% |
| 2011 | 2 409 | 309 | 12.83% | 22 888 480 | 2 669 024 | 11.66% |
| 2012 | 2 442 | 303 | 12.41% | 23 729 100 | 2 778 982 | 11.71% |
| 2013 | 2 491 | 292 | 11.72% | 24 580 211 | 2 753 416 | 11.20% |
| 2014 | 2 524 | 283 | 11.21% | 27 365 647 | 尚未公布 | 尚未公布 |
| 2015 | 2 560 | 275 | 10.74% | 26 253 000 | 尚未公布 | 尚未公布 |
| 2016 | 2 595 | 266 | 10.25% | 26 958 000 | 尚未公布 | 尚未公布 |

数据来源:根据教育部网站统计数据汇总。

从以上数据的变化中,可以发现独立学院在发展中的两个新情况:一是从2009年起,我国独立学院总数占普通高等学校总数比例呈逐年下降趋势。二是从2009年起,我国独立学院学生总数占普通高等学校学生总数比例虽曾有过上升,但在2013年出现了下降的现象。两个现象的同时发生,说明我国独立学院的发展可能产生了逆转,独立学院的发展规模从扩张转向了收缩。独立学院能否可持续发展、怎样做才能可持续发展成为不可逃避的议题。三是独立学院即将面临生源数量和质量双下降的困境。生源的数量是独立学院存在和发展的基础,生源的质量是独立学院提高教学质量的起点。如此严峻的形势,如果不能及早做好准备,独立学院前景堪忧。

## 4.2 我国独立学院发展形势喜人的一面

### 4.2.1 办学软件、硬件条件大幅改善,资源利用效率高

通过笔者调查的 70 份独立学院的办学条件及教学工作状态调查表统计数据显示,我国独立学院几乎在不依靠政府财政投入的情况下,经过近 20 年的艰苦发展,办学软件、硬件条件大大改善。目前独立学院的本科生均教育事业收入平均为 1.89 万元,生均教学经费支出为 3 787.4 元,明显高于公办院校的 3 297.8 元;独立学院校均教学日常运行支出为 3 134.6 万元,明显高于公办院校的 2 473.8 万元;独立学院校均实践教学支出为 431.8 万元,同样高于公办院校的 409.9 万元。这充分反映了独立学院近年来对办学质量的重视。

从 2013 年全国教育事业统计来看,为迎接评估验收,独立学院平均占地面积 575 亩,比 2008 年增加了 319 亩,其中 164 所超过 500 亩,较 2008 年增加 55 所。独立学院校均仪器设备和图书分别达到 5 101 万元和 72 万册,比 2008 年增加 2 032 万元和 33 万册。近几年,独立学院师资队伍的建设程度加强,教职工从 2008 年的 14.56 万人增至 2013 年的 18.53 万人,增幅达 27.3%;专任教师数从 2008 年的 10.4 万人增至 2013 年的 13.9 万人,增长 33.7%;专任教师中具有高级职称人数的比例从 2008 年的 36.86% 增加到 2010 年的 36.98%,2011 年为 37.08%,2012 年为 37.49%,再到 2016 年为 39.8%。具有硕士和博士学位的专任教师比例从 48.6% 增至 64.5%,35 岁以下专任教师所占比例从 60.9% 下降至 54.5%,36~55 岁专任教师所占比例从 27.7% 增至 36.3%,双师型专任教师比例从 24.0% 增至 2016 年的 27.2%。我国独立学院从 2008 年后,举办方不断加大投入,其整体办学条件迎来了一轮大建设、大发展、大提高。具体体现在生均教学行政用房面积、生均教学科研仪器设备价值、生均藏书量明显提升,教师队伍学历结构明显改善,拥有硕士、博士学位的教师渐成主体,双师型教师粗具规模。统计显示,从 2010 年至 2016 年,独

立学院生均教学行政用房面积从12.4平方米增加到14.1平方米,生均教学科研仪器设备价值从4 652.2元提高到5 781.3元,生均藏书量从75.0册提高至84.3册。随着进一步规范管理,独立学院对办学质量更加重视,在国家精品课程、国家教学成果奖、省部级科研立项、省级重点专业等方面取得较大的突破。从全国各地来看,各省严把独立学院教学质量关。江苏省开展专业抽检,要求"日常教学运行经费不低于学费收入总量10%"等,对教学经费投入不足的专业核减年度招生计划。广东对省内17所独立学院开展教学工作状态评估,引导独立学院促进经费投入,促进教学建设。湖北省对独立学院进行本科专业教学评估,评估不合格就会被撤销专业。可见,为了独立健康有序地发展,各省的独立学院都在质量的提升上狠下功夫。

尽管如此,独立学院仍然面临着经费总量不高、渠道来源单一、设施设备不足等现实问题。为克服这一难题,独立学院在提高资源利用效率上做起了文章。独立学院无论是基础实验室、专业实验室、实训场所和实习场所,还是校外实习实训基地,都明显低于公办院校。所以,独立学院仍需努力扩展实践教学空间,重视学生实习实训,优化资源利用效率。统计显示,独立学院在资源相对不足的情况下,基础实验室、专业实验室、实训场所与实习场所所承担的实验教学人时数和实验教学人次数总体上都优于公办院校。

当然,经过这么多年的积累,也涌现出一大批优质的独立学院,如表4-3所示。

表4-3 2015—2017年排名前十强的独立学院

| 排名 | 2015年独立学院排行榜 | 2016年独立学院排行榜 | 2017年独立学院排行榜 |
| --- | --- | --- | --- |
| 1 | 华中科技大学武昌分校 | 吉林大学珠海学院 | 吉林大学珠海学院 |
| 2 | 吉林大学珠海学院 | 浙江大学城市学院 | 云南师范大学商学院 |
| 3 | 河南理工大学万方科技学院 | 云南师范大学商学院 | 四川大学锦江学院 |
| 4 | 北京师范大学珠海分校 | 四川大学锦江学院 | 北京师范大学珠海分校 |
| 5 | 四川大学锦江学院 | 北京师范大学珠海分校 | 武汉科技大学城市学院 |

(续表)

| 排名 | 2015年独立学院排行榜 | 2016年独立学院排行榜 | 2017年独立学院排行榜 |
|---|---|---|---|
| 6 | 云南师范大学商学院 | 河南理工大学万方科技学院 | 燕山大学里仁学院 |
| 7 | 燕山大学里仁学院 | 武汉科技大学城市学院 | 华南理工大学广州学院 |
| 8 | 武汉科技大学城市学院 | 燕山大学里仁学院 | 浙江大学城市学院 |
| 9 | 浙江大学城市学院 | 华南理工大学广州学院 | 南京大学金陵学院 |
| 10 | 华南理工大学广州学院 | 南京大学金陵学院 | 厦门大学嘉庚学院 |

备注：数据来源于艾瑞深中国校友会网编写完成、科学出版社即将出版的《2015—2017中国大学评价研究报告——中国高考志愿填报指南（校友会版）》中发布的中国独立学院排行榜。排名依据为独立学院的综合实力、专业实力、教师平均学术水平、教师绩效（教师教学科研效率）、本科毕业生质量、新生质量等基本情况，为考生及考生家长报考独立学院提供了真实可信的参考资料等。

从近3年的排名情况看，由于有部分独立学院成功转设为独立学院，排名动态波动，但相对靠前的还是吉林大学珠海学院、云南师范大学商学院、四川大学锦江学院等几所独立学院。相对而言，这几所独立学院无论是硬件，还是软件方面经过这些年的积累，实力较为雄厚，师资队伍强大，学校办学水平、师生、家长、社会满意度较高，拥有较强的竞争力。

### 4.2.2 办学效果提高显著，学生、家长、企业满意度较高

笔者通过对全国168所近938份满意度问卷进行统计分析，结果显示：独立学院在学生学习效果、教学工作、专业与课程设置、管理和服务、教学条件保障以及教风和学风等方面都取得了显著的建设成就，学生总体满意度（"很满意""比较满意"比例）高达85.41%。其中，对辅导员或班主任的工作态度和能力以及教师的师德师风的满意度高达90.14%。

独立学院致力于为经济社会发展输送具有丰富实践技能和扎实科学人文素养的应用型人才。独立学院教学效果如何，用人单位最有发言权。教育部高等教育教学评估中心于2016年4月19日至6月6日组织实施了"独立学院院校用人单位满意度调查"，对2166家用人单位进行了在线调查，调查结果显示，用人单位的总体满意度达87.5%。笔者的调研也显示，用人单位普

遍认为独立学院毕业生具备扎实的专业知识,较好的团队协作和人际沟通能力,良好的职业道德、职业规范和社会责任意识。此外,一些独立学院也主动出击,针对本校毕业生的用人单位开展调查走访。例如,云南师范大学商学院每年都对本校毕业生的就业单位开展广泛调查,结果显示用人单位对该校毕业生的总体满意度高达93.7%,毕业生的"专业知识""实践能力""团队协作能力"等获得高度赞誉。此外,被调研的很多独立学院每年也会做家长满意度调查,从收集的数据看,家长满意度也高达92.1%。这与10年前学生、家长、社会不认可、不认同,甚至质疑独立学院的情况相比,改善非常之巨大。

总的来说,能够获得如此高的满意度,与近几年独立学院规范管理,结合国家经济发展实际情况及时调整办学定位和提高教育教学水平有很大的关系。但是我们也应该看到独立学院的办学质量依然存在很多可改进的地方,如师资队伍年轻化,结构不合理,教育教学经验不足,成长缓慢;专业设置和课程设置还无法做到与社会无缝对接,所培养的学生适应能力与用人单位的期望依然存在差距;家长对学校品牌的认可度还不高,对学校教育教学的管理还有疑问等。

## 4.3 我国独立学院尚待解决的问题

### 4.3.1 办学定位有待进一步清晰

独立学院是按照新机制、新模式运行的本科层次院校,至于如何培养特色人才,独立学院并无既成的经验可以借鉴,相关的教育理念和制度建设也尚处于摸索和设计之中,由此出现了诸如办学指导思想不明确,人才培养同质化等问题,大致表现在以下两个方面。

第一,专业设置趋同。有学者明确指出:由于思想准备不足、理论研究滞后、政策引导不到位,全国高等学校目前出现了分类不清、定位不明、发展方向趋同的现象,导致大多数高校还是一个模式、一种发展路径,按照传统的精英教育模式培养学生。部分独立学院为转设成为民办普通高校,罔顾高等教育规律,办学规模贪大求全,成为母体学校的"翻版"。另外,有的独立学院在经济利益的驱动下,在未对拟设置专业进行充分调研分析和科学论证的情况下,开设一些教学成本低的"短、平、快"专业,如会计、市场营销、电子商务、科技英语等,师资力量与专业学科设置不匹配,教育质量很难得到可靠保证,致使毕业生在就业竞争中处于劣势,这在一定程度上导致结构性失业现象。

第二,培养目标趋同。部分独立学院为了追求高就业率,过分强调学生与具体的工作岗位"零距离"对接,在教学计划中片面加大实践操作技能训练的比重,而作为本科层次院校应有的理论提升却被无形中弱化,这导致毕业生技术娴熟有余,理论积淀不足,造成了他们与高职院校的毕业生同质化竞争。独立学院因自身定位不准确,导致培养目标趋同,千校一面,不仅浪费了宝贵的教育资源,而且不利于高等教育的均衡发展。

### 4.3.2 产权关系不明

独立学院法人财产权属不清是历史遗留问题。根据创办时国家的有关政策,只对独立学院设立时的资产总量有比较明确规定,并没有对其产权属性和创办以后独立积累资产的产权归属进行明确的规定,从而造成很多独立学院积累性资产产权归属不清、权责不明、所有权与经营权不分等问题。具体表现在:一是举办者投入的无形资产如何量化;二是各方投入的资产和资本是否按比例为独立学院法人所有;三是办学过程中所得的发展基金和资产归谁所有;四是办学终止时如何处分资产,债权债务如何分担。在实际情况中,还有许多独立学院的投资主体主要来自举办高校或其所属企业,其资产划分和归属更难厘清,举办高校更容易将独立学院看作是自身下属的二级学院,弱化了独立学院的办学自主权。

从2008—2016年的过渡期来看,独立学院资产过户推进艰难,很多独立学院的资产没有过户成功。这主要是由于独立学院资产构成复杂,既有民营企业投入的原始资金,又有国有资产和融资贷款资金,还有滚动发展积累增值的资金,产权的多元化决定资产过户困难重重。投资方担心资产过户后,不能抵押、不能贷款,丧失融资能力,一旦过户就失去控制权;母体高校则担心国有资产流失,将闲置资产过户给独立学院属于国有资产转移,需要国资委等部门的同意审批;另外,资产过户费用较高,需缴纳资产评估费、土地增值税、契税、印花税等,给举办者增加额外的费用负担。这些情况导致资产过户缓慢,难以落实法人财产权。

例如,浙江大学城市学院、浙江大学宁波理工学院等一批办得比较成功的独立学院至今未能通过考察验收。"浙江大学城市学院办学初期是由杭州市政府和浙江电信集团分别出资 6 000 万元、5 000 万元启动的,学院在发展过程中又通过多种渠道融资 9.6 亿元投入基本建设,很难用教育部 26 号令来简单界定学校的举办者是谁。"原浙江大学城市学院党委书记胡礼祥说,"自 2013 年 3 月 31 日至今,我们既没有接到任何通知,也没有看到什么正式文件,独立学院的发展与定位处于不明确状态。"这说出了一个尴尬的现象,浙江大学城市学院是全国独立学院的典型,教育部 26 号令施行以后,一直没有接受考察验收并颁发"准生证"。

据调查,浙江省曾引导独立学院谨慎引入民资,全省 22 所独立学院中有 20 所除了举办的公办学校外没有其他出资人;江苏省 25 所独立学院中有 14 所是国有民营二级学院;湖北省 26 所独立学院中有一半没有出资人。这些学校的验收工作都非常难以推进,其中重要的因素是,教育部在独立学院规范验收政策要点中明确提出,对普通高校独自举办、普通高校与政府合作、普通高校与中国大陆境外注册的公司合作举办的独立学院不同意验收,这种历史遗留问题如何解决目前还在探索中。

可见,大部分独立学院难以达到"独立"标准。"对于独立学院的设立及组织活动,教育部 26 号令设置了很多准入门槛与法律责任,但其具体的规定与做法脱离了我国高等教育的实际。"一位独立学院院长说。一位知情者也表示:"某省 15 所独立学院中,只有 2 所在形式上符合教育部 26 号令要求。以此推算,全国 70%左右的独立学院都达不到标准。"据透露,目前各界争议最大的三条规定分别是:第十二条,独立学院举办者的出资须经依法验资,于筹设期内过户到独立学院名下。本办法施行前资产未过户到独立学院名下的,自本办法施行之日起 1 年内完成过户工作。第十八条,申请筹设独立学院须提交的材料第(五)项,资产来源、资金数额及有效证明文件,并载明产权。其中包括不少于 500 亩的国有土地使用证或国有土地建设用地规划许可证。第五十六条,独立学院有资产不按期过户等情形的,由省级教育行政部门责令限期改正,并视情节轻重,给予警告、1万~3万元的罚款、减少招生计划或者暂停招生的处罚。"500亩土地指标不够实事求是。若按这一标准执行,北京市现有的5所独立学院'达标'都有难度。"北京邮电大学世纪学院院长李杰表示,对院长而言不要说500亩土地,有1 000亩土地更好,可投资方不一定同意。何况国外一些知名大学都没有达到500亩土地面积。关于获取土地指标的难度,绍兴文理学院元培学院院长叶国灿深有感触。该院2009年就启动异地新建工程,校园规划面积1 120亩。当地土地"招拍挂"价格达到300万元/亩,市政府支持学院建设给予19万元/亩,第一年给了100亩,第二年为300亩,第三年为80亩,第四年为100亩,其他土地指标还在"排队"。此外,大部分独立学院资产过户迟迟启动不了。教育部独立学院规范验收政策要点中对资产过户的要求是,出资方负责办理过户手续,承担过户过程中的税费。但是,资产增值部分税费问题不是教育部门一家说了算,它涉及国土、税务、财政等部门。

据全国人大常委会常委王佐书介绍,目前国内只有黑龙江通过地方立法减免民办高校资产过户费用,其他省份没有放开这个口子。有的独立学院院长向本报记者透露,"省级政府秘书长主持召开多次协调会,但国土、建设、税务部门就是不同意减免"。

教育部26号令从法律上对独立学院进行合法化,使其成为一种正式的办学模式。但在实际执行中缺乏操作性,尤其是没有完成资产过户就无法通过教育部考察验收,变成了"死结"。

### 4.3.3 管理体制机制不完善

尽管国家先后出台了《中华人民共和国民办教育促进法》《独立学院设置与管理办法》等一系列法律法规,对独立学院的设立、组织、管理、监督以及各利益相关者的主体责任和义务作了明确的规定,但独立学院在办学实践中如何把握和体现新模式、新机制的后发优势,从而获得最大的教育增量,仍然缺少制度层面的回答。

(1) 利益相关者权力边界不清。与实行党委领导下的校长负责制的公办大学不同,独立学院由多元力量参与运作和管理:独立学院本体、申办方(即母体学校)和投资方。如何使多元力量各行其道,形成推动学院发展的强大合力,是独立学院制度建设应考虑的重要内容,但目前的状况差强人意。学术权力、资本权力和行政权力的关系未完全理顺,投资方尚未确立"投资教育,而非管理教育"的理念,人们常用"办企业的思想办大学"来讽刺和抨击投资方无视高等教育规律的市场逐利行为。资本权力、行政权力僭越学术权力的现象在独立学院时有发生。部分独立学院的工会、教代会等机构或设置不健全,或职能被弱化,形同虚设,不能很好地行使民主监督、建言献策的职能。

(2)管理决策机制不完善。主要表现在决策主体的错位和缺位,我国独立学院大部分仍然实行的是"依托人"或"出资人"治理结构,还没有走出自然人治理结构的困局,缺乏法人治理的约束,从而造成部分独立学院权、责、利不清,有的依托人直接控制着独立学院决策权,如直接指派院长、提取高额回报等,院长形同虚设;有的出资人不按教育规律办学,直接干预独立学院的教育、教学和管理工作。

(3)董事会制度不完善。独立学院采用的是民营机制,依据投资类型的不同,学校的领导体制与公办高校也有所差异,其中大多数独立学院采用民营企业的董事会制度。目前,我国很多独立学院没有董事会章程,或者有章不循,多数独立学院董事会形同虚设,董事徒有虚名,参与积极性不高,董事会与校长之间的责、权、利关系不清,形成权力的相互争夺;董事会运作仅由一两名实力派成员所掌握,相关利益者参与较少;董事会内部缺乏沟通协调机制等。由于大学董事会制度引入我国独立学院时间还不长,要充分发挥董事会在独立学院治理中的作用,进一步发展我国独立学院董事会制度,还有很长的路要走。

(4)财务监管保障体系尚未建立。申办方抓教学,投资方管财权是很多独立学院日常运作管理的常态,他们分工明确,但缺乏沟通和磨合,两者工作的简单分工导致了高等教育价值追求和资本的逐利导向发生抵触,诸如不合理压缩必要的教学经费、专业设置贪大求全等问题都是上述矛盾在现实中的表征。由于缺乏有效的财务监管保障体系,投资方经营状况的优劣、投资理念的变化、母体学校与投资方的利益博弈等因素都会直接或间接地影响独立学院的发展。更有甚者,投资方单方面宣布撤资,独立学院陷入窘境,难以为继。

### 4.3.4 师资队伍建设滞后

教师是教学的主力军,承担着知识传授、教书育人、科学研究等多重责任,然而从调查数据可见,我国独立学院的师生比(专职教师与在校生的比例)平均为1∶35,这与全国普通公办高校1∶17的师生比例相差甚远。独立学院的师资队伍在教学科研的磨炼和母体学校的大力协助下有所成长,但相比公办教师而言,成长较为缓慢,从而制约了教学质量的提升,集中存在的若干问题如下。

第一,师资的年龄、职称、学历结构不尽合理。独立学院的师资一般由三部分组成:自有教师、母体学校委派的教师和独立学院聘请的兼职教师。年龄梯度上,"非老即青",缺乏中年的教学骨干和学科带头人;职称结构上,学校自身培养的具有副教授职称以上的教师比例偏低,多数学校达不到30%;学历层次上,自有教师多为硕士毕业,具有博士学位的教师比例不高。此外,基本上所有独立学院共同的软肋就是缺乏行业领军人物,既能引领企业发展,又能承担学科专业建设的教授少之又少;既能服务企业改革创新需要,又能指导学生实习实践的"双师"比例太低。据统计,独立学院的很多专业,"双师"比例不足30%。行业精英加盟学校的通道更是长期处于关闭状态。

第二,师资队伍的流动性大。由于独立学院的薪酬水平、工作稳定程度及学术氛围、社会认同度等普遍逊于公办大学,很多中青年教师在职称晋升并积累了一定的教学经验之后选择去公办大学执教,独立学院无形之中成为公办大学青年教师的"人才培养基地"。上述问题若不加以有效解决,势必对独立学院的健康、可持续发展形成人力资源瓶颈。此外,由于办学刚性成本的存在及收费受政策管制较严、校舍扩建等投入太大等多种原因的影响,独立学院的教师待遇问题一直是造成教师满意度较低而流动性较高的重要原因之一。公办高校教师福利待遇与独立学院教师福利待遇比较如表4-4所示。

表 4-4　公办高校教师福利待遇与独立学院教师福利待遇比较

| 福利待遇<br>对象 | 是否有编制 | 职称评定 | 节假福利发放 | 五险一金 | 公费医疗 | 住房补贴 |
|---|---|---|---|---|---|---|
| 公办高校教师 | 基本都有 | 可以 | 有 | 有 | 有 | 有 |
| 独立学院教师 | 无 | 可以 | 少数福利好的学校有 | 有,但缴费基数较低 | 无 | 极少数有 |

数据来源:笔者调查统计。

### 4.3.5　教学缺少特色

(1) 由于大多数独立学院依托于母体高校办学,在实际运作过程中,许多独立学院依赖性过强,自主性明显不足。有的独立学院脱离自身实际,缺乏对自身优势的发掘和办学条件的分析,从众心理也比较突出。主要表现在三个方面:一是人才培养方案与母体学校基本雷同。有些独立学院甚至完全沿用母体学校的教学计划和培养方案。二是专业设置不合理。许多独立学院设置的专业和母体学校完全相同,没有体现差异化战略思想,为学生今后的就业或者深造留下隐患,也是导致毕业生结构性失业的主要原因之一。三是专业课重理论、轻实践,专业课不仅与专业前沿领域严重脱节,而且缺乏实践意识。目前,我国处于两端的研究型大学、高职高专定位比较清晰,而独立学院依然存在学科专业趋同化,人才培养同质化,"重数量轻质量、重规模轻特色"的问题。据相关数据统计,2016年地方院校(包括独立学院)申请参评转型的学校有100多所,办学目标比较清晰、定位比较准确的不超过40%。具体表现为教学院系和职能部门对办学定位理解不够,执行出现偏差;60.1%的教师对应用型本科人才培养观念、目标、模式认识不清,对培养方法和手段了解甚少。所以,这样的培养模式导致学生的动手能力差,造成了独立学院的毕业生在知识素养上比不过母体高校的毕业生,而在职业技能方面又不如职业学校的学生,往往高不成低不就,导致了学生就业处于比较尴尬的局面。

(2) 有的独立学院对专业调整设置和调整认识不到位,在专业设置的过程中盲目追求热门专业,"不求专而求全",很多独立学院几十个本科专业涉及文、理、教、农、工、管、艺、经、史、法等十大学科门类,专业跨度太大;缺少特色,不考虑地方需要,同质化程度相当高。还有的省教育行政部门对专业调整统得过死,给学校专业调整带来困难。就目前的情况看,只有不到25%的转型学校设置的专业真正体现了区域经济发展和地方经济特点。

(3)"产学研"合作流于形式。一是加盟联合培养的企业数量、学术机构不足,根本无法保证"产学研"合作教学。即便有合作机构,多数也是"有牌无实",仅作为评估验收的资本,或者长期疏于管理没有深入合作。二是实践教学体系不够完善,没有实践教学质量标准和评价体系,无法有效监管实践教学。部分学校实践教学所占总学分、总学时比例没有达到要求,或者实习内容与专业关联度不高,学生受益有限。三是实践教师队伍数量少,教师本身实践能力有待提高,无法真正指导学生实习实践。从企业引进的具有行业经验的专兼职教师数量少,难以真正参与到实践教学中,校企合作推进缓慢。

(4)教学投入不足,特别是实训条件有待改善。根据笔者调研的168所独立学院的统计数据看,一是生均预算内教育事业费偏低,政府专项补助极少也未形成长效机制,中西部高校情况更为突出。根据教育部部分相关的统计情况看,年生均办学成本东部地区平均为7 532.6元,西部地区平均为6 175.4元;公办学校平均为7 054元,民办学校(含独立学院)平均为4 634.5元。此外,年生均教学日常经费开支东部地区平均为1 797元,西部地区平均为1 275.6元,当然校际差距较大,有的独立学院生均办学成本投入较高,办得也比较好,但很多经济欠发达省份的独立学院由于受学费定价低,无其他收入来源等因素的影响生均教育费用投入严重不足。二是教学空间场所严重不足。近40%的学校生均教学行政用房面积平均数未能达到生均14平方米的合格标准;生均占地面积不达标的学校接近37%。生均教学科研仪器设备平均值不合格率接近30%。三是独立学院资源配置对人才培养的支撑不足或力度不够,资源共享程度不高,比如图书资源、实践场所、实习企业资源等都是问题,结构布局上也不够合理。可见,现阶段,独立学院无论是硬件还是软件均需要更多地投入。

### 4.3.6 科研薄弱不能更好地反哺教学

正式把科研作为大学的一项基本职能的是19世纪德国教育家洪堡以及

当时的柏林大学。不过,当时洪堡在论证大学为什么需要科研时,主要理由并非如现在我们许多人所想象的那样——为了促进教学,而是把科研作为教师的一项权利。他强调,教师和学生一样有理由追求知识,因此高校应该是师生共同探究知识的地方。此后,教学、科研并重一直被认为是现代大学的基本特征。所谓科研反哺教学,指的是高校集中资源提升学校科研实力,并努力把科研优势转化为教学优势,从而提高学校教学质量;同时,通过科研优势提升学校的办学实力和品牌,并通过科研为教学获得更多的教育教学软、硬件资源。

对某一所高校来说,它的科研实力得到显著提升之后,影响力和社会地位都会因此提高,因而也就更容易吸引更多高质量的学生。同样,科研实力提升也有助于打造高水平科研平台,从而吸引更为优秀的教师和学者。更多的优秀教师和高质量学生有利于提升教学总体质量,应该是确定无疑的,这方面的实例国内外大学不胜枚举。科研实力的提升还能够为学生争取到更多的学习资源和机会。学生的许多素质不只是在教室里获得的,还是通过高水平的校园讲座、重要的社会活动、多样的社会实习实践机会、良好的实验室和图书馆等渠道获得的。而这些渠道背后体现的都是学校所能够提供给学生的资源和机会。相比"教学型"的教师,"科研型"的教师由于研究业务之需要,他们与外界的各种联系一般要多一些,比如要做课题就需要与企业多联系,做研究也会更多地关注和联系校外其他知名专家。这些都是重要的资源和机会,只要加以利用,都可以被转化为教学资源。那些科研实力强的院系所拥有的资源和机会就要比其他院系多,而且质量普遍要高,如能够邀请到更多的院士、知名专家来给学生开设讲座,能够为学生提供更好的实验设备、更丰富的图书资料,也能利用自身在学界的影响力举办各种省级层面的大赛。

但是目前,独立学院限于各方面条件,科研基础比较薄弱,国家政策和资金支持的范围与力度小,故要选准科研方向。独立学院加强科研工作,必须走地方化、应用化和教学化道路,加强校本研究。所谓地方化,即着眼于为地方经济、社会、科技和文化事业发展服务,在面向地方服务中确立自己的地位,争取科研选题和资源支持。所谓应用化,就是大力发展地方需要的,面向生产、建设、管理、服务一线的,可以转化为经济和社会效益的应用型研究与开发研究,大力发展和推进产学研一体化工作。所谓教学化,就是研究要为教学服务,为提高人才培养质量服务。而校本研究就是学校要探索把科研课题、科研环境和科研成果运用于教学工作,运用于学生参与和促进学生成长发展的机制。学校要有鼓励教师从事实用科研的政策和制度,要大力开展教育教学研究,把教学研究列入学术研究、学科建设和科研范畴,号召教师开展行动研究,把自己的教学工作作为研究对象,多思考、多调查、多探索,总结经验、把握规律,不断提高教学质量。

科研工作作为提高民办本科高校综合办学水平的重要因素之一,对独立学院的可持续发展具有重要意义。由徐绪卿教授领衔的浙江树人大学中国民办高等教育研究院自2012年起连续6年发布《中国民办本科高校及独立学院科研竞争力评价研究报告》(以下简称《报告》),对中国民办高校及独立学院的科研竞争力进行跟踪式研究、分析和评价,在社会上产生了较大的影响,成为学生、家长、研究者和政策制定者评价民办高校的重要依据。2016—2017年中国独立学院科研竞争力排名如表4-5所示。

表4-5 2016—2017年中国独立学院科研竞争力排名

| 排名 | 2016年 | 2017年 |
| --- | --- | --- |
| 1 | 吉林大学珠海学院 | 吉林大学珠海学院 |
| 2 | 河南理工大学万方科技学院 | 云南师范大学商学院 |
| 3 | 四川大学锦江学院 | 四川大学锦江学院 |
| 4 | 北京师范大学珠海分校 | 北京师范大学珠海分校 |
| 5 | 云南师范大学商学院 | 武汉科技大学城市学院 |
| 6 | 燕山大学里仁学院 | 燕山大学里仁学院 |
| 7 | 武汉科技大学城市学院 | 华南理工大学广州学院 |
| 8 | 华南理工大学广州学院 | 浙江大学城市学院 |
| 9 | 中国传媒大学南广学院 | 南京大学金陵学院 |
| 10 | 浙江大学城市学院 | 厦门大学嘉庚学院 |

注:排名在评价指标体系设计和指标遴选上,坚持系统性、可比性、可操作性、可持续性、可重复验证和符合实际等六项原则。每个指标数据都采集于国家和社会权威机构公开发布的文件材料,均公开可查,包括Web of Science、中文社会科学引文索引数据库、中国科学引文索引数据库、全国哲学社会科学规划办公室网站、国家自然科学基金委员会网站、中华人民共和国教育部网站、中华人民共和国知识产权局网站、科技部网站、教育部网站等。为减少评价结果的波动性,2017年评价同时采用2016年的数据(70%的权重)和2015年的数据(30%的权重)。

从这个榜单中可以看出,我国独立学院科研竞争力第一方阵已逐步形成。在独立学院科研竞争力排行榜中,科研排名靠前的学校,其在独立学院排行榜上也靠前。这也充分说明了科研可以反哺教学,提高管理水平。

浙江树人大学徐绪卿校长说:"最初研究独立学院科研竞争力,是因为当时的民办高校在科研上的发展与普通高校差异很大,几乎一片空白。民办院校教师科研水平弱,不仅影响教师队伍的成长,也影响民办院校人才培养能力和水平的提高。这种现状如果持续下去,独立学院在整个社会被边缘化的地位就难以改变。"

数据报告显示,这些年在各独立学院开始对科研工作的重视以后,上述情况有所改变。一是科研指标得分率明显提高,比如2016年共有52.9%的民办高校在CSSCI、SCI、SSCI、AHCI和EI五大中外文检索期刊发表论文,比上年提高4.6个百分点;二是科研指标均值明显提高,如2016年全国民办高校平均在CSSCI来源期刊发表论文3.87篇,比上一年增加1.85篇。不难看出,独立学院在科研工作上进步较快。但从数据看,与公办高校的科研水平和科研能力相比,还是相差甚远。

当然,部分民办本科高校和独立学院在科研上实现了较大突破,在某些学科和研究领域形成了鲜明的特色和优势,所以学校整体办学实力也得到较大程度的提升。例如,2016年浙江树人大学获批国家社科基金重点项目,是继该校2015年获批国家社科基金重点课题后第二次获批;浙江越秀外国语学院、福州外语外贸学院等院校在文学和语言学等研究领域也取得较大成绩,在国内拥有了一定的知名度。学校鼓励教师们参与科研项目的研究,从教学型教师转向科研型教师,全校共有70%左右的教师参与科研。同时,给予教师更多的支持,比如科研奖励、工作量计算等。"我们现已组建科研团队,把教师打包分配到科研项目中去,积极投身科研。"徐绪卿教授还表示,"应用型高校不需要科研"这种观念是错误的,正因为是应用型高校,更需要面向学科教学、社会需求等方面展开科研工作。当然,也不能太"冒进",科研本身就是一个过程,也应当给高校教师多些时间和空间,以及更多尝试的机会。用"牵着走"和"逼着走"的方式正面引导教师自觉投身科研工作。徐绪卿认为,教师科研能力和水平的提升,获益的一定是学生。科研反哺教学,使人才培养成为科研最终的落脚点,才是民办高校发展、增强核心竞争力的必备良策。

## 4.4 相关的公共政策尚待健全

总结发展的历程,独立学院发展艰难的根本问题是"制度上的顶层设计不足和政策上的系统配套不够"。所以目前依然需要将加强独立学院顶层设计,深化教育改革,进一步完善配套的政策,作为促进独立学院可持续发展的重要任务。

由于独立学院的出现早于相关法律法规,《中华人民共和国高等教育法》、旧"民促法"与《中华人民共和国民办教育促进法实施条例》等法律法规均未对独立学院作出直接规范。《若干意见》和26号令虽然直接对独立学院办学行为进行了规范,但这些规定仅仅是部门章程的政策法规形式,广度与深度都不够,仍然局限于政策而没有上升为法律。直到2016年,新"民促法"才对独立学院的办学提出相对比较明确的规范,但依然没有细化各项政策,需要各省根据情况进一步明确其可操作性。可见,关于独立学院办学的规范性法律法规权威性不高、效力等级偏低,成为当前急需解决的政策问题之一。此外,随着独立学院办学实践不断深入,新的问题也层出不穷,法律和政策的制定应不断细化,为不断优化独立学院治理结构,完善社会参与办学制度,明确合理回报,确立独立学院教师和学生的法律地位和权利等问题,国家理应在现有独立学院的法律框架基础上,借鉴国外私立教育发展的成功经验,尽快制定相关独立学院法律法规,以立法形式保障独立学院的法律地位,完善独立学院法律体系,扫除发展的制度性障碍,为独立学院的健康发展提供良好的政策供给,提高独立学院依法行政、依法办学、依法管理的能力。

现有的政策法规虽然经过多次修订,但依然存在以下问题需要进一步详细规范。

### 4.4.1 公共政策方案规划民主性不够

独立学院的办学政策制定过程,应该是独立学院办学的利益相关者和政府教育主管部门反复博弈并逐步形成共识的过程。由于我国政治体制的改革有待进一步深入,政策的出台缺乏有效监督,广泛存在着"内部人"改革和"权力精英为民做主"的独特现象。胡伟在《政府过程》中借用了"内输入"概念,认为"内输入是当代中国决策过程中利益表达与综合的主导形式,它所依靠的是权力精英的政治折中,而不是多元决策下的社会互动"。在这种情况下,政策决策领域是相对封闭的,利益相关者的各种意见没有表达的平台和渠道,只能被动地接受"不在场"的尴尬命运。以《若干意见》的出台为例,其是在当时我国独立学院如雨后春笋般发展起来,严重危害教育公平,不采取措施进行必要的引导和管理将遗患无穷的情况下,按照"头疼医头、脚痛医脚"的原则"匆忙"作出的决策,未能真正解决独立学院的困境。

### 4.4.2 公共政策方案科学性、前瞻性欠佳

政策方案规划要注意各项政策之间的相互联系、相互影响和相互制约关系,既要注意纵向协调又要注意横向协调,使各项政策协调配套、相互支持,避免政策"打架""撞车"的现象出现,同时要有前瞻性和科学性,才能产生更好的整体效应。具体到独立学院的办学政策中,相互矛盾、冲突、不稳定的政策规划事实存在。例如,26号令第三条把独立学院定性为公益性事业,公益性事业的本质特征之一是非营利性,非营利性就是说首先不能以营利为目的,其次是不能进行利润分配。但26号令第四十三条又规定,允许出资的社会组织和个人核算办学成本,从办学结余中在预留25%的发展基金后取得合理回报。"合理回报"中的"合理"如何界定和操作,赋予的自由裁量权过大,为出资方变向获取办学利润提供了借口,而"合理回报"的表述在新"民促法"中才得以取消。2003年发布的《若干意见》对独立学院校园土地面积的要求是不少于300亩,2008年出台的26号令却要求参照普通本科高等学校的设置标准执行,即校园规划土地面积最少要500亩。这直接导致本来符合设置标准的大量独立学院达不到合格要求。在我国土地资源储备不足,透支使用严重的情况下,独立学院重新征地将校园占地面积增加到500亩困难巨大,即使征地能够完成也造成两校区办学、教学成本大幅增加的困境。更为重要的是,独立学院办学政策不稳定也使部分独立学院对26号令和之后办学政策

的稳定性持怀疑态度，直接导致他们采取静观其变的态度消极执行办学政策。独立学院的办学政策目标是解决独立学院设置与管理中的实际问题，规范独立学院发展，要付诸实施就必须具备实施的现实条件，即具有可行性。同样还是26号令的第八条，有关独立学院举办者资质条件的规定在当前的中国缺少现实可行的条件和环境。独立学院的公益性属性，在不能以追逐回报为办学目标的情况下，独立学院要选择到合适的举办者是非常困难的，是可遇而不可求的。关于26号令对独立学院校园占地面积、生师比、教学仪器设备等基本办学条件指标的规定，明显与独立学院共享母体高校的优质资源的基本特征相悖，该政策也没有考虑到独立学院的实际情况，对独立学院的要求过于苛刻。

即使是新"民促法"修订后，政策内容还是比较宽泛和模糊，可操作性较弱。各省级政府还得再结合各省的情况具体落实关于独立学院土地问题、办学身份的界定问题、退出机制等。所以，完善法律法规内容则是目前独立学院发展中的不小障碍。如法人属性怎么确定、回报怎么落实、剩余资产处置怎么明确等。相关规定的模糊性，严重影响了独立学院转型与发展的进程，也给各省级相关部门在制定具体政策法规的时候带来困难。而且由于各省执行政策不一致还会带来各独立学院的举办者心理上的不平衡及由于优惠政策不一致后办学者和上级部门的利益博弈。作为地方立法的独立学院政策，必须在遵循中央政府法律文件的前提下，突出政策内容的明确化，法律规定应直截了当，法律语言简洁、明确，准确界定"做什么""不做什么""怎么做""由谁负责""违反规定的后果与处罚"等方面，增强独立学院法律法规的可操作性。

此外，为保证独立学院学校、教师和学生的合法权益不受侵害，还需要建立健全相关申诉、调解和监督等机制，运用行政诉讼、行政复议等多种法律救济途径，及时妥善地处理独立学院的纠纷或遭受的不公对待。同时积极利用第三方机构，对相关政策进行合理评估，促进政策的科学性、公平性、合理性，从而达到管理效力和监督效果。

其实，正是由于政策方面的模糊性，才导致自2008年以来独立学院经过了5年的建设转设期，甚至又延迟了3年后，其转设工作依然没有如期完成。

值得期待的是2017年姗姗来迟的新"民促法"的实施,质疑已久的公益性和营利性问题得到有效解决,准退出机制也进一步明确,相信对独立学院的发展来说又是会迎来一个明媚的春天。

总的来说,我国独立学院的前景可喜,问题犹存,现状不容乐观,其后期的发展值得期待与研究。

## 4.5 我国独立学院的SWOT分析

独立学院要赢得竞争、保持自身稳定和持续发展,就必须考察自我、解读自我、识别自我,把握自身发展的机制和规律,不断完善自我,提高应对外部环境变化的能力。独立学院的竞争在当今时代是不可避免的,它不仅要在资源、人才、资金等细分市场上与对手"同场竞技",获取更多的办学资源,而且还要在竞争中改造和形成现代大学制度,获得竞争优势,完成自己的历史使命。

SWOT分析即态势分析法,是美国旧金山大学的管理学教授韦里克(Weihrich)在1982年提出的一种战略规划分析方法,也称道斯矩阵,其要点是从组织的内外部中,找出内部环境所具有的优势(strength)和劣势(weakness),外部环境所面临的机会(opportunity)和威胁(threat),通过内外部环境的交叉分析建构SWOT矩阵,借以分析和提出适当的目标与相应的策略。通过对我国独立学院的SWOT分析,有助于我们了解目前我国独立学院面临的形势,区分机会与威胁,找出优势和劣势,扬长避短,抓住机遇,迎接挑战,把资源和行动聚集在自己的强项和机会最多的地方,促进独立学院获得更多的竞争机会,赢得更大的市场。

### 4.5.1 机会与威胁分析(OT)

机会与威胁简单地说就是指环境机会与环境威胁,它主要用来分析企业的外部环境。无论是企业还是独立学院,环境机会分析、环境威胁分析都包括政治(political)、经济(economic)、技术(technological)和社会(social)这四大类的影响分析(即 PEST 分析)。我国独立学院机会与威胁分析如表 4-6 所示。

表 4-6　我国独立学院机会与威胁分析(OT)

| PETS\OT | | O(机会) | T(威胁) |
|---|---|---|---|
| PETS 分析 | 政治 | ①人才培养作为富国强民的战略地位已经确立;②高等教育毛入学率到 2020 年要达到 50%,教育需求旺盛;③国家鼓励多渠道多元化办学,为独立学院的发展带来机遇;④随着法律法规的完善,独立学院发展到以质量求生存的新阶段,有利于建立起自己的品牌;⑤独立学院渐渐走向独立自主地办学,机制更为灵活,拓展空间增大;⑥民办教育的社会认可度越来越高,政策支持力度也越来越大;⑦独立学院办学定位越来越清晰,机制可灵活调整 | ①关于独立学院的政策法规还有待完善,产权问题还不够明晰,政策扶持力度还需加强;②教育主管部门某些官员重"公"轻"民"的思想依然严重,忽视或轻视独立学院,严重伤害办学者的积极性;③由于独立学院引入民间资本办学,风险肯定存在,主管单位对待风险问题过分谨慎,使独立学院错失发展良机;④新"民促法"实施后,独立学院选择营利性还是非营利性存在较大困难,民间资本的退出问题,身份的变更问题尚无前车之鉴,很多政策的执行只能在摸索中前进;⑤企业或私人资本的介入,其逐利本性难以兼顾办学的公益性;⑥适龄人口下降带来生源的供给不足,办学风险增加 |
| | 经济 | ①中国近几年经济的高速发展使对人才的需求更旺盛;②居民生活水平的提高为分担教育成本提供了保障;③充分享受国家的民办教育政策,利用"民营"机制有效地吸纳社会资金,融进了大量的民间投资;④企业运作模式必然引入成本核算观念及其相应的机制,提高了资金的使用效率;⑤新"民促法"实施后,营利性的独立学院可以根据市场制定相对较高的收费标准,为维持正常的教育教学提供了保证 | ①国家财政几乎不给予任何支持;②我国经济较落后,独立学院收入的唯一途径——学费难以再增长,而教育成本刚性增长,财务压力更加沉重;③由于企业或私人资本的介入,促使其产生了对经济效益的追求,难以兼顾办学的公益性与营利性的问题;④收费太高,把一些优秀的贫困孩子拒之门外,教育的公平性受到挑战;⑤受金融危机的影响,高额学费必然影响到生源质量和数量 |

(续表)

| OT / PETS | | O(机会) | T(威胁) |
|---|---|---|---|
| PETS 分析 | 技术 | ①依托公办高校办学,在师资、管理、教学和品牌等主要"软件"方面可以与母体共享,具有办学起点高、见效快,容易上规模、上层次的优势;②对人才的培养重实践、重技能,有利于提高毕业生的竞争力及实践技能;③政校企合作平台逐渐完善,有利于提高专业建设水平和学生专业技能 | ①研究力量不足,科研支撑薄弱;②双师型教师的缺乏;③对区域经济研究不足,对地方经济发展所需要的技术人才支持力量不够;④毕业生技能需较大提高 |
| | 社会 | ①社会需要多样化的人才,独立学院可以不同程度地满足这种"教育选择";②推进高等教育的改革与创新,促进民办高等教育的规范与发展;③中国几千年的"唯有读书高"的主导思想的推动 | ①一本、二本的扩招,职业技术学院的兴起及就业的优势使生源市场受到较大的威胁;②社会认可度较低,学历证书的含金量不高;③毕业生还未得到社会的认可;④还没形成完整科学的办学理念,文化底蕴不足;⑤急速增长的海外教育市场将带来生源争夺大战 |

### 4.5.2 优势与劣势分析(SW)

优势、劣势分析主要是着眼于独立学院自身的实力及其与竞争对手的比较,本书将从市场、质量、品牌、特色四个方面进行分析(见表4-7)。

表4-7 我国独立学院优势与劣势分析(SW)

| SW / MQBC | | S(优势) | W(劣势) |
|---|---|---|---|
| MQBC 分析 | 市场 | ①最近几年高等教育需求整体体量大,生源在很长一段时间内供给问题不大;②根据我国全面建设小康社会的预期目标,未来20年我国的城市化水平将有一个加速过程,到2020年我国累计将有2亿~3亿农村人口向城镇转移,这为我国的教育 | ①许多学生上独立学院是不得已而为之的选择,学院声誉带给他们的荣誉感缺乏;②技能性人才日益得到青睐,职业技术学院异军突起将瓜分生源;③教育公益性决定了不能以盈利为目的,再加上投资回报周期长,投资商信心及积极性大 |

(续表)

| MQBC\SW | | S(优势) | W(劣势) |
|---|---|---|---|
| MQBC分析 | 市场 | 培训提供了最为丰富的需求环境，独立学院的教育可以多元化发展；③重视学生能力与素质的培养，就业率高于同层次平均水平；④市场定位逐渐清晰，对市场的反应能力更加敏捷；⑤对选择非营利的独立学院来说可以获得和公办学校一样的税收、土地、政策性拨款等资源，从而获得更多的竞争优势和发展契机；⑥对于目前没有竞争优势的独立学院选择非营利性办学后可以获得重生的机遇 | 受影响；④就业市场日益严峻，而毕业生尚未得到市场认可；⑤在市场上还没有适合独立学院学生使用的专属教材；⑥新"民促法"提出实施分类管理给举办者带来选择上的困难；⑦营利性独立学院因为有税收问题，加大了教学成本，提高学费后，生源范围受限 |
| | 质量 | ①经过近10年的办学，积累了很多办学经验，也培养了一大批年轻有为的教师，高学历的教师比例大幅增加；②教学和管理更加规范，进入以质量求发展的阶段；③生源质量逐年提高，学生思想活跃，思维敏捷，可塑性较强；④硬件设施及校园环境也逐渐得到改善；⑤身份的变更，可以吸引更高质的师资加盟，吸引更高质的生源 | ①课程设置多数采用公办学校的现成品，未经过严格的论证，教学质量的提高与生源质量的矛盾突出；②师资结构不合理，未形成一套严密的选聘制度，师资质量不能满足学院的发展；③毕业生缺乏较强的竞争力，就业层次普遍不高；④政策变动较大，经常出现朝令夕改的情况，让员工没有归属感及安全感 |
| | 品牌 | ①通过企业运作模式，重视形象的宣传，社会的认可度逐渐改善；②机制灵活，办学的自主性越来越大，有利于创建新体制大学；③师资建设及科研能力成长较快；④重视学科建设；⑤有效地落实学科专业建设战略部署，办出有特色的专业，推动"产学研"合作，将教育科研优势转化为经济推动力，打造学院知名度和品牌 | ①省部级名师严重缺乏，学院品牌难以建立；②生源多数自律性较差，缺乏刻苦学习的精神和责任心，培养成"高、精、尖"人才的难度较大；③重点学科、精品课程尚未形成招牌；④科研成果少，成果质量有待提高 |

(续表)

| MQBC\SW分析 | | S(优势) | W(劣势) |
|---|---|---|---|
| MQBC分析 | 特色 | ①通过强调办学特色,重视学生素质和能力的培养,具有实现教育创新的巨大潜力;②在人事和分配制度方面,能够打破"铁饭碗"和"大锅饭",引入竞争机制,按需设岗,竞争上岗,聘约管理,增强教职员工忧患意识,并在分配中充分体现"多劳多得""优劳优酬",激发了教职员工的工作积极性,这都有利于贯彻精简、高效的办学原则,提高办学效益;③灵活调整办学,国际化、个性化培养模式吸引学生,化解生源危机 | ①校园文化底蕴不足,未形成鲜明的办学特色及人才培养特色;②名校的光环即将消退,与民办大学相比的优势已失去,有生源滑坡的危机存在;③特色专业还未形成 |

  通过以上分析,我国独立学院可以依托母体学院的声望、教学质量的监控、师资援助等优势高起点的办学,而管理模式和资金的运作模式又具有民办高校自主办学、适应市场经济的优势,其发展显现出强大的生命力,是一种颇具特色的办学模式。所以,独立学院的市场化运作模式不仅有利于开创教育制度和体制的创新,还有利于走差异化发展的道路,满足市场对人才多元化的需求。

  2016年随着二胎政策的放开,我国新生儿出生率在11.5‰左右,总人口增长率维持在上年的0.5%左右,应该说人口增长稳定。根据中国教育在线发布的《2017年高招调查报告》显示,全国高考报名人数在2008年达到历史最高峰的1 050万人之后急剧下降,直至2014年起开始止跌趋稳。但是我国受过高等教育的人口占总人口的比例依然低于发达国家。2016年,我国具有大学文化程度的人口占总人口的比例仅为10%左右。2016年,我国高考的报名人数为940万人,录取人数约为772万人,录取率为82.15%,可以看到仍然有17.75%的应届生无法接受高等教育。我国社会长时间存在着对高学历的崇拜,人们渴望接受高等教育。当人们生活富裕时,家长为了子女今后有更好的前程,更愿意选择送其接受高等教育,而我国的高等教育市场远未饱和,高等教育还属于资源紧缺型产品,所以人们会接受和承担比公办高校更高的学费,这使独立学院的前景广阔。

但同时,独立学院大多处于初建阶段,各方面的设施设备不可能在短时间内得到完善,财务负担较重;师资还较为薄弱,师资队伍结构不合理;生源质量与母体学校还有相当差距,人才培养模式还未完全经过实践的检验,培养目标和专业同质化严重;办学空间难拓展,内部机制创新不足,社会轻"民"思想严重等。这些都会对独立学院形成自己的核心竞争力产生不利的影响,但我们有理由相信,这一切都将随着办学经验的积累和办学条件的改善而逐渐改善。

# 5 我国独立学院形成核心竞争力的要素研究

北京大学张维迎教授在《大学何以基业长青》一文中指出,大学基业长青的原因可以归结为五个:第一,大学具有最忠诚的客户和品牌;第二,大学有一个持续的核心理念;第三,大学有着为这种核心理念而奋斗献身的师资队伍;第四,大学有着宗教式的组织文化;第五,大学本身是一个不断反思和创新的组织。从张教授的总结中,我们可以看出,独立学院要想形成自己的核心竞争力,与以下要素息息相关。

## 5.1 先进的理念和良好的校园文化是独立学院持续发展的灵魂

独立学院,如果想成为百年大学,没有一个核心理念作为主心轴,在利益面前,容易丧失目标和方向,更谈不上形成核心竞争力。无数成功大学的经验表明,核心理念是形成核心竞争力的重要信念,独立学院只有在一个核心理念的支撑下,才可能在任何情况下都不忘教育初心,负重前行,也才会担当起社会责任和历史使命。独立学院只有有了核心理念才会产生聚合效应,才会把有形和无形的资源集中到理念的实现上来;把优秀的人才招揽到理念的旗帜下来;一个好的理念还能减少大学内部的冲突,使大家同舟共济。国内外著名大学都有理念的支撑,都是在不断地追求和实践自己的办学理念,并在这个过程中一步一步地走向成功,如北大的"思想自由、兼容并包"的传统和"爱国、进步、民主、科学"的精神,清华的"自强不息、厚德载物"的办学理念无不如此。

正确的理念来自对大学的使命和职能以及大学与时代关系的正确把握,而且只有当这种抉择是大学成员的共同意志时,大学的理念才会在这一方土地扎下根来,从而成为大学核心竞争力的来源。目前我国各独立学院的核心理念正在形成之中,但正如云南师范大学商学院董事长张南红所言,商学院要办"负责任"(对社会负责、对学生负责、对家长负责、对员工负责)的百年大学,所以必须找到一个核心理念来引导全体员工的意志并形成行动的力量,这个核心理念就是:通过以人才市场需求为导向的教育和严格的质量控制,使学生具备走向社会所需要的知识、技能和综合素质,为他们人身和职业生涯的成功奠定良好的基础。正是在这个核心理念的支持下,商学院才得以蓬勃发展。

有了正确的核心理念还要有人去操作才能成为实际的办学行为。大学校长在大学中的独特地位,对大学的核心理念、价值观、组织模式、管理风格、决策等一切方面都会产生重要影响,大学校长就是引导全体员工实现核心理论的关键人物。前教育部长陈至立在中外校长论坛开幕式上的讲话中谈到大学校长对大学发展的作用,认为大学校长必须具有战略思维、长远眼光、国际视野、前沿意识。大学校长是大学办学方向的主要掌握者,其选择方向的依据即是他持有的大学理念。大学校长的办学理念是大学办学的灵魂,是渗透到每一位成员内心的一种精神,在学校的管理、教学、科研工作中,校长的办学理念使师生员工具有方向感、探索感、使命感,激发师生的创造性。此外,教师队伍是大学各种人群中最理解、最忠实于大学理念的人,或者可以说,大学理念主要是源自教师对于办学理想的企盼和追求。高水平、高层次的大学理想和目标需要高水平的教师队伍去把握和实现。如果大学的理念不是建立在教师的自觉意志和行为之上,就不会有存在的基础。这也就是所谓的大学的精神,它是经过历史发展沉淀出的积极向上的人文结晶。

大学精神具有抽象性、选择性、人文性、传统性等特征。它是办学风格、历史传统以及人文精神的融合。大学精神具有长期发展性和短期稳定性的特点,从长远的角度来看,一所经得起时代变幻的学校,它的办学思想、课程设置、价值诉求等必然是与时俱进的,而这些因素在短时间内是稳定的,它随着师生的代际发展而发生微妙的变化,它感染、凝聚、塑造并吸引了一代代的老师和学生。而大学制度、大学精神和学科机制作为一种内在的持续的力量,是吸引社会投资和学生的主要力量,并在独立学院的发展中持续发挥作用,构成民办高校竞争力中难以被模仿的核心力量。

## 5.2 培育结构合理的高水平师资,是赢得竞争的关键

综观海内外各知名高校,无一例外地把师资建设作为增强高校核心竞争力的首选战略,作为高校可持续发展的关键支持系统,作为培育起核心竞争力的最主要动因。由此可见,我国独立学院要想尽快形成自己的核心竞争力,必须通过优先开发人力资源,缩小同名校之间资源及能力的差距,充分利用后发优势,使潜在的人力资源优势转化为现实的人力资本优势,实现对名校的追赶。

通过组建科学合理的师资队伍提高教育教学质量,是我国独立学院义无反顾的选择,也是独立学院取得长期健康发展和增强竞争力的关键。哈佛大学原校长科南特说过:"大学的荣誉不在它的校舍和人数,而在于它一代代教师的质量。"我国独立学院在发展初期,75%以上的师资来源于母体学院或公办大学。其师资构成基本如下:校本部兼职教师、学院自主招聘的签约专兼职教师。这种来源渠道广、结构落差大的专兼职教师队伍构成,决定了独立学院不同于其他类型高校教师队伍管理与建设的特殊性。一般来说,教学全部过程基本包含"备、教、辅、改、考"五个环节。这几种类型的教师在教学过程中体现出各自利弊,不能完全适应独立学院的教学实情,需要按照独立学院的办学定位和办学特色进一步优化和调整。

首先是各类兼职教师。他们一般具有深厚的学术造诣和丰富的实践经验,在知识传授方面比较受学生欢迎。但由于独立学院往往照搬校本部的教学内容和教学模式,加之这些老师长期接触的是普通一本、二本的学生,缺乏

对独立学院学生在知识、能力、兴趣方面有针对性的诊断,就容易忽略教学过程中的"备"这一环节,课后对学生的辅导、作业的批改也时常不能做到位,不能有针对性地帮助学生克服学习中的困难。大多数的兼职教师会把代课这种教学形式作为一种副业,平时很少参与学院的管理,对学院的发展也不关心,难以形成主人翁精神,不利于独立学院的长远发展。

其次是专职教师。独立学院的成立不过短短数年时间,自身的教师队伍建设才初步形成。独立学院办学早期,由于国家政策不明朗,存在较大的办学风险,社会认可度也较低,因此很难招聘到高水平的专职教师,近些年,随着独立学院越来越壮大,再加上人事机制比较灵活,逐步吸引了一批年轻的硕士、博士毕业生到独立学院工作,这给独立学院的快速发展带来了新的活力。但他们刚刚走出学校的大门,即使具有最新的知识和技能,其驾驭课堂的能力和教学经验仍相对不足,尚且需要一段时间逐渐适应,才能获得学生认可。不管新生力量多么不完美,毕竟代表着学院的未来,也是学院赖以生存和发展的决定力量,更是学院形成核心能力的关键因素。因此,独立学院要把他们招得进来、留得下来、成长得快,早日成为学院发展的中坚力量。

## 5.3 参与竞争,走差异化、特色化的发展之路是赢得市场的核心要素

独立学院的诞生是依靠母体院校的软硬件资源,通过社会力量而发展起来的,因此具有很浓厚的母体学院的痕迹,对母体院校的依赖性也较强。在发展早期正是因为母体学院的支持与帮助,起点较高,管理上台阶,再加上母体学院的名牌效应,生源比民办大学要好。然而随着产权问题、风险的承担问题、办学特色问题等渐渐显露出来,母体学校在某种程度上又可能成为独立学院发展的阻力。随着教育部26号令的颁布,独立学院必然要走上民办大学之路。独立学院只有勇敢地甩掉"奶瓶",把自己推向市场,迎接挑战,走出自己的特色,不再扮演附庸者和服从者的角色,才有可能形成自己的核心竞争力,获得更多的资源、更好的社会声誉,获得优于其他竞争者的发展能力和可持续

的竞争优势。

独立学院在创办初期,由于时间仓促,没有经验可以借鉴,在管理、学科建设、人才培养,甚至专业设置等方面都是使用母体学院的"现成品",没有自己的特色,其功能就是一个"加工厂"。然而,独立学院的学生与一本、二本的学生是存在差距的,其培养目标也是有较大区别的,如果独立学院还不能建立自己的培养特色,一味地"东施效颦",其后果不堪设想。根据厦门大学高等教育研究中心李泽彧教授的理解,大学的办学特色是指一所大学在发展历程中形成的比较持久、稳定的发展方式,是一所大学赖以生存与发展的生命线,是一所大学的优势所在。[①] 世界上一流顶尖的大学均以鲜明的办学特色傲立于大学之林。当然,大学中并非所有的东西都可以成为办学特色,要成为高校的办学特色,至少应该具备独特性、稳定性、持久性和发展性等特性。我国独立学院要认真研究所处的时代特征和区域经济特点,找到自己的合理定位,办出特色,成为其他院校难以模仿的、并能带来增值效应的、对家长和学生具有长久吸引力的优势。此外,办学特色,还必须具有持续创新的能力。大学的创新能力是一个复杂的组织行为,是大学创新思想、机制、环境、精神和文化的结合体,具有难以模仿、难以超越的竞争优势。创新能力是大学核心竞争力的基础能力,大学核心竞争力必然包含并依靠创新能力。这种能力所体现的是大学在理念、制度、知识和管理等方面能做到动态发展、与时俱进、引导时代和社会。办学特色包括多方面,如专业特色、师资特色、人才培养特色等。

作为独立学院的专业特色应该是围绕地方产业,根据产业结构凝练专业特色,围绕产业链建立专业群,使两者形成良性互动,和谐共生。课程内容要贯彻产教融合思想,由学校和产业界根据职业岗位能力要求,构建基于工作本位的知识系统和知识模块。在内涵建设上,独立学院要特色发展,而非全科推进;构建与地方产业相适应的特色专业(群),而非效仿综合大学追求学科多、专业全,失去服务地方发展的针对性、有效性和灵活性。例如在云南,独立学

---

① 李泽彧.关于大学办学特色的一点探讨[J].辽宁教育研究,2002(4). http://www.bisu.edu.cn/BisuInfo/ShowArticle.asp? ArticleID=12651.

院应牢牢把握国家社会经济发展趋势和云南在"一带一路"建设中具有的战略发展机遇,尤其是云南桥头堡滇中产业聚集区的发展机遇,根据地方特色产业,如旅游、民族工艺、茶艺等民间技艺,同时针对南亚、东南亚的各种经济贸易,通过产教融合、校企合作,努力把学校建设成为特色鲜明、多学科协调发展的高校,突出服务地方经济。

我国独立学院只有把自己推向社会、面向市场、参与竞争,激发自主建设、自主发展的资源和能力,从办学理念、文化、质量、特色、制度等方面走出"象牙塔",成为自主、开放的竞争主体,才可能培育和发展核心竞争力,提升竞争优势。

独立学院的办学定位是培养高素质的、为区域经济服务的,具备一定技能,从事生产服务和组织管理的各类应用型本科人才。首先,独立学院要根据这个定位制定人才培养目标、专业培养计划,构建学生合理的知识、能力、素质结构。其次,独立学院要在学科专业、教学方法与教学手段等方面下功夫,结合自身的特点和资源优势,通过某几个重点学科的建设提高学院的整体综合实力。作为一所大学,面面俱到,所有学科齐头并进是不现实的,也不符合教学规律,世界顶尖级的大学也不是每个学科都是强项。独立学院的专业设置,也应该按照《若干意见》努力创造条件,加快社会和人力资源市场急需的短线专业而设置和建设,而不能简单地照抄照搬母体学校的发展模式。同时,作为我国的独立学院,还应结合省情,重点培养区域经济急需的人才,才有可能做到为区域经济服务。

特色师资是指根据独立学院建设的新要求,教师除了具有一般教师的基本素质外,还应具备应用技术方面的特殊素质。既要有教学所需的渊博的基础理论知识和完善的知识结构,又要有丰富的实践工作和为企业解决实际问题的能力。由"双证"向"三能"(能胜任理论教学、能指导学生实习实训、能帮助企业解决技术难题)的转变。

总之,独立学院要科学分析社会需求和自身实力,找准自己的角色,优化学校内部的组织结构和运作机制,形成独具特色的学科专业结构和人才培养模式,不断发展自身优势,最终形成办学特色。唯有这样,独立学院才能迅速地摆脱颁发独立学院文凭时所带来的生源滑坡的危机,为自己赢得更宽广的发展空间。

## 5.4 整合资源,提升质量,争创双一流才是形成核心竞争力的保障

我国的独立学院经过20年的发展,从数量上看,已形成相当的规模,但是从质量上看,却不尽如人意。质量是独立学院生存和发展的生命线,要实现独立学院的可持续发展,必须使数量的增长建立在质量的保证基础上。否则不仅会制约我国独立学院的进一步发展,也会影响我国高等教育的总体质量水平。要办好独立学院,打造独立学院核心竞争力,只有倡导以质量求生存、以特色求发展的基本理念,面向市场形成核心竞争力,才能激发学校内部的活力,拓展外部生存的空间;只有正确处理规模、质量、结构、效益的关系,深化改革,在内涵发展的过程中凝聚核心竞争力,才能不断提高教育教学质量和办学水平;只有坚持以人为本的思想,加强师资队伍、管理干部队伍和团队精神的建设,在充分调动各方面积极性的基础上提升核心竞争力,才能促进学校各项事业的不断发展和办学效益的不断提高,并最终实现独立学院的可持续发展。

办学质量的好坏集中体现在"学生"这个产品上,一个大学办得好不好,更多的是由培养出来的一代又一代的学生的竞争能力体现的,这也是一个学校区别于其他学校的最重要的因素,也是大学赢得社会认可的最有力证明,而且这种证明最持久,也最具生命力。这种良好的口碑甚至可以从一个人传递给几代人。大学的排名其中最重要的一个指标就是培养的学生质量和数量。可见,独立学院要想提高教学质量,除了提高师资力量外,还要严格把好各个教学环节的质量关,同时建立一套科学的质量保障系统,保障"产品"高质量。

其实一所高校外在竞争优势的表现,靠的是学校的内在功底与能力系统,就是紧紧适应和把握外部发展环境为学校提供的所有发展机遇,科学地组合内部所有的发展要素,战略性地使其有机地聚合在一起,形成一个巨大的核心力量来牵动、提升学校各项事业的发展。即在战略发展方向的指引下,通过科学管理对内部资源进行优化配置,使其充分发挥应有的效益,达到与外部环境高度协调统一,以此来形成核心竞争能力。独立学院核心竞争力是一个系统

的不可分割的整体,这是由其基本内涵决定的。任何单一的基本要素,不管它多么重要,都不可能形成大学的核心竞争力。只有构成核心竞争力的所有基本要素协同动作,相互配合,才有可能形成大学核心竞争力。

无论是企业还是学校,其核心竞争力都不是自生的,而是通过长期积累、培育造就的。独立学院的核心竞争力就是利用现有的资源使经济效益和社会效益最大化的并重与统一。经济效益是指多种渠道争取尽可能多的办学经费,投向合理的学科专业,努力降低培养成本,提高办学经费的使用效益。同时,高校更应注重社会效益(社会效益应包括学校贡献给社会的人才、研究成果的数量和质量、学校的社会声誉和影响力),因为不管是公办高校还是民办高校,其公益性是一所高校的本质属性,只有具备良好的社会效益的独立学院才可能长存,也才可能有较好的经济效益。

新时代高等教育面临着新的形势,中国无疑是教育大国,但是不是教育强国,必须在国际视野下看我们有没有影响力、感召力、塑造力,是不是开始走进世界舞台中央,在世界高等教育发展中有没有中国声音、中国元素、中国方案。所以独立学院还需要与时俱进,整合校内外资源、国际资源,方能走进世界舞台。

一流大学必须有卓越的教学,关于如何建设一流大学,习近平总书记在2016全国高校思想政治工作会议上强调,只有培养出一流人才的高校,才能够成为世界一流大学。我国高校办出世界一流大学,必须牢牢抓住全面提高人才培养能力这个核心点,并以此来带动高校其他工作。同年,在教育部第26次咨询会上,刘延东同志指出,要落实习近平总书记"扎根中国大地办大学"的指示。提高人才培养能力,要向课堂教学要质量,向社会要教学资源;要建设学校质量文化;要推广三大先进理念;工程教育质量标准要与国际实质等效。陈宝生部长也表示:"立德树人"要落实在提高本科教学水平上。提高教学水平,基础在本科,基础不牢,地动山摇;没有高质量的本科,就建不成世界一流大学;高校领导不抓教学,不是失职就是渎职,至少是不称职;抓质量就是抓责任、抓标准、抓激励、抓评估;要建设质量文化,引领质量发展。陈宝生部长还提出"四个回归",即回归常识、回归本分、回归初心、回归梦想。回归常识,教育的常识就是学生读书;回归本分,教师的本分就是教书育人;回归初心,教育工作者的初心就是培养人才;回归梦想,教育梦就是报国梦、强国梦。陈宝生部长说,教学决定生存,学校为教学而建;离开教学,校长就不是校长,教授就不是教授,大学就不是大学;质量决定兴衰,一流大学必须有卓越的教学。事实上,近年来,世界一流大学都已经开始瞄准本科教学。英国正在从国家层面上回归教学,发动一场围绕质量的教育大变革。2016年,英国教育部发布的《英国高等教育白皮书》指出,知识经济体的成功体现为教学卓越、社会流动和学生选择。白皮书的"教学卓越框架"提出:围绕以学生为中心提升教学质量,确保每一个学生得到良好的教学体验,鼓励原创思维,推动参与,为在全球范围内工作做准备。强调教学与研究具有平等地位,优秀教师与优秀研究人员享有同样的专业认可度、职业机会和薪酬待遇。根据近3年退学率、学生满意度和毕业生就业率等指标进行"金银铜"高校排名,以便学生了解哪些高校的教学水平高。只有参加"金银铜"排名的高校才可以提高学费。高校专业教学应激发每一个学生的潜能,增加毕业生就业,尤其是在高技术产业领域就业。

斯坦福大学2012年发布《本科教育报告》,2015年又发布《斯坦福大学2025计划》。约翰·亨尼斯校长在报告中说,斯坦福大学是一所伟大的教学与研究型大学,要像对待科研一样重视与支持教学,这不仅可能,而且很重要。以前关于本科教育的讨论都陷入了"把教育改革局限于如何重新安排船上的座椅,而不是对轮船的航向进行深思熟虑的讨论"的误区,新一轮本科教育改革的关注点不应仅仅指向大学应该教什么,也要关注大学应该怎么教,也要关注学生应该怎么学、学得怎么样。斯坦福大学提出如下21世纪本科教育目标——掌握知识:专业教育与通识教育融合,知识的深度与广度融合,包括自然科学、社会科学、文学艺术、分析哲学;磨炼能力:包括口头表达能力、写作能力、批判性阅读能力、美学与审美能力、形式和定量推理能力、历史思考能力、科学分析能力、创新创造能力;培养责任感:包括个人和社会责任感、伦理和道德、跨文化跨种族认同能力、团队协作能力、包容慷慨的品质以及富有同情心;自适应学习:掌握知识迁移能力,即运用所学知识能力去创建新的连接,解决新问题,应对各种外界挑战和机遇,逐步形成创新思维、创新意识、创新能力和创新习惯,成为创新型人才。

麻省理工学院2014年发布《麻省理工学院教育的未来》,2016年发布《高等教育改革的催化剂》。拉斐尔·莱夫校长指出,高等教育到达了一个转折点,我们必须打造以学生为中心的教育,单个的变革主体是不够的,必须让全体教师、大学的高级管理层、学科和专业负责人、科研团队都参与进来。要让学生学会反思、讨论(与同伴和专家)、学科思维、自学和掌握学习方法。麻省理工学院正在推动教学方法改革,改革传统的课堂教师授课的被动学习,倡导主动学习、探究式学习、项目学习、做中学、实践学习、问题导向学习、自我学习、同伴互学和团队学习。

从国内外知名大学的发展情况看,要建设高等教育强国,争创"双一流"不仅是学校整体办学水平的提升,还是一个国家、一所高校形成核心竞争力的关键要素。独立学院也要做好"四个一流"的统筹:①一流大学是目标。一流大学是中国硬实力、软实力、巧实力的象征,国家发展需要一流大学的支撑和引领。②一流学科是条件。但是,一流学科不等于一流大学,一流学科的总和也不等于一流大学。③一流本科是根本。没有一流本科,建设一流大学是自娱自乐。④一流专业是基础。一流专业是一流人才培养的基本单元。只有真的把课程、教师、教学、学生及教学方法和技术都在这个专业平台上整合好,把专业建扎实,把一流本科办好,培养一流人才的目标才可能实现。

## 5.5 积极转型,提升自适应动态调整的能力

根据国家中长期教育改革和发展规划纲要的要求,需要把本科职业教育纳入经济社会发展和产业发展规划,促使职业教育规模、专业设置与经济社会发展需求相适应。同时打通中专、大专、本科、硕士的职业教育通道,改变高职高专毕业不能晋升学历的"断头路"格局,解决毕业生在职继续学习的渠道。这其实也是独立学院作为地方应用型本科发展的方向。经济发展推进了高等教育大众化,大众化又必然推动高等教育类型由单一的研究型走向多类型发展。早在1999年,我国大力发展职业教育这一举措,对过去经济社会发展起到了巨大的推动作用。但是今天,我国的职业教育走到了十字路口,"断头路"阻碍了高职发展。所以将具有职业教育属性、发展处于抉择关口的独立学院

院校纳入现代职业教育体系,对实现职业教育办学层次的提高和体系的外延具有战略意义。

过去的经济增长,主要由投资、出口拉动。但随着投资放缓、出口受全球经济下滑的影响,我国经济也面临下行。只有加快推进传统产业技术改造,加快发展战略性新兴产业和服务业,提升产业技术水平和国际竞争力才可能保持经济平衡持续地增长。转变经济方式,调整产业结构,实现新型工业化、信息化、农业现代化、城镇化是经济可持续发展的需要。而地方经济调整,淘汰落后产能,发展新兴产业,必将增加对新型技能人才的需求。独立学院作为新型技能人才的培养基地,转型势在必行。根据国家中长期教育改革和发展规划纲要的要求,职业教育规模、专业设置与经济社会发展需求要相适应。经济发展推进了高等教育大众化,大众化又必然推动高等教育类型由单一的研究型走向多类型发展。2014年教育部决定促进600多所地方本科高校转型为应用技术大学。截止到2017年,已有200所地方高校转型为应用技术大学,其中有近70所转型高校是独立学院。2017年,我国大中专毕业生有795万人,同时迎来40多万的留学生归国潮。"就业难"和行业企业"用工荒"的现象并存,这种坚实需求和大学人才培养脱节反差巨大。究其原因,这与地方高校盲目追求"高大上",贪大求全,盲目效仿,定位不清有较大的关系。据相关数据统计,在电信行业,现有高端技能人才占全行业专业技术人员比例仅有0.14%;在海洋领域,我国在世界海洋专家数据库中登记的专家不足百人,不到全球总量的1%;在电子信息产业中,技师、高级技师占技术工人比例仅为3.2%,而发达国家一般在20%~40%。可见市场对高端应用型、技能型人才的需求巨大。

教育部有关部门对全球金融危机以来世界各国经济社会发展进程进行分析,得到一个重要启示,就是国家竞争力、实体经济的发展与现代职业教育体系的建设、高等教育的结构高度相关。德国、瑞士、芬兰、荷兰、日本等应用技术大学多的国家,不仅竞争力在世界上排名靠前,而且失业率较低。可见,独立学院转型为应用技术大学是经济转型发展、产业结构升级的助推器,也是我国现代职业教育体系构建及高等教育结构调整的需要。综观这些应用技术大学比较发达的国家,职业教育已经成为这些国家经济发展的"秘密武器"。而且他们的办学专业化程度比较高,针对性极强,所开设的专业和社会需求的吻合度相当高,社会也是教学场所,真正实现了政校企联合培养的目标。我国独立学院目前的首要任务就是厘清办学思路,通过转型处理好学校发展与社会发展的关系,人才培养、科学研究和社会服务的关系,学校建设与改革创新的关系,规模扩张和质量提高的关系。

独立学院这种与时俱进、动态调整的能力不仅可以促进学校的可持续发展,而且可以锻炼对环境的快速反应能力、高效的资源整合与配置能力、对未来发展的准确判断能力、目前存在问题的修复能力等一系列的支持其可持续发展的内在力量,以及那种动态地随着社会的发展而不断完善的能力。

## 5.6　加强品牌塑造是独立学院提升市场认可度的源泉

品牌是学校在激烈竞争中生存和发展的保证,在教育种类多样化、教育服务越来越同质化的今天,品牌成为学校制胜的法宝。学校品牌,对学校而言,是学校对自身质量的承诺与保证;对家长而言,学校品牌带给他们一种高品质的身份与体验;对社会而言,学校品牌能影响、引导一种潮流与文化。因此,品牌在满足消费者(包括学生、家长、社会用人单位,以及使用学校提供的知识和科研成果的单位或个人等)的需要,提高学校的知名度、美誉度,促进社会资源优化配置和良性竞争方面的作用不可小觑。

独立学院在发展中创建、塑造自己的品牌,从微观方面来说,是宣扬独立学院的特色,张显其个性,满足社会、学生、家长及用人单位对高品质教育的需求;是提高独立学院的知名度和美誉度,提高社会对独立学院的普遍认同感,实现其自身的可持续发展的需要。从宏观层面来说,独立学院作为高等教育的重要组成部分,其自身实力的增强和发展的加快,有利于推动高等教育的改革发展,有利于完善高等教育体制,丰富我国高等教育的办学形式,优化高等教育系统结构与教育资源配置,促进高等教育持续快速健康发展。实施品牌战略,突出自身的特色和优势,打造属于自己的品牌是独立学院发展的良策,独立学院应注重学校的软硬件建设,加强内涵建设,以质量、特色、品牌构建独立学院核心竞争力,提升综合实力,为独立学院可持续发展奠定坚实基础。独立学院的品牌塑造,是实现其办学效益最大化的有效途径。独立学院要在理解品牌的内涵和意义的基础上,调动学校师生员工的积极性,树立质量意识和品牌意识,充分分析内外部环境、了解社会所需及自身发展优势,确定独立学院办学定位和发展方向,以独立学院的办学特色创品牌,以质量强品牌,以校园文化实现品牌的增值,并通过适当的形象宣传和推广,树立独立学院良好形象,提高独立学院的知名度和社会认可度,更好地发挥其职能作用,满足社会需要,实现自身的可持续发展。

高等教育的服务及"产品"(包括学校课程、毕业生、科研成果等)直接面向市场,为社会服务。因此,高等教育与市场接触更明显,受市场影响也更大。随着我国社会主义市场经济体制的逐渐完善、市场机制被引入教育领域,使我国高校面临着国内外的激烈竞争,而我国高校连续几年的扩招和我国人口出生高峰期对高等教育冲击的减弱,我国高等教育发展环境发生了很大变化,更使高校之间的竞争达到白热化程度。为在竞争中取得主动,求得生存与发展,各高校都采取各种措施提高教育服务和"产品"的质量,然而质量趋同、无个性等问题也凸显出来。在这种情况下,只有找准位置,树立高校品牌,发展学校特色与个性才是高校的出路,是独立学院取得竞争优势的关键。

## 5.7 科学而健全的制度是独立学院可持续发展的重要保证

由于教育本身具有某种公共产品的属性,政府承担着某种职责与义务,正是在这种职责和义务使然或主导下,政府权力便一直在这个领域发挥作用,特别是对于民办教育更是如此。这种权力的惯性,就必须考虑延伸到极具市场化或者说已经属于服务贸易的独立学院教育领域的合理性,也就意味着需要明确政府干预权的范围以引导独立学院的有序运行。我们提倡对独立学院教育进行鼓励和促进,在促进独立学院的发展时更应该推进依法规范的合理性,没有恰当的规范,促进便打折扣,而且过度的促进也是一种教育资源分配的不公正,需要对现存的政府干预模式进行反思,这既是对莘莘学子利益的负责任回应,也是对捐资或投资办学主体利益的负责任的回应。

政府和市场是独立学院生存和发展的两大支柱。仅仅依靠市场自在自为地竞争,自发自主地运行,由于市场主体对利益最大化的诉求,将会造成经济利益成为衡量价值的唯一标准。当用"市场来衡量所有事物"之时,就会导致市场的失灵与异化。的确,强调"个人对自我利益的追求不可能自发地导致自然的和谐,相反,他会导致所有人之间相互抗衡的争夺"。仅仅依靠政府,由于权力的扩张性,就可能出现任意的或过度的介入,导致市场的扭曲化。那么,就需要在政府与市场之间寻求一种合理的平衡,而这种平衡应是所有参与主体一种共有价值观的体现,体现了一种整体的共同利益,并在这种价值观、利益观下催生出制度共识。

我国独立学院的法律规制以及政府依法进行有效干预的研究尚处于摸索和起步阶段,研究还处于着重引进和比较分析西方发达国家私立学校立法的学习和借鉴阶段,通过西方发达国家的立法理论和经验来指导分析我国的独立学院的规范问题。这种状况则必须要进行理论的拿来主义与本土化的有效融合的思考。这也意味着独立学院的政府干预研究,无论是对独立学院从进入到退出这一个全过程中的系列问题进行理论分析研究,还是对独立学院政府干预中的争议焦点进行理论分析研究都需进行一个理论剖析,从而为形成制度、制定法律提供理论积淀和基石,为现有的一些争论正本清源。另外,从理论上厘清一系列问题或者某几个焦点问题,特别是对我国独立学院身体力行者而言,尤其是对出资人来说,其面临的困惑问题、法治规范的问题,也是一个证明和回应。从理论上厘清一系列问题,更是政府部门对徘徊在集权与放权困惑中的一个回应,以形成相应的法治规范来杜绝政府对市场的不当介入。即笔者希望通过问题导向的分析,为政府干预中出现的一些问题给予理论回应。

恰当的制度安排要为市场中和组织里的人际合作提供一套框架,并使这种合作具有可预见性和可信赖性。那么就要整体思考、系统分析、统筹解决,从而给出合理的判断和解决路径,进而为国家以及地方层面制定法律和干预政策提供积极的借鉴。

在新公共服务的视角下,公共行政的着力点不是新公共管理所强调的"掌舵",而是应更好地为公共提供服务。在独立学院的发展过程中,政府应"改变过去在办学过程中集投资者、举办者、办学者于一身的角色,不直接干预高校的内部管理,而是扮演为高校办学提供宏观指导政策和制度的服务者角色。政府通过市场实现对教育资源的配置和调节,主要运用规划、拨款、评估等手段对高校进行宏观管理"。只有政府职能转变了,将主要精力集中在社会管理和公共服务上,贯彻落实国家方针政策,保证教育的公平性,维护学校、教师和学生的合法权益,根据独立学院的办学水平和市场需求给予独立学院较为宽松的政策和广阔的空间,做独立学院发展变革的服务者,才能激发独立学院内在的活力。同时稳定的、有前瞻性的政策才会引导和保障独立学院顺利转型和健康发展。

# 6　国外应用技术大学的发展经验借鉴

## 6.1　国外高等教育从精英教育到大众化教育的经验介绍

从国外高等教育大众化的进程看,欧美发达国家主要是通过建立独立于传统的精英大学系统之外的"第二种模式"来实现大众化的。其实,两种教育模式并不相悖,各按其职能和特色不断发展壮大,这是目前大多数发达国家解决大众化教育模式与传统精英教育模式之间矛盾的最有效方法。当然,传统精英大学仍然在高等教育系统中占据至尊地位。

比如美国社区学院,发展一百多年仍方兴未艾,对美国的教育与生活产生了巨大的影响,美国实现高达80%的高等教育毛入学率,它功不可没。目前美国全国共有1 166家社区学院(community college)[①],每所社区学院都带有它所服务的地区的文化及地理特性,同时它们又具有许多共同点。美国的社区学院主要为大众需要服务,开设多样化的课程,将高等教育的大门向社会的各个方面开放,使每一个进入社区学院学习的人都能够获益。因此,人们对美国的社区学院冠以"人民学院"的美称。学生在社区学院学习两年毕业后,学校会给学生颁发副学士学位(associate degree)。如果学生想继续深造进修,也可

---

① 美国社区学院留学网. http://www.usacc.com.cn.

以转读四年制大学,直接申请报读大三的课程,继续后两年的大学课程,取得学士学位。大多数社区学院提供三种类型的课程:语言培训课程、学士转学课程、生计教育(即职业技术教育)及社区服务,后者包括成人继续教育和工商业的培训与再培训。

可见美国如果没有社区学院,恐怕很多人就永远没有进入大学的机会,就不可能实现公开入学的机会和公平就学的机会。美国社区学院对终身学习的承诺包括了提供学分的和非学分的课程、活动以及计划等,通过这一切来丰富社区学院所服务社区(地区)的人们的学习需求和生活。由此可见,美国的社区学院具有实用性、灵活性、经济性和前瞻性等特点。如今,社区学院已被誉为美国通往未来的动力。

此外,与我国独立学院更为相似的还有印度的附属学院,印度的国情与中国的国情有许多相似之处,都是人口大国,都同属"金砖四国"。因此,印度大学附属制的经验与教训对我国独立学院健康发展具有较强的借鉴意义。印度的附属学院特点是依附母体学校的资源而创办的大学,不能独立颁发文凭,完全属于附属型大学(与我国早期的二级学院很类似)。印度附属学院的发展已有50多年的历史,其突出贡献有两点[①]。第一,印度附属学院有效地推进了印度高等教育大众化的进程,印度独立后,尤其是20世纪六七十年代,印度的高等教育发展速度之快、规模之大,在世界范围内也极为罕见。目前,各大学所属的附属学院共有10 000余所,平均每所大学拥有附属学院几十所甚至上百所。这些附属学院像满天繁星散落在印度各地,使边远山区的学生也能方便入学,节省了很多费用。这些附属学院招收了大量的学生,满足了民众接受高等教育的需求,使印度成为世界高等教育大国。对于印度的附属学院虽然有众多的非议,如存在教育质量较低、声誉不佳、管理缺位等问题,但不能否定它给印度的经济、科技带来了巨大的变化,使之成为科技强国和人才储备大国。第二,节省了大量的公共高等教育经费,使国家把资金集中投向一批重点大学。政府创办的以印度理工学院为代表的国家重点学院,由于政府的大力支

---

① 季诚钧.印度大学附属制对我国独立学院的启示[J].浙江师范大学学报(社会科学版),2007(2).

持,已经成为世界一流大学,有几个重点学科如计算机研制和软件开发处于世界领先地位。印度每年可向世界各国输出20万名IT人才,美国硅谷的高级精英很多都是印度培养的。可见,没有国家的重点支持,没有众多的附属学院作为高等教育大众化的支撑,这些政府直属的大学也很难建成世界一流大学。

季诚钧教授在多篇论著中研究了印度附属学院,比较系统地论述了印度附属学院的历史与现状,分析其利弊,并与我国独立学院制度进行比较,提出应吸取的经验与教训:①要控制独立学院的发展规模,避免过多、过滥;②要使独立学院走向独立,避免长期依附;③要合理设置专业,避免大量设置人文社科专业;④坚持大学与企业联合办学举措,避免克隆母体高校。

值得借鉴的还有英国的科技学院、法国的短期技术学院、日本的短期大学和专门学院等,都是在不增加国家教育投入的情况下发展的一批独立的私立高等学校,他们为各国实现大众化教育作出了贡献,也为各国的经济发展、科技进步储备了大量的人才。

独立学院作为我国实现大众化教育的产物,其肩负的历史责任和国外的"第二种模式"应该具有很多的相似性,因此研究国外的"第二种模式"有助于帮助我们厘清独立学院的办学思路和办学模式,对独立学院的发展起到借鉴和参考作用。

由于独立学院是我国高等教育界独有的办学形式,因此国外并没有针对独立学院的专门经验可借鉴。但是独立学院亦属于民办高等教育范畴,则国外民办高等教育成功经验是值得我们学习和借鉴的。近现代以来,国外许多国家都非常重视民办高等教育的发展,通过大力推进民办高等教育法制化进程,公共政策不断完善,办学理念与时俱进,不仅为社会的发展培养了诸多人才,而且促进了民办高等教育事业发展、加快了高等教育大众化的步伐。同时,在当今中国重塑"工匠精神"的大背景下,德国应用技术大学独具特色的应用型人才培养理念与模式也具有极高的借鉴价值。他山之石,可以攻玉。中国独立学院有必要借鉴包括美国私立大学、德国应用技术大学、日本私立大学在内的其他国家高等教育办学经验,借以规范中国独立学院的办学模式,拓宽办学思路,革新办学理念,走出有中国特色的独立学院发展之路。

## 6.2 美国私立大学的发展经验借鉴[①]

### 6.2.1 美国私立大学的规模

美国是国际公认的高等教育大国和强国,其私立大学对于美国高等教育的发展和进步起着至关重要的作用。自1636年剑桥学院(现哈佛大学)创建以来,美国私立高等教育体系至今已发展得非常庞大和完善。在现有高等教育机构中,私立大学占总数的一半以上,其中营利性和非营利性私立大学分别占26.2%和36.9%,并且办学的层次越高,非营利性私立大学所占的比重越大。此外,从2003—2009年间,美国大学的入学人数平均每年净增约59万人,其中私立大学增幅38.9%,明显高于公立大学(15.3%)。2009年,美国私立大学在校人数已达561.7万人,占总数的27.4%,较1985年的22.6%提高了4.8%。可见,美国私立大学的发展势头仍然十分迅猛。

### 6.2.2 政府营造公平竞争环境,并为私立大学提供资助

美国政府制定政策禁止歧视私立大学,采取一视同仁的态度,还通过法律手段保障私立大学的权益。如1965年颁布的《高等教育法》及后期的《高等教育法》修订案,规定向私立大学提供长期资助,进一步肯定了私立大学的地位,从而推动其发展。例如,美国部分州政府为鼓励学生就读私立大学,给就读于私立大学的学生发放教育券,这种变相减免学费的方式,为私立大学的学生提供了资助,提高学生入学积极性。部分州还通过为私立大学减免税款的方式来保证私立大学有足够的运营经费。此外,部分州还为私立学校供应学生食物的收入部分免除税收。

### 6.2.3 实施分类管理,明晰产权

美国法律对营利性和非营利性机构的划分有着很明确的界限。非营利性

---

[①] 李维民.中国民办高校赴美考察报告[J].民办教育研究,2013.

私立大学是教育法的适用对象,其所有权和管理权归董事会所有;营利性私立大学是商法的调整对象,采取市场化运作模式,对自有财产拥有收入的独享权、自由的转让权、排他性的使用权,也可以抵押、转让。

政府对私立大学实施分类管理,非营利性私立大学在政府资助、政策待遇等方面享有更多的权利。美国政府向营利性私立大学提供的贷款,只能用于资助科研和基础课程,而向非营利性私立大学则制定了一系列资助政策,如提供补助金和贷款、实行免税制等。从表4-6可以看出,按照是否营利进行分类,有利于政府给予非营利性私立大学税收减免、资金支持的运作。

### 6.2.4 "一个核心价值"和"两个良性循环"的经营理念

所谓"一个核心价值"是指归属感,"两个良性循环"是指核心价值与办学质量间的良性循环。教育质量好是美国私立大学得以生存发展的重要条件。从一项基于美国家长对私立、公办大学的看法调查显示,在美国,私立大学的社会美誉度较高,大部分家长均认可私立大学并且有意愿送孩子到私立大学就读,他们认为私立大学"课程设置好""教学质量好""学校管理好""教师水平高"。私立大学在竞争中,积极进行教育改革,争取生源,以办学质量为核心,取得良性循环。因此可以说,高质量的教育和管理机制是美国私立大学得到大发展的关键因素。

### 6.2.5 美国私立大学经久不衰的秘诀

通过分析,我们发现美国私立大学的繁荣得益于以下五个方面。第一方面,美国有较完善的私立高等教育体制。政府给予私立大学一定的资助,营造公平竞争环境,对私立大学进行分类管理,允许营利性私立大学的存在。第二方面,美国对营利性大学与非营利性大学有严格的界定,有利于采取不同的机制,促进各种类型私立大学的发展。第三方面,美国私立大学资金来源渠道多元化。其办学经费主要靠学校自筹,一般包括:学费、创收、政府资助和各类捐赠等。各种资金来源相互补充促进,为美国私立大学的稳定发展奠定了坚实的基础。第四方面,高度的自主性。美国私立大学享有充分的自主权,可以自主招生、自主设置专业课程、自主聘任教师等,美国政府对私立大学的影响有限。第五方面,"一个核心价值"和"两个良性循环"的经营理念,使得美国私立大学以高质量的教育和管理机制谋求发展。

## 6.3 德国应用技术大学发展经验借鉴

### 6.3.1 德国应用技术大学的发展背景及相关制度保障

第二次世界大战后,德国经济呈现出高速发展的态势,经济复兴,岗位需求旺盛,企业及社会其他用人单位对技术创新、生产者素质和应用型人才提出了更高的要求,年轻人上大学的需求大幅度增加。然而德国历史上长期坚持高等教育的学术型人才培养模式,无法满足社会对高等教育人才培养和高等教育大众化的要求。20世纪60年代,德国爆发了一场关于"德国的教育灾难"的教育大讨论,使当时统治德国高等教育领域的洪堡理念受到强烈的冲击。正是这次教育大讨论使人们开始意识到,如果不改变原来过于单一的高等教育体系,建立适应经济社会发展需要的不同类型的高等教育,就无法满足培养适应经济发展的专门人才的需要,而缺乏人才优势必然会导致德国在激烈的国际竞争中落伍。在这样的历史发展背景下,德国政府于1968年审议通过了《联邦共和国各州统一高等学校协定》,决定建立应用技术大学,培养更高层次的应用型人才。此后,联邦政府及各州相继颁布法律,确定应用技术大学的法律地位。例如1976年,联邦德国政府颁布《高等教育总纲法》正式明确了应用技术大学作为高等教育机构的法定地位;1981年,德国科学评议委员会明确定位应用技术大学与大学类高校是"不同类型但是等值"的高等学校;1985年《高等教育总纲法》修订版明确规定不同的高校形式作为不同类型的高校体系中等值的要素而相互存在。各个州的高等教育法规也先后将应用型人才培养、应用性科学研究和技术研发确定为应用技术大学的主要任务,并对应用技术大学与学术型大学实行分类指导,使各司其位、错位发展。

### 6.3.2 德国应用技术大学的人才培养目标及专业设置的实用性

德国应用技术大学的培养目标是以学生未来就业岗位的需求为导向。培养目标的制定取决于社会经济的发展变化和企业的实际需要,提倡"应用技术大学应将自己的毕业生培养得更加接近顾客"。在《联邦共和国各州统一专科学校协定》的第一条就阐述了应用技术大学应"对学生进行一种建立在传统理论基础上的教育,最后使学生通过国家规定的考试毕业,能够从事独立的职业活动"。这就说明,应经济和科技要求而生的应用技术大学,主要面向经济界培训大批具有一定理论基础,又具有较强综合运用各种知识和技能解决现实问题的能力的应用型人才。这就意味着,学生一方面要学习系统的科学知识,且这种学习并不为从事科学理论研究服务;另一方面还要接受专业的职业训练。《高等教育总纲法》对此也有阐述,第六条规定:"在培养目标上,教学和学习应为学生今后从事某一职业打下基础。按学生所学课程,要传授给他们必要的专业知识、技能和方法,培养他们在一个自由、民主和福利的法治国家里以负责的态度从事科学艺术工作的能力。"

总之,与传统的综合大学相比,应用技术大学培养的是专业性强、侧重实际应用,具有各种专业职业技术的高级应用型、工程师类职业的实践工作者,被德国经济界和工商管理界称为把理论知识转化为实际应用技术的"桥梁式的职业人才"。学生毕业后通常从事产品开发、质量检验、核算、设计、生产、装配、维修保养、营销等工作,职业定位为大中型企业的技术骨干或小企业的管理者及技术骨干。

与综合大学相比,德国应用技术大学的专业设置具有很强的针对性。但是科学技术的快速发展又使专业化知识的淘汰速度加快,这凸显了普遍适用基础知识的重要性。为了兼顾专业设置的针对性和基础知识的普遍适用性,应用技术大学不断地根据社会发展的需求调整专业设置。一方面在一些专业领域设置若干专业方向(如慕尼黑应用技术大学的建筑工程专业和交通技术专业,建筑工程专业下设公共建筑工程和建筑实施两个专业方向,交通技术专业下设陆上交通工具和空中交通工具两个专业方向);另一方面又不断地将一些窄专业并入宽专业,加强基础学习避免过早专业化,还通过限制专业设置数对专业化加以控制。体现了其在专业设置上宽窄并存的原则,使毕业生的针对性和适应性较好地结合,以应对未来的岗位需求。

另外,由于德国应用技术大学的专业设置审批权由各州教科部掌管。各州政府往往根据本州的实际情况来控制专业设置,这就使应用技术大学的专业设置具有鲜明的地方特色,体现了为地方经济服务的意识。例如,布伦瑞克·沃芬比特尔应用技术大学的其中一个校区在大众公司总部沃尔夫斯堡,该校设有车辆工程专业,为所在地区培养汽车行业的工程师;汉诺威应用技术大学位于萨克森州,根据萨克森州森林多、地势平坦、河流多的特点,该校设立了建筑学、土木工程学和持久性规划与建造专业,以便在充分运用资源的基础上保护环境。

总体来说,在50多年的发展历程中,尽管专业数量和类型有较大变化,但应用性始终是德国应用技术大学专业设置的基本准则。

### 6.3.3 德国应用技术大学的办学模式和办学特色

#### 6.3.3.1 双元制培训模式

德国的职业教育因卓有成效的"双元制"培训模式而闻名,其发展在全球处于领先地位。应用技术大学既是德国高等教育体系的重要组成部分,同时也是德国职业教育体系的高级阶段。因此,"双元制"培训模式在德国应用技术大学教学中的地位举足轻重。"双元制"整体上指的是一种校企合作的培训模式,即由企业和学校共同担负人才培养的任务。学生一方面在学校接受专业理论知识培养;另一方面在企业接受实践技能培训。这是一种按照企业对于人才的要求来组织教学和培训的教育形式,保障了教育的实践性。具体来说,"双元制"内涵包括以下几点:①校企联办体现了培训主体的双元;②学校和企业两个培训地点体现了培训场所的双元;③国家与企业共同出资体现了经费来源的双元;④联邦与州政府两级法律保障体系体现了法律督导的双元;⑤专业理论教学和实际技能培训的两套教材体现了教学内容的双元;⑥在企业里实际实践技能培训的师傅和在学校里教授基础课与专业课的老师共同实施培训体现了师资队伍的双元;⑦受训者以"学徒"身份在企业实际的生产岗位接受职业技能培训,又以"学生"身份在学校接受基础和专业理论教育,体现了受训者身份的双元;⑧企业的职业技能培训由行业协会依据相关法律进行管理和监督,学校的组织管理则由各州教育部负责,体现了管理机构的双元;⑨学生通过参加资格与技能两类考试分别取得学历证书和职业资质证书,体现了考试及证书类型的双元。"双元制"以经济发展需求为导向,强调理论与实践的有机结合,突出学生实践能力的培养,重视企业在培训实施过程中的作用。这一最有德国特色的职业教育模式有力地推动了德国应用技术大学的发展,忠实地为德国高等职业教育的实践性教育目标服务,使高等职业教育在理论领域和实践领域之间实现了双向的交融和互通。

#### 6.3.3.2 双师型师资队伍

德国应用技术大学对于教师的要求很高,有着严格的准入条件,其师资构成主要有三类:教授、兼职教师和实验室工程师。此外还有一部分助教,主要承担辅助教学或科研的工作。

德国应用技术大学的教授一般都拥有博士学位,在学科理论知识和科研能力上都很出色。《高等教育总纲法》中规定,应用技术大学的教授必须具备四个聘任条件:①高等学校毕业;②具有教学才能,通常由教学或培训中所获得的经验来证明;③具有从事科学工作的能力,通常由获得博士学位来证明;④至少从事为期5年的职业实践工作,其中至少3年是在社会实践中完成,并在有关应用或开发科学知识和方法上取得特殊成就。从以上条件可以看出,应用技术大学的教授是一群既有扎实的学术基础,又具备丰富实践经验的高素质人才。事实上,在教授的实际招聘中,德国应用技术大学除了要求应聘者有5年以上企业工作经历以外,一般还要求这5年中至少要有2年以上担任部门经理及以上职位的经历,具备与企业界联系的能力已成为大多数应用技术大学招聘教授的标准之一。随着德国高等教育体系的逐步发展,具有教育、文学、理学及教学法等专业知识,具备运用现代化教学媒体和方法的能力也成为应用技术大学教授的应聘条件。在任教期间,应用技术大学教授每4年还享受一次为期半年的"学术休假",到校外的对口单位从事实际工作或实用研究,以了解实际工作中的最新问题和动态,更新和扩充知识。

德国应用技术大学的兼职教师绝大多数从企业聘请,常年作为大学教授任教某一门或多门课程。他们不但具有较高的学历、工程师或师傅职称证书,还能把生产实践中最新的发展趋势加入教学内容当中展现给学生。此外,他们还可以成为企业和学校之间联系的纽带,协助解决学生实习论文、企业生产及毕业生就业等棘手问题。据统计,在德国的应用技术大学里有25%的课程由这些兼职教师完成。

众所周知,德国应用技术大学的教学注重实践性,实验课程在教学实践中占据很大比重,实验室自然是重要的教学场所。并且,德国应用技术大学的实验室通常设备精良,价值不菲,每年的维护费用巨大。因此,实验室工程师已成为应用技术大学师资的重要组成部分,他们是学生实验课的主讲老师,几乎清一色毕业于相关专业并取得了工程师资格,同时具备相关的工作经验。除了教授实验课以外,实验室设备的日常维护和保养也由他们负责。通过以上介绍可以看出,对于以培养应用型人才为主的应用技术大学来说,教师的实践能力至关重要。正是由于这种严格的教师资格准入,才造就了一支高水平的师资队伍,保障了德国应用技术大学教育的高质量。

#### 6.3.3.3 应用型科研

德国应用技术大学办学模式的实践性导向除了体现在教学上,还表现在科学研究突出应用性上,即如何把已有的知识转化成现实的生产力。如"机器人"不是研究如何制造机器人,而是研究如何运用机器人来分拣物品和生产原料,承担生产线上的工作。事实上,在应用技术大学刚刚创建时,教学是其最主要的任务,科研工作在相当长的一段时期内无人重视。随着应用技术大学发展不断上升,通过科研和开发将知识转化为生产力的需求越来越迫切。因此,德国联邦政府和各州政府逐渐从立法立项的角度给应用技术大学的应用型科研开发活动提供了更大的空间和相应的经费资助。例如,联邦教研部加强了对应用技术大学研发的资助,于2014年通过了"与企业结合的应用技术大学研发计划"项目,共资助了6 000万欧元,2015年资助资金达6 500万欧元,到2016年达到了7 000万欧元。除此之外,由企业及公共基金会所提供的"第三类资助"也是德国应用技术大学科研经费的主要来源之一。这类资助资金是企业或公共基金会付给大学开展某项具体科研项目的。大企业往往是"第三类资助"的主要提供者,如德国大众基金会自1961年成立以来已经累计为30 000个大大小小的科研项目资助了60亿欧元的资金(截至2016年)。如今,获得"第三类资助"的多少已经成为衡量应用技术大学科研能力的一个重要标准。而应用技术大学自身为促进应用型科研开发及技术转让,也纷纷成立了自己的技术转让中心。以萨克森州为例,8所公立应用技术大学中全部设有技术转让中心。这种技术转让中心类似于我国的科技孵化基地,由政府投资建设,学校教授和毕业生有创业项目时可以以十分优惠的租金申请获得办公和生产场地,企业一旦盈利,必须离开孵化基地,也可以将科研成果在知识产权市场拍卖变现。总之,应用技术大学积极从事科研活动,尤其是与那些想要独立开发研究高科技项目,但是在人力和物力上都存在相当困难的中小型企业紧密合作,采用委托研究或技术转让的形式,这既能解决社会实际问题,同时也是应用型、实践型教学的需要。现在,应用型科研已成为应用技术大学非常重要的工作任务之一。

#### 6.3.3.4 国际化发展

德国应用技术大学创建的初衷是为了满足国家地区经济的发展需求,因而其地方性、区域性特征非常明显。受到这种历史客观条件的限制,最初应用技术大学的国际化基础与资源明显滞后于综合大学,但是信息技术的发展使经济全球化、科技全球化成为一种趋势,世界各国在经济、科学、教育等各方面的依赖关系日益加深,世界已经成为一个休戚相关的共同体。高等教育作为人才培养的重要基地,自然成为国际合作的重要领域之一。在这种形势下,德国应用技术大学努力适应德国企业的跨国发展和劳动力市场对具备国际视野的高素质人才的强烈需求,积极致力于国际化发展。

德国应用技术大学通过设立国际中心或者国际部(处),专门负责学校的国际合作与交流,主要形式有五种。第一,与全球高校建立校际合作关系。例如,纽伦堡应用技术大学就与上百个国外高校有合作关系。合作形式包括:互派学生到国外合作高校学习,互派教师到国外合作高校任教,与国外合作高校联合进行科学研究,联合举办学术会议以及与国外合作高校进行联合培养等。又如,柏林经济应用技术大学与16个国家、30多所高校建立了合作关系,提供国际认可的工商管理硕士(MBA)学位课程。国内学生既可以通过学校联系有校际合作关系的学校出国学习,也可以通过联系私学但必须是德国教育主管部门承认的国外大学,这样其在国外大学修读的课程和学分可得到承认,获得两校认可的学位。此外,学生也可赴国外合作高校学习几个学期,在合作高校完成实践学期或作毕业论文等;教师则可以到国外合作高校短期讲学,也可以是长期派出教学,还可以和国外合作高校相关课程的教师共同完成该课程的教学。第二,扩大招收外国留学生的比例。这样一方面有助于校内的国际交流；另一方面由于学生来自世界各地，毕业后回到不同国家和地区，可以迅速推广德国应用技术大学的影响力。第三，教学国际化或为外国学生专设面向国外的专业。许多应用技术大学除了用德语和英语轮流授课外，还大量开设用英语作为教学语言的课程，为留学生在德国的学习提供便利。第四，联系并安排德国学生到国外公司、企业或管理机构实习。第五，举办国际性的冬令营、夏令营等。

通过这些方式方法，德国应用技术大学加强了国际合作和交流，在促进学生国际流动性，培养国际型人才的同时，也大大提高了学校的国际竞争力。

## 6.4 德国应用技术大学的保障体系

### 6.4.1 法律保障体系

德国注重教育立法，并强调依法治教。教育的组织、实施、管理和监督都有强有力的法律政策提供依据和保障。在多年的教育实践过程中，德国逐步形成较为完备的一套法律保障体系。应用技术大学既是德国高等教育的重要组成部分，又是职业教育的高级阶段，虽然德国并没有对口的高等职业教育法出台，但是应用技术大学的发展可以从高等教育相关的法律法规，以及与职业教育相关的法律法规中找到相关依据和保障。德国是地方分权制的国家，中央和地方之间实行分权，故而教育立法也是这样的模式。联邦议院立法，确定教育内容和培训职业。在联邦政府发布规定和措施后，各州根据本州实际情况对联邦政府的规定和措施颁布补充条例，教育管理主权在州。整体来说，与应用技术大学发展密切相关的法律法规大致有：联邦政府制定的《高等教育总纲法》《职业教育法》《手工业条例》《实训教师资格条例》等；各州制定的《职业学院法》《职业培训条例》等。

德国在1976年通过并在1985年进一步修订的《高等教育总纲法》确认了应用技术大学在高等教育中的合法地位，明确规定它与其他高校"不是同类型,但地位相同"的高等学历在法律上享受大学应有的各项权利。《职业教育法》最初颁布于1969年,是历史上首次在联邦范围内确立了国家调控职业教育的法律地位,系统地阐明了职业教育培训的目的,对职业教育的内容、方法以及教育期限作出了详细规定。为联邦各州职业教育的发展和改革制定了统一的原则,保证了全国职业教育的相对统一和均衡发展。1981年,《职业教育促进法》出台,第一次将职业教育与培训需求挂钩,职业教育成为一种公共事业。2004年7月,联邦政府制定《职业教育改革法》,决定将1969年颁布的《职业教育法》和1981年颁布的《职业教育促进法》合并制定新的《职业教育法》。2005年4月1日,新《职业教育法》生效,进一步重申了职业教育的法律地位和基本结构,强调在为经济发展作出贡献的同时,更好地满足个体需求,促进德国职业教育的国际化。当然还有很多其他的法规条例从不同程度上保障了德国应用技术大学的办学规模和质量。可以看出,多样化的、详尽的法律法规形成了严密的法律架构,既有原则性的规定,也有操作性强的细化要求,易于贯彻执行。这种相互配套、细致入微的法律体系为应用技术大学的发展起到了巨大的导向和护航作用。

### 6.4.2 经费保障体系

除了强有力的法律保障外,应用技术大学的发展离不开充足的经费来源。德国的应用技术大学绝大多数为公立学校,办学经费主要由联邦政府拨款,州政府和地方政府共同承担。此外,由于德国的高等职业教育是由多个部门协同参与管理的,其经费保障体系也呈现多元化。除了政府的经费支持外,还存在企业和个人等多方筹资的方式,形成了一个由公共财政和私营经济组成的多元混合经费体系。总结下来,其经费来源主要有政府资助、企业直接资助、企业集资资助、企业外资助和个人资助五种形式。

政府资助是指德国各级政府部门为了促进应用技术大学的发展,利用财政收入向各应用技术大学提供财政资助的形式。其主要来源有联邦教育与研究部、联邦经济和技术部、联邦劳动局、联邦就业、商业、教育与文化各部委、州政府、地方政府。其中,州政府主要负责学校内部事务的成本(如建立课程计划、教职工的工资和养老金等人事费用),而外部事务的资金主要由地方政府负责(如建造、维修学校大楼,教学与学习资源的采购及管理人员的工资及养老金等)。

企业直接资助是指单个企业在法律规定的范围内,直接出资建立自己的职业培训中心,购置培训仪器设备并承担实训教师的工资和学徒的培训津贴,其资助的行业、培训学生的数量及金额等都由企业自行决定。通常采用这种资助形式的企业都是大中型企业,对于高级应用型人才有很大需求,同时依靠自身的培训中心培养后备力量,如大众汽车公司、德意志银行等。这种资助形式是"双元制"职业培训经费的主要来源。

企业集资资助是为了防止参与职业培训的企业与未参与培训的企业之间形成不公平竞争,所有同行业的企业根据本行业的特点集资兴办该行业共同需要的企业外培训中心的资助形式。这种资助通常以各种基金会的形式存在,根据集资对象的不同,大致有中央基金(中央基金是由国家设立)、劳资双方基金(主要来源是实行劳资协定的企业)、特殊基金(行业基金、区域基金、行业协会基金)三类。

企业外资助实际上是一种国家对企业提供税收优惠政策而构成的间接资助形式。

个人资助是指人们为了能够获得个人能力和职位的提升而选择自己支付高等职业教育培训费用的形式。

### 6.4.3 质量保障体系

正如德国莱茵兰·法尔茨州国家教师进修与教学地理咨询研究院院长普里贝在《质量体系及其对学校的重要性》前言中所指出的那样:"质量保障、质量提高、质量系统和质量管理涉及包括教育系统在内的所有重要领域。"这说明一个完善的质量保障体系是教育获得成功的关键所在。在德国,正是全面的质量考核与评价系统保证了应用技术大学教育的高质量。

首先,德国政府成立了常设机构——教育质量考核委员会,其成员包括接受过专业质量管理培训的教育专家、教育行政管理人员和企业人员,主要负责研究制定教育教学质量评估体系,对学校的教学计划、课程设置、教学过程及教学效果等各个方面定期进行质量评估。评估分为自评和统一考评两种,学校每年根据质量评估体系的相关标准进行自评,每5年还需接受一次州政府组织的统一考评。教育质量考评委员会在制定评估体系的过程中会深入学校与企业开展教育教学研究,进行学校教学质量体系建设的咨询与评价,有力地保证了应用技术大学的教学水平。

其次,行业协会的监督在德国应用技术大学的教学质量保障体系中扮演着十分重要的角色。德国共有480个地方级行业协会,按照《职业教育法》的规定,每个行业协会都有一个职业教育委员会,依法享有对职业培训的组织、实施等各环节的监督权。其具体职能包括:一是对企业的培训资格进行认定,比如企业是否具备法定要求的培训场所与设备、培训人员是否具备相关专业的文凭及职业教育与劳动学知识等;二是派遣培训顾问对企业的培训质量进行严格监控,对质量不佳的企业给予相应的惩罚,接受企业和学生的现场咨询,及时向相关教育部门反馈培训中出现的问题,并进行相应的调整等。此外,行业协会还具有审查培训合同、组织全国统一的职业技能考试等职责。

再次,德国应用技术大学对学生学习效果的考评十分严格。根据《职业教育法》的规定,学生需要通过两次国家考试才能毕业,包括以笔试为主的中期考试以及笔试、口试和实践操作都包含在内的毕业考试。两次考试成绩的评定都遵循企业给出的成绩为主、学校给出的成绩为辅,实践操作成绩为主、笔试成绩为辅的原则。此外,德国应用技术大学实行淘汰制,淘汰率大约在30%左右。实际上,尽管正规学习时间为8个学期,很多学生却要花费10个学期才能拿到学位顺利毕业。

最后,德国应用技术大学的法律保障体系本身为教育教学质量提供了有力的保障。德国通过法律形式确认93个大类、371个职业,并规定法定职业才能组织培训、考核、发放证书。考试的各环节由相互独立的机构按照法定程序负责组织实施,实行教考分离的统一考试机制,保证了考试的客观与公正,从而有效地以法律形式保障了应用技术大学的规范运行。

总之,德国的应用技术大学在国家法律法规的规范下形成了从学校教学质量、企业培训水平,到毕业生能力考核的全方位质量保障体系,再加上多元的经费体系提供的稳定雄厚的资金支持。这样,在法律、经费和质量三重保障机制的护航下,德国应用技术大学才能保持稳定、高效和健康有序的发展。

综上所述,德国应用技术大学从诞生之日起就以德国传统综合大学"改革者"的姿态出现。在 50 多年的发展中逐步形成了一套完备、成熟的办学体系,拥有自身独特的模式与特色,在德国的高等教育体系和职业教育体系中都占据了重要地位,对德国的经济发展作出了不可磨灭的贡献。

我国独立学院转型为应用型大学之后,其定位与德国应用技术大学类似,都是本科及以上层次的高等职业教育的形式。因此,德国应用技术大学的发展研究对解决我国独立学院转型过程中的一些问题有着积极的借鉴作用。

# 7 培育我国独立学院核心竞争力的对策研究

## 7.1 全国优质独立学院办学经验借鉴

### 7.1.1 云南师范大学商学院简介

1938年,国立西南联合大学(以下简称西南联大)在昆明创办,由北京大学、清华大学、南开大学组成,70余年薪火相传,发展成今天的云南师范大学。2000年,经教育部批准设立的独立学院——云南师范大学商学院(以下简称学校)成立,它继承和弘扬了西南联大"刚毅坚卓,通财富国"的优良传统,坚守西南联大"兼容并包、敬业勤学"之精神笃定前行。目前已成为全国办学规模大、办学水平高、综合实力强的独立学院之一。2007—2016年均位居"中国独立学院排行榜"前十强,荣膺2016中国五星级一流独立学院,是云南省唯一一所获此殊荣的独立学院,2017年跃居排行榜第二。2015年3月,学校顺利通过教学水平办学评估,是首批通过独立学院学士学位授权评估和独立学院教学工作评估单位;2016年在全国民办教育高校创新创业教育示范学校评选中获国家级创新创业教育课程建设奖,工商管理专业获云南省高校一流学科(B类高原学科)省级立项,"云南省优势特色民办本科院校建设项目"获省教育厅立项。连续10年被省教育厅评为"教学常规管理先进单位";云南省级科研立项和质量工程立项共计208项,居云南省同类院校第一。经过近20年的发展,已经成为中国一流独立学院。

学校有海源和杨林两个校区,现有在校生18 000余人,校园占地近1 000亩,建筑面积46.7万平方米。各类现代教学与生活设施完善,教学楼、学生公寓楼、实验室、图书馆、运动馆、多功能琴房等建筑群层楼叠榭、宏图华构。办学近20年来,始终不忘要"办最好的应用型本科大学、最关爱学生的大学",为学生提供友爱民主的环境。在教学中,以全面实施学分制学籍管理为突破口,推进以"学生、学习和学习效果"为中心的"新三中心"教学理念的改革。

学校教职工近千人,其中专任教师近700人,博士、硕士比例为58.7%,副高以上职称教师比例为30.1%。专职专任教师中教授、副教授人数居全省独立学院前列。设立了任课教师的"办公室时间",为学生辅导答疑。有云南省教学名师6人,云南省教学团队4个。教师群英荟萃,让学子在良好学风中茁壮成长,尽情享受智慧碰撞带来的喜悦。加快辅导员职业化、专业化、专家化建设。辅导员与学生同吃、同住、同学习、同生活、同成长。设有法学院、经济与管理学院、会计学院等7个二级学院,开设了45个本科专业60多个专业方向,形成了"以经济学和管理学科为主体,以艺术和教育学科为两翼,多学科协调发展"的学科和专业布局。图书馆中文纸本图书117.2万册,电子图书22 050 GB。让师生享有跨专业、跨学科的学习机会,尽情徜徉在知识的海洋里。

学校形成了"育人为本、创新为先"的学生工作特色,成立了52个学生社团,并成立了大学生艺术团。学生活动异彩纷呈、成绩斐然,成为学校的一道靓丽风景。被云南省教育厅评为"德育先进集体"和"三生教育"优秀学校,连续多次获得"五四"红旗团委称号。近年来,学校学子在全国校园好声音大赛、全国大学生创业大赛、全国数学建模竞赛、全国大学生英语竞赛、全国大学生沙盘模拟经营大赛、无人机航拍大赛、中国微商创业大赛等国家和省级大赛中屡获殊荣。

学校开展以就业创业为导向的实践教学模式,坚持应用型本科的办学定位,以创新人才培养模式为着力点,在应用型课程、跨界专业、产教融合、专业示范群建设上发力,牢固树立"市场为本,服务学生"的工作理念,以"对内强化就业指导,提升学生自身就业竞争力;对外开拓就业市场,拓宽就业渠道"为两翼,积极推进就业工作全程化、专业化和信息化建设。突破常规,勇于破冰,把就业创业教育列入学校战略进行组织机构、人员、机制、课程、教师再造。学生创业创新大赛及创业园区成为学校的工作重点予以落地。经过多年的发展,学校已形成集教育、管理、指导和服务于一体的就业工作体系,连续9年荣获云南省高校毕业生就业创业工作目标责任考核一等奖。近3年毕业生平均就业率达98%以上,2016年高达99.17%,对口就业率达70.07%。

学校深入推进国际化办学进程,把国际化融合到学校办学当中,推动育人观念的变化。学校搭建了中国文化传播和学生海外课堂平台,与6个国家近20所高校开展国际合作办学。学校创新了学生国际交流与合作模式,每年都组织在校生到国外交流学习,培养学生的国际化视野,积累国外生活经验。学校与美国、英国、澳大利亚、泰国、韩国、越南等国外高校建立了海外实习、海外体验研究、交换生、双学位、微留学等合作项目。目前共接收800多名国外学生到学院进行语言文化学习和交流,派出3 000多名师生到国外深造、就业和实习交流。学校连续10年开展"中美夏令营"活动,免费为云南省少数民族地区中学英语教师开展教学技能培训,迄今已有超过3 000余人参加。学校以课堂项目作为学校办学特色即高等教育国际化探索的技术路径,引领学院专业建设及学生就业走向。

站在新时代的起点上,学校将继续致力于构建更具竞争优势、更具社会责任感的新体制大学品牌形象。学校未来的定位向高端化、国际化、个性化发展,也将为广大学生的成功人生提供更为优良的教育、管理和服务。不断改善办学条件、提升办学质量,以"办最好的应用型本科大学、最关爱学生的大学"为目标而努力奋斗。云南师范大学商学院大事记如表7-1所示。

表7-1 云南师范大学商学院大事记

| 年份 | 事件 |
| --- | --- |
| 2000 | 教育部批准云南师范大学与原南方青年进修学院联合举办云南师范大学商学院 |
| 2001 | 6月8日,云南师范大学商学院正式挂牌成立,同年7月开始首届招生 |
| 2002 | 教育部组织的两次专家评估中,商学院均名列第一 |

（续表）

| 年份 | 事件 |
| --- | --- |
| 2003 | 云南师范大学商学院成为我国规模最大的公办民助二级学院 |
| 2004 | 教育部正式发函确认了"云南师范大学商学院为云南师范大学以新机制、新模式试办的独立学院",是首批获得确认的独立学院 |
| 2005 | 云南师范大学商学院顺利通过教育部组织的独立学院办学条件和教学工作状况专项检查,各项工作获得高度评价,第一届本科毕业生也顺利毕业,并正式启动"ISO 9000 质量管理体系"贯标认证工作 |
| 2006 | 创办云南文化产业学院,基础不断夯实,学院发展稳步推进 |
| 2007 | 在校生突破 9 000 人,成为我国规模最大的独立学院,综合办学实力居全国 315 所独立学院前列,列中国校友会网、《大学》杂志、《21 世纪人才报》联合发布"中国独立学院百强排行榜"第 10 名 |
| 2008 2009 | 列中国校友会网、《大学》杂志、《21 世纪人才报》联合发布"中国独立学院百强排行榜"第 9 名,并荣获"改革开放 30 年中国十大品牌独立学院"称号 |
| 2010 | 云南师范大学商学院由北京北方投资集团收购 |
| 2011 | 占地面积 1 000 亩的杨林新校区开始筹建 |
| 2013 | 新校区投入使用,挺入全国独立学院前五强,开始招收国际留学生,与海外多所学校合作办学,启动海外中短期游学项目 |
| 2015 | 加入云南省第一批转型为应用型本科的地方高校 |
| 2016 | 位居全国独立学院第 3 |
| 2017 | 位居全国独立学院第 2 |

## 7.1.2 四川大学锦江学院简介

四川大学锦江学院(以下简称学校)是经教育部批准,由百年名校、国家"985 工程"和"211 工程"首批重点建设的教育部直属全国重点大学——四川大学举办的独立学院;是一所按照新机制、新模式运行的全日制普通本科高等学校。学校设 13 个学院,42 个本科专业、11 个专科专业,学科涵盖文、理、工、经、管、艺等门类,面向全国招生,在校学生 17 000 余人。学校恪守"尊德性而道问学,致广大而尽精微"的校训,践行"学生为本,通专并重,知行合一,教学相长"的办学理念,培养具有国际视野的高素质应用型人才。

学校占地 1 000 余亩,按人文化、生态化、数字化理念规划建设。学校有现代化的教学楼群、实验楼群、图书馆、大礼堂、学术报告厅、体育场馆、景观公园、生态湖等,并配置了一流的教学仪器设备,各项办学条件均达到或超过国家标准。学校建筑精美,气势恢宏;绿树成荫,鲜花竞开,环境幽美,是莘莘学子求学深造、陶冶情操的理想园地。

学校实行专家治校、名师执教,学校主要领导和学院、教学部负责人全部由知名专家学者出任。学校聘请海内外名校名师执教,现有教师900余名,骨干教师主要来自四川大学,其中85%以上为教授、副教授。通过他们渊博的学识、丰富的管理经验、严谨的治学态度和敬业精神,为学生的成人成才提供强有力的保障。

学校严格课堂秩序,实行早晚自习、新生晨练制度,坚持开展文明寝室建设、诚信教育、志愿者服务等各类活动,培养学生勤奋学习、吃苦耐劳、求真务实、诚实守信、团结协作、博爱感恩等优良品格,形成了优良的校风和学风。

学校围绕经济社会发展需要,从四川大学100多个本科专业中精选了优势明显、师资雄厚、社会需求量大、就业前景好的专业,形成自己的专业体系。学校坚持通专并重,致力于培养身心健康、品格优良、能力突出、专业扎实、具有国际视野的高素质应用型人才。专业教育特别注重理论知识的应用与实践能力培养,毕业生走上工作岗位后"上手快,后劲足",社会适应能力强。

此外,学校还在全国同类院校中首设酿酒工程专业白酒方向、英语专业同声传译等稀缺专业方向,同时开设了会计学ACCA(国际特许公认会计师)项目,培养行业急需高端人才。学校因材施教,设立以本地历史文化名人苏东坡命名的东坡学院,每年从新生中选拔优秀学生进入该学院学习,为有志考研的学生提供优质教育教学条件。学校与美国、英国、德国、瑞士、日本、澳大利亚、新西兰、日本、泰国等国的20多所高校建立了校际合作与交流关系,开设了"2+2""3+1"本科合作项目,"3+1+1""4+1"等本硕联合培养项目及本科交换生项目。学校还开展了暑期赴美带薪实习、出国夏令营等活动。

学校特设"锦江大讲堂"高端学术论坛,邀请海内外著名专家学者来校讲学,使学生零距离接触时代前沿,感受大师风采。迄今已有来自美国、英国、德国、日本、新西兰等国高校以及北京大学、清华大学、复旦大学、人民大学百余位著名专家学者在此讲学。

学校高度重视素质教育,实施学生"五大素质养成计划"和俱乐部模式的体育教育教学改革,常年开展100多项第二课堂活动,包括学科知识竞赛、科技创新、创业计划、文学艺术创作、演讲辩论、社会实践以及丰富多彩的文体活动。第二课堂活动拓展了广大学生的兴趣爱好,陶冶了情操,活跃了校园文化,全面提升了学生的综合素质。学校实行教师住校制度,师生之间朝夕相处,建立了亦师亦友的新型师生关系,展现了一幅全新的大学校园人文景观。

学校励精图治,2013年、2014年和2015年位居全国独立学院排名第5名;2016年和2017年位居第3名。学校先后获得"综合实力独立学院前10强""最具领导力独立学院10强""中国最具品牌价值独立学院20强""中国最具影响力的独立学院20强""中国最具知名度独立学院""全国学生最信赖的十佳独立学院"。学校连续获得四川省教育厅颁发的"四川省普通高等学校毕业生就业工作先进单位"、省委宣传部颁发的"四川省十大书香校园"等荣誉;四川省唯一一所被国家体育总局体操运动管理中心授予"全国啦啦操实验高校"称号的高校;还获得"四川省高校平安校园建设先进单位""四川省高校园林式校园""四川省高校节约型校园""四川省高校标准化公寓"等荣誉称号。

学校学子在国内外学术讲坛、各类竞赛中表现卓越,近年来在全国及省级挑战杯、电子设计、数学建模等各类大学生竞赛中累计获得1 289个奖项,其中金奖211项、银奖348项。

学校学生在国内外核心刊物上发表论文45篇。其中6篇被工程检索(EI)收录,4篇被美国康奈尔大学图书馆收录,7篇被电气和电子工程师协会(IEEE)收录,3篇被德国斯普林格出版社出版的论文集收录;在第十三届中国北京国际科技产业博览会中,学校"基于'TG'信息安全理念的数字作品保护"作为全国唯一一项高校学生作品受邀参加展览;学生申请国家专利268项。

学校高度重视就业工作,近几年毕业生一次就业率均超过95%,很多学生进入了政府部门,以及银行、航空、通讯、水利水电、石油、电子等行业的跨国公司、国内大型企业工作,毕业生深受用人单位的欢迎和肯定。学校鼓励学生考研和出国深造,创造良好的学习氛围和条件,安排经验丰富的老师为考研学生免费辅导,给予考研学生全方位的支持。近年来,毕业生考研上线率一直居同类院校前列,2017年有289人达到国家考研分数线。2010—2016年,累计

1 176人达到国家考研分数线,720余人被国内大学录取,其中300余人考取南京大学、武汉大学、四川大学、哈尔滨工业大学、南开大学、北京航空航天大学、重庆大学、西南财经大学等重点大学;此外,还有320余名学生被美国加州大学洛杉矶分校、英国帝国理工学院、加拿大多伦多大学、澳大利亚墨尔本大学、日本早稻田大学、沙特阿拉伯阿卜杜拉国王科技大学、中国香港中文大学等境外名校录取为研究生。

### 7.1.3 吉林大学珠海学院简介

吉林大学是教育部直属的国家重点综合性大学,有本科专业129个,一级学科硕士学位授权点56个,一级学科博士学位授权点44个,硕士学位授权点291个,博士学位授权点242个,博士后科研流动站42个;学校师资力量雄厚,荟萃了一大批学识渊博、治学严谨的国内外知名专家、学者,拥有中国科学院院士和中国工程院院士39人(双聘29人)。

吉林大学珠海学院(以下简称学校)是经教育部2004年5月18日批准成立,现由吉林大学与珠海市华政教育投资有限公司在吉林大学珠海校区合作建设的独立学院。学校现设13个系、6个二级学院、3个教学中心,现设有55个本科专业,全日制普通本科在校生近30 000名。

学校特邀一批著名高等教育专家、科学家成立了吉林大学珠海学院顾问委员会,指导学校的发展战略、改革大计、品牌建设等重大问题。学校以"三个层次"师资骨干队伍建设为核心,促进优秀人才脱颖而出和可持续发展,实现高层次人才队伍建设的重点突破,全力建设一支中青年学科(术)带头人、专业骨干和教学科研并重型教师组成的师资骨干力量,满足学校内涵建设发展的需要。到目前为止,已有2批45名教师入选"三个层次"师资骨干队伍建设计划,9批214名青年教师列入"百人工程"培养计划,在职攻读博士学位的教师85名,多名教师到实际部门挂职锻炼。学校为了扩大教师视野,了解国外、境外教育现状,每年都派教师出国(境)考察和访问。与此同时,学校还针对实际需要,聘请了一些外籍专家来校任教。2014年1月,学校荣获第一批广东省民办高校教师队伍建设奖励并获得150万元的资金资助。2015年7月,4名教师被聘为首批"珠海特聘学者"。

学校确立"综合性、应用型、开放式、强特色、居一流"的办学定位。学校坚持培养应用型人才,在教学过程中,坚持从培养模式、课程体系、实习基地建设、实习指导等各方面加强实践教学。加强与企事业单位的"产学研"合作,倡导"实习—毕业论文(设计)—就业"一条龙式的培养方式。学校全面贯彻科学发展观,长期坚持开放式办学,以服务为宗旨,以就业为导向,大力推进校企合作人才培养模式,为地方和区域经济建设和社会发展服务。目前,学校已经与社会各界建立了广泛的合作关系,与不同行业的500多家企事业单位、科研机构共建产学研实习基地,实行校企合作办学,努力实现优势互补,推动联合培养人才新机制的建立和完善,全方位培养应用型人才,尽全力促进学生就业。学校坚持以学科建设为龙头,统筹推动人才培养、科学研究、社会服务、师资队伍建设及建设资源的优化配置。学校采取多种措施建设特色学科和科研方向,聚焦应用基础研究、应用研究、技术及产品开发与应用,大力推动科研成果转移转化。学校充分利用吉林大学的优势优质资源,不断引进高水平的科研团队和学科带头人,引领学科和科研发展。现在学校拥有广东省重点学科2个、珠海市优势学科3个、校级重点学科9个,各类各级科研平台57个。

学校具有一流的本科教学条件,校园依山傍海,占地面积2 421亩,建筑面积569 919平方米,截至2017年12月,资产总额25.65亿元(含社会捐赠),美国UGS公司、摩托罗拉公司、联想集团等国内外知名企业向学校捐赠的软件及各类教学实验仪器设备总值近6.4亿元。学校教学设施有四座教学楼共9.2万平方米,实验楼和机电实训楼共3.4万平方米,图书馆5.4万平方米,五环体育馆和游泳馆共1.1万平方米,还有标准体育场、高尔夫教学训练中心、篮排球场、乒乓球馆、网球场、健身房等,学校共有教学行政用房近23万平方米;生活设施完善,两个大型食堂建筑面积3.1万平方米,学生公寓40栋,有3万多张床位。现有藏书130万余册,电子图书93万册,中外文报刊2 600余种,并与吉林大学本部建立了文献资源共享关系。图书管理全面实现了文献管理现代化、文献检索网络化、馆藏数字化、服务智能化。

学校积极推进开放式办学,加强与国(境)外高校的交流与合作,目前已与美国布莱恩特大学、英国考文垂大学、加拿大卡普顿大学、澳大利亚埃迪斯科文大学、俄罗斯托木斯克理工大学、瑞典耶夫勒大学、新西兰奥克兰大学、新加坡国立大学苏州研究院、日本樱美林大学、韩国庆熙大学、泰国博仁大学、中国台湾"中央"大学、中国香港教育学院、中国澳门大学等100多所国(境)外高校及机构建立了校际交流关系并已开展多方面的合作。学校鼓励和支持学生到国(境)外大学学习。2008—2017年，学校累计已选派2 200多名学生赴美国、英国、新西兰、澳大利亚、瑞典、新加坡、日本、韩国、泰国、中国台湾、中国香港、中国澳门等国家和地区的高校攻读双学士学位、硕士学位或进行交换留学、交流和调研；选派400余名学生赴美国迪士尼世界等大型国际企业开展带薪实习、调研；外派100多批教师代表团赴国(境)外高校进行访问、参会、研修,开展科研项目。学校已有来自美国、德国、澳大利亚、瑞典、奥地利、西班牙、俄罗斯、委内瑞拉、日本、韩国、朝鲜、泰国、菲律宾、也门、约旦、尼日利亚、中国香港、中国澳门等国家和地区的780多人次境外学生来校学习、生活。学校每年为全校学生提供100多个公费留学名额。日益频繁的国际交流与合作,极大地开阔了学生的国际视野,增强了学生参与国际竞争的能力。

学校的建设与发展得到了社会各界的广泛关注和支持。学校经常邀请不同领域的学术大师和吉林大学本部的名师来校进行高水平的学术讲座、专题报告；马云、王石、白岩松、陈鲁豫、俞敏洪等多位社会名流和学生面对面交流,极大地开阔了学生的学术和社会视野。学生在感受浓郁校园文化的同时,也积极参与并推动校园文化的建设与发展。学校致力于加强文化建设,弘扬中华传统文化,国学院建设已经进入施工阶段,国学院将以接续文脉、传承文明、弘扬国学、立足当今、走向未来为办学思路。为塑造学校的学术品牌,营造良好的校园文化学术氛围,提升校园文化知识层次,提高学生文化修养和学术品位,自2006年秋季学期起,学校开始举办"科技大师系列讲座",每周邀请一位院士来校讲学,截至2017年已有来自中国科学院、中国工程院、第三世界科学院和国际宇航科学院的96位院士光临,并主讲了141场讲座,极大地开阔了师生的学术视野。学校组织学生参加国家级、省级大学生科技、文化、体育及其他专业类比赛,近4年来共获得各类奖项1 448项,其中获得国家级奖项达582项、省级690项、市级176项。

学校近3年毕业生初次就业率均保持在97%左右。91.8%的毕业生皆表示比较满意、满意或非常满意自我的成长。也就是说,大部分毕业生认为在学校期间获得了令自己满意的自我成长,体现了他们对自我发展的肯定,也从侧面可以看出毕业生对母校的教育教学效果较为满意。在毕业生对所学专业课对实际工作和学习的满足程度调查中,超过9成的毕业生认为所学专业课能够满足其实际工作和学习的需要。学校十分重视毕业生就业,毕业生就业工作在珠三角很有影响力,2010年学校被评为"广东最具就业竞争力独立学院"。毕业生就业遍布全国各省市及港澳地区,毕业生就业率和就业质量在同类院校中居于前列。

### 7.1.4 三所优质独立学院的竞争力整体评价

历经近20年的发展,我国独立学院从无到有,从少到多,从不规范到逐步规范,正一步步发展和壮大,并在我国高等教育大众化进程中发挥了重大作用。这种充分利用公办优质高等教育资源的新办学模式,在世界高等教育发展史上是一种从未有过的方式,是一种有益的探索。

综观以上三所优质的独立学院(云南师范大学商学院、四川大学锦江学院、吉林大学珠海学院),之所以成为今天一流的五星级独立学院,在中国应用型本科高校中具有较强的竞争力,主要是具备以下六点共性条件。

一是成功借助母体高校的优质资源,在建校初期无论是在吸引学生方面,还是师资力量的补充,学校的管理、校园文化的建设等方面均发挥了巨大的作用,例如吉林大学珠海学院和吉林大学共享图书馆电子资源,云南师范大学商学院和四川大学锦江学院均借助母体高校大量的高端师资力量作为学院发展的有力补充。在校园文化建设方面,吉林大学珠海学院和四川大学锦江学院都和母体高校共享"专家讲坛"。经过长期的积累,三所独立学院无论是硬件还是软件、办学特色,甚至已经超过很多公办地方高校。目前云南师范大学商学院和四川大学锦江学院占地面积都在1 000亩左右,在校生近20 000人;吉林大学珠海学院占地面积2 400多亩,在校生30 000多人,是目前我国规模最大的独立学院。

二是三所独立学院办学定位比较清晰,都是以培养服务地方经济发展的人才为培养目标。它们在10年前就能够结合国家人才培养战略,及时调整办学定位,明确应用型人才培养目标,并走出了一条特色化、专业化的发展道路。

在专业设置上既没有成为原母体高校的复制品,也没有成为其他民办院校的相似品。它们都结合自身实际情况,面向地方和区域经济社会的发展,准确把握未来的发展定位以及人才培养目标。它们在对市场需求作出准确预测后及时设置相关专业,更新了课程体系,调整教学内容,积极推进政、校、企合作模式,加强学生实践能力的培养,使毕业生赢得了就业的主动权和就业竞争力,也得到了企业的高度认同。高等院校的任务就是为社会培养、输送人才,同时,在和企业的深度合作中,也为毕业生获得更多的学习机会和就业市场。

人才拉动经济增长,同样,人才也要适应经济的需求。独立学院要发展就必须适应经济对人才的需求,脱离了市场需求,高校毕业生将无法就业。就业率是衡量教学质量的一大指标,也是学校得以持续发展的关键要素。统计三所优质独立学院近5年的学生就业情况,就业率基本都能够维持在96%以上,高于当地其他独立学院,甚至也高于公办学院。如此高的就业率,一方面证明这些优质的独立学院能够立足于地方经济和全国经济发展,服务当地经济圈;另一方面也说明面向市场开设的学科专业培养了社会需求的人才。这使三所独立学院在提高办学质量、扩大办学规模、吸引更多学生报考的同时,也提升了社会知名度。

三是三所优质独立学院都开启了国际化发展战略。伴随全球经济一体化的浪潮,高等教育人才培养的质量、数量、目标、方法等都发生了巨大变化,市场对具有国际视野、知识、交流能力和竞争力的高层次人才需求日益迫切。因此,高校国际化是未来可持续发展的重要路径。目前,三所独立学院国际化程度较高,和海外优质高校都有游学、留学合作项目,满足了部分学生、家长的个性化需求。当前,国际化被世界各国普遍认同和高度重视,是世界各国高等教育发展的一大趋势。因此,大学走国际化路线是其今后发展的一大方向,大学国际化发展战略是指高校对人才的培养和科研教育服务,在适应国内需求的同时也要适应国外市场的人才需求,同国际人才标准接轨。三所独立学院都根据市场对人才需求的变化,积极开展同国际学校的交流与合作,这种交流与合作可以起到以下几个方面的作用:①通过与国外学校的交流与合作,借鉴发达国家的办学模式和办学经验,结合自身情况,探索一套与国际接轨的学院办学模式和人才培养模式;②通过与国外学校的交流与合作,输送学生去国外交流,拓宽学生的国际视野,培养具有国际高层次竞争力的毕业生;③引进国外学生在本学院进行学习和交流,提高办学水平和学院国际知名度。

四是三所优质的独立学院都非常重视师资培养和引入优质人才为学院的发展服务,也很重视内涵建设。所以它们都拥有一支结构优化、素质优良、富有活力、精简高效的师资队伍和管理队伍。它们的人才激励机制先进,考核评价体系完善,并有一套兼顾对内公平、对外具有竞争性相结合的人才评价系统;同时完善了教职工的收入分配体系,并充分运用薪酬管理的激励功能,实施差异化的薪酬管理体制和长效的激励机制,留住了优秀教师,激励了年青学者,这非常有助于形成良性循环。只有有了精良的教师队伍,才能不断提升教育品质,为社会输送合格人才。优秀的教师可以吸引更多的优秀学生报考学院,优秀的学生更容易在社会上作出更大的贡献,从而提升母校的知名度。此外,三所独立学院都比较善于根据学院的发展定位来不断挖掘师资队伍的潜力,为每位教师设置适合自己的岗位,以此激发教师队伍的活力;让每位教师在自己的工作岗位上都"有作为",以此保证师资队伍的生命力;对教师进行规范管理、全力保障教职工的权益,从而打造出一支高水平的师资队伍,以此保持师资队伍的竞争力和向上发展的活力。所以,独立学院要加强师资队伍的建设,有计划地造就出一批结构合理、德才兼备、科研技术过硬的师资队伍。

五是三所优质独立学院都特别强调品牌建设。特色化办学的最终目的是为了产生品牌效应,获取竞争优势。再者通过设置新兴学科专业和特色专业,采取订单培养、顶岗实习、生产实训、交流任职、员工培训、协同创新等多种形式加强校企合作,实现高就业率等方式树立学院品牌。一旦学校品牌树立后,依靠品牌效应在招生、就业、师资等方面会有较大竞争优势,这些反过来又将促进学校的品牌树立,从而形成良性循环。品牌优势对一个企业的发展有着至关重要的作用,新"民促法"实施后,独立学院转设为民办高校后,面临着更为激烈的竞争市场,品牌的树立和优势价值对院校的发展也显得格外重要。独立学院从诞生到现在的跨越式发展,早期主要还是依靠母体学校的品牌优势,然而转设后母体高校的品牌优势将不存在,所以树立自我品牌是当务之急。独立学院品牌的形成要先树立内涵式发展战略。内涵式发展战略要求不通过盲目地扩大办学规模促进发展,而是通过学院内在因素如师资队伍建设、学科专业设置、应用型人才培养等途径来提升学院的教学质量,培养适应社会需求的合格人才。

六是三所独立学院都能积极探索特色化发展之路。其特色化主要体现如下:①优化特色化课程体系。"一切以学生为本",遵循学生的身心发展和认知特点,让教师的"教"适应学生的"学",发展学生自主学习、科研、创新的能力。在此基础上,结合同一个专业学生特点和就业诉求,在专业课程体系设置的时候既考虑专业学生的现有水平和学习能力,又满足所有学生的就业需要。因此,学院各专业的课程体系的设置每年都在充分调查的基础上进行调整,以特色专业、特色课程为基础建设特色院系,以此吸引更多优质生源和优秀学者的参与和关注,从内而外彰显学院特色。②特色化教学。优质人才的培养离不开教师的教学活动,学院高质量办学也离不开教师的教学活动。一般我们将教学活动分为直接教学和间接教学,直接教学表现为课堂理论教学和实践教学。三所独立学院的教学活动同学院应用型人才培养目标相适应,采用第一课堂和第二课堂相结合的方式进行特色化教学。第一课堂即传统课堂的理论知识讲解,第二课堂即直接走进企业或实训基地进行动手实践和专业技能训练。此外,特色教学都是基于对学生有充分了解,如兴趣爱好、当前水平、学习接受能力、性格特征等,从而实现"有特色的教和学"相结合,提高教学质量培养特色学生,不然则适得其反。③特色化发展战略。目前对特色化发展战略的定义并没有一个统一的概况,一般认为是指高校在反思自身发展的客观环境和主观条件的基础上,以一个或几个学科和专业为核心,围绕该核心采取多种政策和措施以形成自身独有的学科和专业优势的发展战略。面对公立学校和其他民办院校的竞争压力,独立学院要想生存与发展,必须通过结合自身特点提高教育质量、为社会输送所需人才,凸显自身的办学特色,从而得到社会的认可。因此,特色化发展战略是学院寻求可持续发展的必然选择,也是形成难以模仿的核心竞争力的关键。

本节通过对三所优质独立学院的实证研究,梳理其发展过程中形成的优势和办学特色,寻找提升我国独立学院核心竞争力的关键因素,以期能够为我国独立学院的发展提供借鉴,在竞争激烈的高教市场培育自己的核心竞争力。

## 7.2 独立学院培育核心竞争力的途径和对策

应该说,独立学院这些年的办学成绩及对社会的贡献是有目共睹的,但新形势下的新问题也很突出:①人力资源问题,通过调查数据显示,独立学院教师过于年轻化,而且流动性远高于公办高校,有84.2%的领导认为我国独立学院形成核心竞争力的关键因素依然是师资质量及生源质量。目前,我国独立学院专职教师中有50%左右仍然为刚走出校门1～5年的年轻硕士,近三分之一的教学任务还得依赖外聘教师;在学界有影响力的名师和理论功底扎实而实践技能强的优秀双师比例极少。有72.6%的老师认为目前独立学院人事机制不够健全,政策变动太多,随意性也很大,导致教师缺乏安全感,非常不利于独立学院的稳定与发展。②办学条件问题。地域空间利用已近极限,各种体育设施、实验设备、校园网络等都存在与在校生人数不相匹配的问题。而校园的进一步扩张也存在很多客观的制约因素,同时投资商对办学条件的改善、规模的扩张心存疑虑,资金再投入的能力也很有限。特别是产权关系不明确的学校更是难以改善。③学院的品牌和特色尚在建设之中,毕业生的就业竞争力也未显示出优势,就业层次及学生就业后的发展后劲与公办高校毕业生相比还存在较大差距;学科建设刚刚起步,省部级重点学科、重点课程只有少数优质独立学院取得一定的突破。④资金压力依然严峻,随着教育成本的刚性增长、校园面积的扩张及教育设施更新换代的需要,独立学院目前的资金仍然十分紧张,严重制约了学院的进一步发展。⑤我国独立学院的办学模式在世界绝无仅有,是世界首创,所以没有办学经验可遵循,所有的一切都在摸索和试探中前行,难免会走弯路和险路。综上所述,独立学院的核心资源和核心能力都还需进一步加强,只有具备核心资源和核心能力,学院的社会认可度和整体综合实力才可能提高,核心竞争力的培育才有希望。可见,独立学院要成为全国高等教育的核心力量还有一段漫长而艰辛的路要走。

尽管道路曲折,但独立学院的前途依然闪烁着光明。从调研的统计数据看,有87.32%的教师、97.1%的管理者、91.12%的家长和90.27%的用人单位对独立学院的发展前景非常看好。他们认为,除了越来越利好的国家政策外,独立学院很重视师资建设和管理创新,有灵活的机制和体制,非常有利于与时俱进地培养社会所需要的应用型人才。最重要的是独立学院的举办者多数是胸怀大志的人,他们不仅投资经验丰富,而且有敏锐的市场洞察力和良好的资金运营能力来保障独立学院的正常运营。独立学院的校长多数是教育专家出身,有着丰富的高校管理经验,而且十分善于学习,具有高瞻远瞩的战略眼光和前沿意识,善于把握机遇。经过近20年的积累,无论是董事长还是校长总是能够在第一时间从良好的发展态势中探出危机的存在,并以最快的速度作出反应。这些优秀的独立学院掌门人,思考最多的就是如何让毕业生在日趋复杂的就业形势下更好地融入社会,学以致用,从而实现人生的价值。

通过对三所优质独立学院的研究,分析得出培育我国独立学院核心竞争力的途径如下。

### 7.2.1 加强师资队伍建设,把人力资源转化为人力资本

南洋理工大学张延明博士指出,在一定程度上,教师对于学校有"成也萧何败也萧何"的地位和作用。独立学院要想在竞争激烈的高教市场赢得一席之地,必须要有一大批与发展相适应的师资力量作坚强后盾。应该说自1999年大学扩招后,独立学院还是积累和培育了大批师资的,但"应用型"师资依然严重缺乏,成为独立学院发展的瓶颈和障碍。造成这种局面,其中最为重要的原因是以"学术资格"为基础建立起来的教师制度与"应用型"教师团队建设存在着较多的矛盾。目前独立学院拥有的师资力量,还很难形成核心资源,更谈不上成为核心能力,师资从数量到质量都成了阻碍独立学院高速发展的一个死结,具体表现如下:①部分独立学院引进教师盲目追求高学历和高层次。受传统观念的影响,独立学院在引进师资时重点还是考虑引进"985""211"等研究型大学毕业的硕士、博士。这类高学历、高层次人才对学校的发展无疑非常重要,但由于他们往往理论研究水平较高但实践应用能力薄弱,不利于应用型人才的培养。再加上这类研究型的人才在受教育时的培养定位就是"搞研究的",这种根深蒂固的思想让他们在面对现代独立学院的要求时显得心不甘情不愿,自然转型效果也不尽如人意。②教师普遍缺乏实践经验。随着学校规

模的扩大,独立学院引进了一批高学历人才以扩大师资队伍。这些教师虽出身名校,但多半是直接从高校到高校,尽管专业理论知识扎实,但缺少行业经验和实践能力的锻炼与磨砺,自然在指导学生实习实践时显得力不从心。同时,教师的教学任务非常繁重,教师几乎没有足够的时间去接触企业的生产实践。即使学校安排教师到企事业单位实习,但因为其考核评价机制等尚未健全,部分教师有抵触情绪,不能深入生产的第一线,无法充分得到锻炼。也存在企业不愿意接受高校教师的实践或者即使接受也只是走过场的情形。这种"关门"办学带来的直接后果就是学校培养的人才与社会的需求差距越来越大。另外,缺乏行业精英加盟,这非常不利于在校的年轻专职教师的成长。因为他们看不到应用型人才对社会的贡献及影响力,也很难实时掌握行业领域的最新发展动态和企业对人才的真正需求。人才之间交流和合作的不畅通,必然会导致校企合作的不顺畅,无法做到校企之间的无缝对接。③人才引进不易,流失严重。特别是经济欠发达的西部地区更为突出。由于地域和经济实力的限制,导致经费不足,科研条件较差以及人才政策没有吸引力等因素,造成人才引进困难,或者引进后也很难留住。④独立学院的教师数量仍显不足。这是因为很多独立学院教师增长的数量无法与学生同比例增长的缘故。有些学校是缺少基础课教师,有些则是缺乏与地方经济发展密切相关的新专业的授课教师。⑤对教师的考核评价中学术导向性太强。受传统"重科研、轻技能"的评价体系的影响,学校对教师的考核评价、职称评定、职务晋升依然偏重于考察教师的学术研究能力、发表论文的数量及质量等学术指标。而忽视了教师课堂教学的"应用技能性"和教师自身的"实践能力"。这必然会导向应用型本科院校的教师仍然在科研上耗费大量的时间和精力,而忽视实践教育教学和自身实践能力的培养。⑥师资队伍结构不够科学合理,缺乏行业企业精英加盟。此外,高学历、高职称的学术学科带头人匮乏,师资结构极其不合理。总之,加强师资队伍建设,制定出有吸引力的人才政策对独立学院的发展至关重要。

所以必须从以下八方面加强师资建设,努力将人力资源转化为核心资源和核心能力。

第一,加强师资队伍的建设和结构调整。①从调查数据显示,我国独立学院专职教师比例目前已经超过60%,但高水平的、经验丰富的师资队伍还大量依赖公办高校的师资,兼职教师比例基本还维持在40%左右。兼职教师大多教学经验丰富、知识渊博,但毕竟是"兼职",其投入的时间和精力是有限的,对学院的发展也不太关注,因而兼职教师只能是独立学院建校初期的过渡力量,很难成为中流砥柱。②师生比例太高(1∶35),与我国公办高校师生比例(1∶17)相差甚远,其结果就是难以大幅提高教育教学质量。③师资结构也非常不合理,经验丰富的中年教师奇缺(不足30%),省部级名师更是少见。④职称结构也不合理,在专职教师中(退休返聘的除外)副高以上职称比例不足32%,获得博士学位的教师所占比例不到12%,双师型教师比例不到40%,这种结构有一定的竞争力,但还没有达到形成核心竞争力的要求。因此,独立学院必须在未来的几年内花大力气培养师资,不拘一格招聘人才,不惜代价创造条件留住人才。考虑到独立学院办学时间短,定位于应用型大学等因素,最佳的师资年龄结构老中青比例维持在2∶4∶4为最佳,同时"双师型"教师比例应维持在50%左右才有利于人才培养目标的实现。学历层次维持目前的水平,对于具有丰富行业工作经验的师资可以适当降低学历到本科,但比例控制在8%左右。职称结构高中初职称维持在4∶4∶2比较理想。只有这样才能改变目前这种"有大楼无大师"的状况。例如,云南师范大学商学院从办学初期就十分重视师资的培养,高学历、高职称的教师比例和"双师型"教师比例水平均高于同地区独立学院的比例,也高于全国独立学院的平均水平,这为学院整体水平的提高奠定了较好的基础。当然这样的师资结构不是一蹴而就的,需要独立学院用5年甚至10年来规划、培养和引进。打造师资品牌,优化师资结构,把人力资源转化为人力资本,这才是独立学院形成核心竞争力的关键要素。

第二,提高师资的忠诚度和满意度。通过专门针对独立学院的教师的938份满意度问卷调查显示,对"你是否愿意在该校长期发展"有221份不太愿意,有43份不愿意,占总数的28.14%。而且在这221份不太愿意在本校长期工作的问卷中有多达201份为年轻的硕士、博士,占比高达90.95%,其中有3年以上工作经验的青年才俊也有178份,占比80.54%;副教授以上职称的有99人,占比55.61%。可见,越是职称高、学历高、有丰富工作经验即具备较强就业能力和水平的青年教师其稳定性越差,忠诚度越低。在对学院的教学、管理、薪资待遇等方面,有67.2%的教师选择"基本满意和不满意"。造成以上现状的原因有四:①收入水平与付出不相符,福利待遇与公办学校差别较大,所以需要大幅提高;②领导决策缺乏严格的科学论证过程,致使政策不够科学,变化太快,教师缺乏安全感,政策变化带来的内部损耗成本也较高;③校园文化不好,工作压抑,凝聚力不强;④工作量大,杂事多,工作压力大。

其实,无论是企业还是学校,员工只有忠诚,才会自觉自愿地融入组织的发展目标中去,齐心协力;只有忠诚,教师才会本着主人翁的精神尽心竭力地完成好每一项工作并创造性地开展工作,鞠躬尽瘁;只有忠诚,在面对困难与困境时,教师才会与学院荣辱与共,同舟共济;只有忠诚,教师才会有宽容之心,不计得失。因此,独立学院只有认真研究对策,完善组织建设,创造一个良好的工作环境,才能提高教师满意度和忠诚度。例如,吉林大学珠海学院的教师福利待遇远高于同类地区的独立学院甚至部分地方性公办本科院校。同时,教师的成长环境有效借助了吉林大学雄厚的科研平台和学术氛围,所以成长较快。近几年来,其教师的流失率基本可以控制在3%的合理范围之内。教师的满意度和忠诚度较高,优质的师资成为吉林大学珠海学院助飞的翅膀,使其近年的发展非常快。创建自己的核心竞争力,必须有一批忠诚的、竭尽全力为学校作奉献的师资。当然,教师本身也应该忠于组织,有坦荡的胸怀和发展的眼光及与学校同呼吸共命运的信心和决心。

第三,优化师资结构。有经验且精力充沛的中年教师奇缺,中坚力量(中层管理者)薄弱是独立学院目前的短板。通过调查问卷统计,独立学院的专职教师队伍中,教学经验丰富、思考问题比较成熟的35～50岁的教师所占比例非常低,仅为20%左右。中层干部或是太年轻,或是退休返聘的老教授。年轻的中层干部精力充沛,有朝气有活力,有改革创新精神,但缺乏必要的经验积累和知识积累,教学水平及管理水平都难以服众;而退休的老教授,多数都年事已高,虽然经验丰富,学识过人,德高望重,但面对繁杂的日常事务,往往力不从心,而且对新事物的接受缺乏积极性。其局限性是显而易见的。

所以,独立学院为了增强竞争力,必须加大"双师型"及副高以上职称教师的引进力度和培养力度。其具体措施如下:①在引进人才方面,对年轻有为、有良好的教育背景和企业经验背景并乐于投身教育事业的人才提供有竞争力的薪资水平和安家费,保障年轻才子可以无后顾之忧地全身心投入工作,从待遇上保证了引得进人才;对有海外受教育经历的海归、企业工作经验丰富的"双师型"教师、博士则每月可以考虑有一定数额的海归津贴、双师津贴和博士津贴。②在调整职称结构合理性方面,可通过加大教授与副教授、副教授与讲师的收入差距来激励年轻教师尽快成长,从而满足独立学院高速和积极转型的需要。③在教师的培养方面,独立学院多举行一些教育教学技能方面的比赛(精心准备的一份课件、一堂课、一次说课、一堂微课等)。此外,还应该有教师专业技能方面的比赛、挂职锻炼方面的经验总结评优等,这样有利于提高教师的专业技能。让青年教师不同程度地得到锻炼和提高并促进他们深入了解企业和行业的发展。④在教师的考评方面,独立学院应引入竞争机制,保持一定比例(比如控制在1%~2%)的优胜劣汰机制,这样有利于增加忧患意识并激发活力。⑤在对教师的管理方面,校园文化就应该体现"教师的自律文化",每一位教师都应该认真学习"教职工十禁止"的相关内容。对教师的评价除了采取学生网上评价的方式外,还可以采用同事之间互评、专家学者考评、部门领导考评等方式。对于评价连续不合格的教师,或转岗或分流或辞退,可有效规避公办高校"铁饭碗"带来的"想要的人进不来,不需要的人出不去"的历史问题。而且要保持政策有一定的稳定性及持续性,千万不能再朝令夕改,刚有了一点好的效果就因为资金问题、人事问题而轻易改变,严重打击教师的积极性及对组织的信任度。曾任哈佛大学校长的科南特说过:"大学的荣誉不在于它的校舍和人数,而在于一代又一代的教师质量。"这足以说明师资队伍的质量对于一所大学的重大意义。只有借助具有较高素质,特别是具有应用型人才培养理念和能力的教师的教学实践活动,才能提高学校的教育教学质量和办学水平,获得核心能力。

第四,完善培训机制。由于独立学院办学时间短,对教师的培训缺乏系统性和完整性,也缺乏行业标准,独立学院在考察新教师时一般只局限于学历、专业和毕业学校及面试、一次试讲等项目,而对教育教学能力有所忽视。就当前独立学院对入职教师的培训现状看,一般都集中于对入职教师进行教育学、心理学等基础教育理论的学习和培训,以及学校历史的介绍等内容。独立学院的新教师入职培训内容显得苍白、枯燥,形式基本上就是请一两个领导作一两次讲座,随意性较大且没有形成一个完整的培训系统,很难激起新入职教师对教育教学事业的激情、对职业的自豪感、对学校使命的认同感。从调研的168所独立学院来看,多数独立学院对年轻教师的成长指导也很缺乏。虽然每个独立学院都有几位督导通过随堂听课来指导年轻教师成长,或者通过教研活动来促进教师的教育教学,但由于年轻教师与督导差不多是100∶1甚至更高的比例,仅凭借几位督导的力量难以有效地指导每一位年轻教师的成长。对年轻教师的成长培训缺乏经费保障,一方面是因为股东们非常担心学校花费大量的人力、物力和财力帮助新教师成长,而一旦这些教师翅膀长成,就会离开学校,造成人才流失,学校就会损失一大笔培训费用;另一方面是很多独立学院的董事简单地用企业思维来看待学校的办学,用激励机制和惩罚机制来鞭策教师自主学习,这样既可以达到提高教师素质的目的,又可以为学校节省一大笔培训费用。在这些观念的支配下,教师的培训费用常常得不到落实,这也使得不少独立学院难以形成自己坚实的、稳固的、高质量的专职教师队伍。因此,独立学院现应重点考虑的是设立专项基金、多和国内外同类高校研讨交流、建立一套科学完善的培训机制等帮助年轻教师尽快成长。

第五,重视科研,提升教师的研究能力。独立学院教师的日常工作量相当沉重,"一颗钉子两颗眼"是很正常的事,超负荷的运作让很多教师能够应付完日常工作就算是不错了,要在工作之余做科研则时间精力很难得到保证。此外,独立学院年轻教师比例太大,对做科研的重要性认识明显不足,也不知道怎么去开展科学研究,缺乏"以老带新"的过程;再加上我国独立学院办学时间短,经费紧张,科研底子较薄弱,因此科研成果较少。对一所大学来说,抓好科研及学术梯队建设,不仅能促进学科的发展和高水平学术成果的产生,而且有利于促进创新型优秀人才的脱颖而出。因此,抓好科研和学术梯队就意味着获得了竞争的优势和发展的优势。在对独立学院管理者的调查数据中,80%以上的管理者认为独立学院目前的弱项:一是师资;二是教学质量;三是科研。独立学院应该创造一种宽容的、有浓烈学术氛围的、有浓厚人文关怀的大环境帮助年轻教师成长。独立学院应尽快启动对学科带头人和骨干教师的培养和奖励措施,加速让中青年教师迅速成长。只有这样做才能吸引来优秀人才,培育出杰出人才。独立学院这种新的办学模式是世界独一无二，几乎没有太多经验可以借鉴，所以引导自己的师资做校本研究、做独立学院的专项问题研究不仅容易出成果，而且因身在其中，其调研数据的获取和对问题的解决更有针对性和可行性。在科研方面，应用型大学教师的科研重心与普通大学的科研重心也应走差异化发展之路。教师所从事的科学研究主要还应面向地方经济社会发展的需要，以行业、区域岗位需要的技术技能创新与应用作为主要目标，为其提供新产品、新方法、新工艺。教师的研究还要与企业生产实践紧密结合，企业提供研发经费、提出需要解决的问题，教师则通过研究成果助推企业技术转型升级。首先，独立学院要克服"应用型大学不需要科研"的片面认识，从理念和制度层面切实加强科研工作，加大科研经费投入力度，制定更富激励性的科研政策，鼓励和引导教师积极投入科研工作，让科研反哺教学。其次，独立学院要在科研工作中找准定位、发挥优势、重点突破，坚持有所为有所不为，在保持量的发展基础上，更加重视研究质量和研究水平的提高。最后，独立学院还要通过各种途径获得政府和社会的支持，拓宽办学资金来源途径，为提高学校科研水平提供更多的资金支持。

第六，无论公私，政府理应承担一定的社会责任。笔者认为独立学院师资力量的补充和提升除了依靠独立学院自身的力量外，政府也应该起到一定的主导作用，公办、民办一视同仁。毕竟教育是一种"准公共产品"，按照谁受益谁承担成本的分配原则，独立学院的教育，除了学生、家庭受益外，社会也是最大的受益者之一。因此，政府理应承担一定的教育成本，在师资建设、土地划拨等方面给予必要的帮助。在这方面，素以"敢为天下先"著称的浙江省的一些做法值得借鉴。浙江省台州、绍兴两市在民办学校教师管理上的做法较好地解决了民办学校师资力量的补给问题，值得推广：将教师招聘和流动都统一纳入教育主管部门管理之下，人事关系放在教育局或人才交流中心。本市公办学校教师应聘到民办学校任教，保留公办教师身份不变；离开民办学校愿意回到公办学校的，教育行政部门应予以妥善安排。聘用外地优秀教师，经学校所在地主管部门批准，并且服务期在3年以上，男40周岁以下、女35周岁以下，可由学校主管部门重新建档，在医疗、养老保险等方面享受公办教师的同等待遇。另外，教育行政部门还可以派出公办学校领导和教师到独立学院工作,以此来加强独立学院的师资队伍。独立学院的教师基本没有后顾之忧,当地政府规定,不管是民办学校教师,还是公办学校教师,在2000年前参加工作的,养老保险都视为已交,以后继续交纳养老保险可由目前学校所在地教育行政部门办理退休手续。两市都规定,民办学校教师的流动必须在教育行政部门的统一管理下进行,招聘新就业的师范院校毕业生也要纳入教育行政部门的规划,聘期不得低于3年。由于这些措施的保障,两地的民办学校教师队伍非常稳定,教师流动非常有序,从而保证了独立学院的健康发展。

人才是学校各项事业兴旺发达的保证,独立学院要想形成自己的核心竞争力就应该不遗余力地选好人才、用好人才,充分重视关键岗位的高层次人才的引导、示范、带头作用,充分调动他们的积极性和创造性,重视人才队伍的梯队建设,对高学历的青年人才给予充分的关注,帮助他们早出成果、早挑重担、早上前沿。独立学院应把竞争激励机制建立在人才使用的各个环节,尊重知识、尊重人才、尊重劳动、尊重创造,充分相信各类人才的觉悟和主人翁精神,大胆启用、大量使用、大力帮助,尽力发挥他们在学院建设发展中的主力军和骨干作用。校董事会也应该创造条件为年轻教师提供学习与进修的机会,努力挖掘潜力,建立长远发展规划和措施,有计划、有步骤、有针对性地开展教师培训工作,通过短期培训、单科进修、参加国内外学术会议、攻读学位等多种形式提高教师的业务素质和学术水平。"只有一流的教师,才能培养出一流的学生,创造一流的学术成果"这早已是不争的事实。

第七,师资队伍是学院发展的基础,而教学质量是独立学院的生命线。教学质量集中体现在人才的培养质量上,独立学院早期的发展靠的就是母体高校的质量口碑才得以迅猛发展。如果独立学院不能建立起一个完善的人才培养质量保障体系和监控体系,就会让大批不合格的毕业生流入社会,不仅耽误广大学生的前程及青春年华,还会影响到人才的储备质量和"人才强国"的国策。因此,不管是公办高校还是民办高校都应该把教育教学质量放在第一位,"以质量求生存,以特色求发展"。良好的质量不仅会让独立学院获得更多的教育资源,而且在日益激烈的竞争市场中获得主动权和竞争优势,赢得更多的优秀学生,而这一切又反过来影响培养的质量,形成一个良性循环。在待遇方面,独立学院应该向专职教师倾斜,向一线工作者倾斜,调动教师的积极性,能较好地保证培养质量。师资队伍是形成大学强劲和优势发展最重要、最直接的力量，是大学提高质量、实现价值、构建可持续发展能力的关键所在。当前，加强师资队伍建设力度，实施人才强校工程，是独立学院实现可持续发展的重中之重。

第八，根据独立学院培养应用型人才的新要求，教师除了具有一般的基本素质外，还应具备应用技术上的特殊素质。既要有教学所需的渊博的基础理论知识和完善的知识结构，又要有丰富的实践工作和为企业解决实际问题的能力。即由"双证"向"三能"（能胜任理论教学、能指导学生实习实训、能帮助企业解决技术难题）转变。根据德国等应用技术大学比较发达的国家的经验，独立学院不仅需要创设以应用能力培养为核心的课程体系和实践体系，更需要一支既具有深厚理论功底又具有较强专业实践能力的"双师型"专兼职师资队伍。独立学院应完善以下机制：①建立和完善独立学院的人才引进机制。人才引进时，除了引进优秀的硕士、博士外，还应该考虑引进一定比例的有2～4年企业实践经验的行业精英加盟专兼职师资队伍。新教师引进时，优先选择具有行业企业工作经验的教师，对实践技能有突出表现者可适当降低学历要求。这种与企业保持着密切联系的"双师型"素质的教师，不仅有助于开展校企合作，而且可以为学生提供实践和就业机会，保证教育与技术进步紧密衔接。②"技能和科研"并重的考核评价机制的建立。对教师的考核，除了具备"双证"资格，还应该在教师的职称评定、职务晋升及后续教育等方面，加大考核应用知识的传授能力和实践创新能力。这种导向有利于培养教师"技能、教学、科研并重"的思想，有利于教师把更多的时间和精力放在自身实践能力的提高上。这样的考核评价体系，必然会促进教师主动地了解社会、了解市场，从市场中争取资源和研究课题，利用自身知识为市场和社会服务。

通过研究德国应用技术大学的师资队伍建设情况，对我国独立学院提出师资队伍结构应由"具有较高学术水平并能引领产业发展的复合型教授＋具有良好产业实践背景及高等教育经验的专业教师＋掌握产业前沿先进技术的工程师、管理人员"构成的动态兼职教师队伍组成。这样的结构，有利于独立学院适应经济发展的转型升级需要。独立学院现有的研究型教授、副教授应率先转型，积极深入行业企业，服务企业，研究前沿发展动态，把科技有效地转化为生产力。中青年教师更应改变思路,主动与社会接轨,深入企业及生产一线,提高专业技能。独立学院要搭建平台,鼓励教师走进工厂、社区,不断提高自身的市场意识和实践能力,激励教师与业界开展学术合作,鼓励教师与产业界合作创办研究中心或到公司企业做顾问,通过自身的知识优势与产业界的联合发力,充分利用社会资源,快速创办具有较大社会需求和发展潜力的研究中心或新型学院,并以此获得较多的社会资源和较大的发展优势,这是应用型高校值得借鉴的模式。甚至应该鼓励中青年教师自办公司或工厂,为学院的发展拓展社会资源。还可以考虑鼓励教师每在校工作2～3年可带薪深入企业工作半年,或者每年安排一个假期到企业工作。

作为政府,也应为独立学院的转型提供政策支持和资金支持,打通政、校、企、研的合作通道。企业也应敞开大门,提供和创建教师进企业的平台,充分利用高校的智力成果,助推企业发展;同时,引导一批行业专家进校贡献他们的知识和技能,联合培养学生,从而有效解决企业后备人力资源不足和招不到所需要的人才的困境。企业这样做,也体现了企业的社会责任,弥补了独立学院应用型师资的不足。

独立学院还需要健全人力资源管理,树立以人为本的师资管理理念。独立学院在师资管理活动中,应正确认识评价和充分发挥教师的价值和教师的主观能动性,把满足教师的需求放在首位。在人力资源管理中,要格外重视教师的因素,凸显教师的个性,关照教师的需求,尊重教师的尊严,发挥教师的潜能。在师资配置的各个环节都应体现以人为本的管理理念。其一,要切实做到以教师为本,鼓励教师参与管理活动,调动教师的积极性和主动性,使教师成为管理的主体。其二,独立学院的师资管理要以实现教师的全面发展为目标,切实保障教师的切身利益。其三,要尊重和关心教师,增进相互理解,激发教师的潜能和创造力。其四,建立合理的绩效考评体系。教师考评体系的建立和完善,不但有助于调动教师的积极性、创造性,促进教师努力钻研业务,提升水平,还有助于及时发现与合理使用人才,充分开发利用独立学院现有人力资源,有利于优胜劣汰,保障独立学院的师资质量。在绩效考评体系构建中,应根据独立学院的办学定位、师资情况等具体特征来设计考核指标,同时要使各项指标尽可能量化,确保公正性和客观性,从而形成有效的目标激励机制,激励教师不断提升业务水平和知识水平,取得进步。其五,完善人力资本激励机制。激励要持续有效地发挥作用,就必须形成激励机制。独立学院要根据人力资本的主体需要和特征来建立人力资本激励机制,制定适当的制度和规范,以实现人力资本的优化配置。其六,要打破"论资排辈"的传统机制,实行绩效激励,注重教师的工作实绩,不拘一格用人,做到能者上,庸者下。

### 7.2.2 科学定位,重点培养优势学科,重视综合素养的提升,形成办学特色

科学定位,就是在充分分析学校外部环境(即市场)和自身实力的基础上,合理确定独立学院本身在整个高校系统中的位置。其关键在于合理地选择自己的发展空间,确定发展目标。学校的定位准确与否,关乎学校发展的成与败、得与失、进与退。学校定位对学校办学行为起着规范、约束和自我评估的作用,有利于提高办学过程中的自我监控能力和反思能力,及时纠正办学实践中的失误。所以说科学定位是使学校在市场竞争中争取主动权,形成核心竞争力的有力保证。独立学院只有有了精心设计的目标,学校的全体成员才会有明确的工作方向;独立学院只有了解目前市场对多层次、多样化人才的需求,才能作出科学的定位;独立学院只有清晰地了解到自己的历史使命及在中国高等教育中的地位和作用,才能办出特色,赢得更大的办学空间,走出一条差异化发展的道路。

根据 2003 年教育部颁布的《若干意见》对独立学院"培养面向地方和区域社会、经济发展需要的高素质的应用型本科人才"的定位。笔者认为,我国各独立学院的办学定位还须进一步完善,培养区域经济人才的这个特点还不够突出,办学特色还尚未形成。据笔者对我国 168 所独立学院的调查,各独立学院在人才培养方面,培养目标清晰度不高,各独立学院提出的"应用型人才"具体含义,与省内其他二本学校的"应用型人才"、专科的"高技能应用型人才"区分度不高。笔者研究过我国独立学院的人才培养目标,尽管文字表述略有差异,但基本上都笼统概括为:创新型、复合型、应用型,以能力为导向的高级人才,各校并没有按照各专业的特点进行细分或重新定义,独具特色的培养目标很少。

例如，云南作为通往南亚、东南亚的纽带，独立学院应加大培养适合市场需要的国际经贸人才、小语种人才、法律类人才，打开边贸市场，把云南特殊的地理优势发挥出来。此外，还可以针对云南特有的地理地位及经济，培养一些服务旅游产业、烟草产业、生物产业、矿产业、茶产业、核桃产业、橡胶产业、宝玉石产业、先进装备制造产业等的市场急需的短线人才。这样做，既满足了市场的需求，也和一本、二本区别开来，走应用型本科的差异化发展之路。我国独立学院应该研究每一个专业"应用型"的特点，认真研究每一个专业培养应用型人才应该达到的目标，加强实践教学环节，为每个专业配备一定比例的"双师型"教师，根据市场、企业对人才的需求，设置若干对口课程，实施"嵌入式"教学，开展实训教学、"订单式"培养。同时，独立学院还应发挥好机制灵活的民办大学的优势，研究好市场，提高对市场的快速反应能力及适应能力。独立学院要认真研究应用型大学建设的七个关键要素，根据七个关键要素加以建设，如图 7-1 所示。

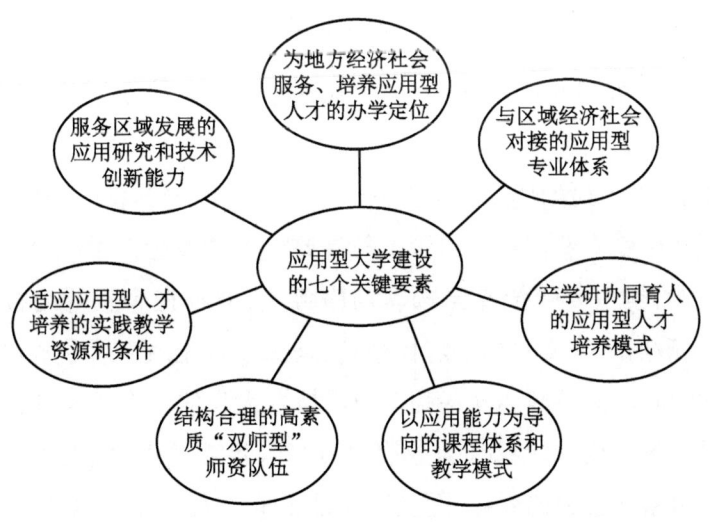

**图 7-1　应用型大学建设的七个关键要素**

针对上述七个关键要素，独立学院可采用以下方式形成办学特色。

第一，独立学院的培养目标应该以社会需求为目的，以就业为导向。

认真研究办得比较成功的三所独立学院，发现他们都十分重视对毕业生的反馈工作，方式有电话回访及面谈，联系学生本人、学生家长、用人单位或者直接找用人单位调研，了解学生在工作过程中遇到的问题和困难以及学校教学存在的问题。学校还定期不定期地邀请毕业生回校汇报就业情况等。通过多种形式的反馈，基本上能够比较全面地了解毕业生存在的问题及学院教学管理的弱点，为下一届学生的人才培养方案的制定提供有力的依据。这三所独立学院也都十分重视政、校、企合作，与多家企业建立了实训基地，邀请了很多行业专家进入校园参与实训课程的教学与教改项目，通过直接授课或间接授课的方式、讲座、带毕业设计、带实习实践等方式参与学校的教育教学，有效地补充了专职教师实训能力的不足及与社会脱节的问题。云南师范大学商学院的一些做法值得借鉴，每年五六月份，专门请用人单位的管理者来给毕业生进行一对一的模拟面试，成绩合格的方可毕业，不合格的由学院留下来进行集中培训。这种做法既提高了毕业生的就业竞争力，也了解到市场的需求及用人单位对人才的要求，得到了社会各界的好评。

借鉴国外应用技术大学的办学经验，独立学院在学科专业建设上应体现为"求特色而不求大而全"。德国应用技术大学主要培养企业高层次技术人员、一线管理人员、社会服务领域专业从业人员，如奔驰公司总部所在的斯图加特和大众集团所在的沃尔斯堡，当地应用技术大学都以汽车专业、电子工程、制造设计为特色，学生在学习过程中直接到这些企业学习，人才培养针对性非常明确。瑞士洛桑酒店管理学院也是独具特色的典型。当前全球16家大型酒店集团中就有9家总裁或董事长是该校的毕业生。学校设有食堂服务员或厨师专业，学生要轮流充当顾客与服务员，教师在旁指导与授课。1998年，其被瑞士政府列入高等职业院校序列，是迄今为止政府承认的唯一的一所酒店业职业大学。芬兰赫尔辛基都市应用技术大学的社会福利和人体机能学院不仅开设了牙科技术、验光、职业治疗、理疗、足部医疗、假肢和矫形器等与人民生活健康密切相关的专业，而且还开设了老年人关爱、社会服务等适应老龄化社会需要的可授予学位的专业。它们的专业设置紧紧围绕着社会需求和就业，强化与工作生活的联系。我国的应用型大学，也应该深入研究区域经济的特色和需求，设置的专业和培养的人才重点要为区域经济的发展服务。厘清办学思路，突出应用型大学的特点，解决同质化办学的问题，在差异化发展中形成其他高校难以模仿的特点和特色。

第二，完善课程设置，坚持知识、能力、素质协调发展。

从国内外大学的办学历史和现状看，学科是大学的立校之本、发展之基、力量之源，是大学兴衰成败的关键。大凡名校都有名牌学科，学科代表了大学的特色和水平，名学科以其稳定性、延展性和辐射性而使名校长盛不衰、美名远扬。相反，如果一所大学的学科特色不鲜明、结构不合理，不能在一地一国乃至世界学科之林占有一席之地，这样的学校不管其他方面发展得如何，都算不上有优势和水平的学校。例如，吉林大学珠海学院从办学初期就把学科建设作为学校能力建设和发展的主题，效果十分明显，到目前为止，获得国家、省部级重点课程及精品课程、教改课题多项。从2010年开始吉林大学珠海学院就当机立断，启动了一笔学科带头人专项基金，专门培养了一批年轻有为的学科带头人，以两年为考核期，期初评出，期末验收。这种做法，极大地鼓舞了年轻学者们的积极性，在学科建设方面也起到了良好的效果。

在培养综合素质高的学生时，需要优化课程体系，整体优化主要包括课程结构设计整体优化和课程内容整体优化。从独立学院的培养目标来看，任何课程体系设计都必须兼顾学生的全面发展，不能顾此失彼；从各门课程的组成要素来看，也必须注意进行整体设计，兼顾各要素之间的联系，才能起到相互促进的作用。独立学院要力求实现知识、能力、素质三种要素之间有机结合。①公共课、专业基础课和专业课要紧密衔接起来，将理论性知识、应用性知识和技能性知识结合起来；②增加选修课的比例，激活学生的思维方式；③大量增加综合性课程和学科交叉课程，扩大学生学术视野和培养学生的综合应用能力，努力实现学科交叉和融合。④打造优势学科。盲目的专业复制不可能使独立学院走上开拓创新的路子，只会加剧专业结构的趋同及人才结构失调。

特色学科的建设，可以促进不同层次、不同类型的学校成为强校，使学校处于可持续发展之中。独立学院应先根据自身实际，明确学科建设的方向，在选择和调整学科方向时，要确立主体学科和有特色的学科专业，重点加强建设，打造优势学科专业。美国加州大学伯克利分校前校长田长霖在20世纪末曾经对中国的大学支招："世界上地位上升很快的学校，都是在一两个领域先取得突破。如果你确定要把某专业办成世界一流，那就让每个系都去配合它。"优势学科形成之后，通过学科交叉发挥优势学科对其他相邻学科的辐射带动作用，逐渐构建相互支撑的整体学科专业群发展体系，以此提升学校整体学科水平。

作为应用型大学，课程设置应面向市场。面对打造"中国经济升级版"的新要求，独立学院要强调应用导向，围绕地方急需、行业紧缺人才设置专业，根据产业链、人才链、创新链相统一的原则设置相应专业群；按照工程导向、学科导向和应用导向来优化培养方案；按照产教融合、学做一体来创新培养过程和培养方法。独立学院在区域内优选合作企业，深入了解其需求，以企业行业技术革新项目为载体深化产学合作育人，把企业行业的一线需求作为教师的课题来源和学生的毕业设计选题来源，全面推进案例教学、项目教学，还要根据经济社会发展趋势和人才需求变化趋势及时调整课程设置。

在日常教学过程中，强化实践创新能力培养。立足地方经济和社会发展需要，适应教育现代化、信息化、国际化的形势与要求，着力培养重实践、强能力、专业化的高素质应用型人才。在培养方案改革中要坚持科学化原则、现实化原则、应用化原则和特色化原则。坚持既吸收母体高校的有益经验，又努力体现自身的培养目标、办学模式和学生特征，增加课内实验、校内外实训课程，突出创新创业类课程、专业课程、专业实践的有机融合，以培养符合市场需求的应用型人才为目标。

创新教学方式，引导广大教师根据学生特征和应用型人才培养目标创新教学方式，改变传统的"填鸭式"教学方式，打破单一的以课堂教学为中心，以教师为主导、讲授结论性知识的教学模式。鼓励教师在课堂开启启发式教学、探究式教学、研讨式教学、情境式教学，培养学生的自主性和创造性。

打造创新创业教育体系。校园文化活动和课外活动作为第二课堂，对学生思想品质的养成、习性的形成、能力的提升、人格的塑造等具有潜移默化的熏陶作用。加强第二课堂建设，引导学生自觉加强实践和操作能力，鼓励和支持学生参加各类课外科技创新活动，对参加学科竞赛和创新性实验项目的同学给予积极鼓励。

在学生完成应用型本科的教学任务外，独立学院还应该有一套完整的学生综合素质培养课程，开设一些提高学生思想政治、道德品质、文化艺术、心理健康、理财素养、人际交往和职业操守等几个方面素质的选修课程。这些课程类型可以通过讲授、实作、讲座、讨论、模拟训练、社会实践等多种形式。通过这一系列课程的开设,使学生身心均能健康发展。社团活跃了,学生自发组织的各种活动多了,参与社会实践的积极性也会提高。在针对学生综合素质提升方面,云南师范大学商学院、四川大学锦江学院、吉林大学珠海学院的做法都是比较成功和颇具特色的。

独立学院还应搭建良好的实践教学平台;加大专业实验室的建设力度,建立实验室共享平台,着力提升学生的综合素质和动手能力;加强学校与行业、企业联系,拓宽学生校外实践渠道,吸纳社会优质资源,建设多元化的实习、实训基地,不断探索实践的新途径;探索推行"双证制",鼓励学生参加与所学专业紧密结合的职业资格考试,甚至可以在课程设置中围绕职业资格证书的要求进行改革,提高学生职业资格考试的通过率;促进教学管理与学生就业有效衔接,提升学生职业素质与就业竞争能力。

因此对我国独立学院构建的人才培养模式,要全面体现"教育要面向现代化,面向世界,面向未来"的时代精神,以培养复合型应用型管理和技术人才为目的,努力吸收先进的教育思想和教育理念,大胆借鉴国内外人才培养的成功经验和模式,使学生的知识、能力、素质三者辩证统一、协调发展,培养学生具有良好的思想道德素养、强烈的社会责任心和民族自豪感,同时又具有为区域经济建设和社会发展服务的基本本领。

第三,走差异化、特色化培养之路,提升学生的综合素养。

随着知识经济的发展,以牺牲学生个性为代价的"标准化"培养模式虽然可以较大的节约成本,但越来越不适应现代社会对人才的需求。独立学院应该贯彻"以人为本"的教育理念,比如四川大学锦江学院,他们非常尊重学生个体,遵守教育规律因势利导,使学生能够德智体全面发展。通过对学生的问卷调查,70%的学生认为学校让他们获得了自尊和自信。他们中的大多数在中学曾经是一群不受学校、教师关注的学生,然而来到锦江学院,他们不仅各项特长及兴趣爱好得到了充分展示,而且得到学校、教师的重视和认可。因此,学生的主观能动性提高了,积极开展各项活动,很多学生获得国家级、省级奖项。

一些知名的独立学院在办学定位及办学特色方面的创新也值得借鉴。原浙江大学城市学院院长王立人指出,独立学院必须科学定位,与母体高校"错开定位,配套发展"。所谓"错开定位",就是指浙江大学城市学院明确以培养本科层次为主的高素质应用型人才为办学的战略定位。浙江大学城市学院按照"按社会需求设专业,按学科打基础,按就业设模块,基础教育分层次,专业教育分模块,总体加强实务性课程、实践环节和能力训练环节"的原则,构建应用型专业体系和相应的人才培养新方案,形成"横向可以转移,纵向可以提升"的应用型人才培养计划。除了一般性的校外学生实践基地外,还着重建设了一批校内综合性创新实践基地,给予学生"准职业训练"的机会。浙江大学城市学院与40个产学研合作委员会成员单位在实习、合作研究、"双师型"教师聘用、共建实验室等方面开展了全方位合作,构建了紧密型产学研合作平台。

原江南大学太湖学院副院长祝诚认为,独立学院既不同于重点本科院校,又不同于高职高专,它培养的应是社会急需的大量本科层次的应用型人才。江南大学太湖学院按照通识教育、专业教育、自主教育三个层面设计了人才培养的总体框架,实施了"2+1+1"人才培养模式。即前两年为通识教育,重在打好理论基础;第三年为专才培养,重在专业理论与实践相结合,强化应用能力;最后一年实施分流培养。江南大学太湖学院通过压缩理论教学总课时,增加实践教学课时,将四个寒假、三个暑假一并纳入实践教学环节,增加了涵盖社会新思维、新知识、新技术的公选课和选修课,逐步构建了高素质、宽基础、重实践、强能力、展个性、善创新的人才培养模式。

宁波大学科技学院以"涵养人性,拓展视野,强化技能,培育潜质"为人才培养目标,在人才培养模式上体现教育内涵和外延的有机结合,基本精神包括如下四点:①体现方向性,即培养为服务社会发展和区域经济建设需要的高素质应用型人才;②注重全面性,即学生身心和谐发展;③崇尚个性,即人才培养具有鲜明的特色;④拥有现代品质,即培养的人才具备与现代社会相适应的进取精神、协作意识、自主性、时效观念等品质。

办学特色还应体现在开发适合独立学院教学的成套"专门教材",目前虽有零散地形成一些应用型本科教材,但系统的、高质量的应用型本科教材市面上还比较少。很多独立学院都在沿用所依托办学的母体高校的本科教材,教学内容和方法不能与独立学院学生特点很好地结合,更无法体现培养高素质的应用型本科人才的目标。据笔者访谈调查发现,我国266所独立学院使用的教材中属于自主编写教材的数量虽逐年增多,但远远没有满足教学需要。这也从侧面反映出独立学院的办学还处于初级阶段,办学特色还有待加强。可以想见教材不能适应学生特点及人才培养目标,所实施的教学效果当然也难以达到最佳状态。同时也反映出独立学院教师的科研能力与水平还有待提高,办学者及领导的重视程度也不足。

第四,政、产、学、研协同办学。

独立学院的本质就是本科层次的职业技术教育。其办学定位就是培养服务地方区域经济发展的一线的生产、建设、管理、服务的高层次应用技术技能型人才。其办学模式应体现为政、校、企合作的模式。学生可以是半工半读,也可以是"2+1+1",或"2+0.5+1+0.5",或"3+1"等多种形式。例如,德国应用技术大学的学生在第5学期都要到企业实习6个月,到第8学期,进入毕业设计阶段,80%以上的学生的毕业设计都是在企业完成的。

独立学院的专业设置应围绕地方产业,根据产业结构凝练专业特色,围绕产业链建立专业群,使两者形成良性互动,和谐共生。课程内容要贯彻产教融合思想,由学校和产业界根据职业岗位能力要求,构建基于工作本位的知识系统和知识模块。在内涵建设上,独立学院要特色发展而非全科推进,建构与地方产业相适应的特色专业(群),而非效仿综合大学追求学科多、专业全,而失去服务地方发展的针对性、有效性和灵活性。

校企合作办学应体现在以下六个方面:①共同制定人才培养方案。学校与企业或行业专家一起共同制定人才培养方案,突出三个特点,即培养目标的职业性,课程设置的适用性,教学过程的实践性。②校企共同调整优化专业结构。主动适应地区人才需求,在地方、企业、社区专家参与下,根据社会经济发展规划和人才市场预测,调整优化专业结构。③共同研究实践教学的实效性,实践教学效果除了任课教师评价外,还应加入企业导师的评价和学生之间的互评。④共同实施教学活动。校企共同构建应用型人才培养的课程体系,学校教师和企业专家共同实施课堂教学、实验实训、生产实习以及指导学生参加职业技能大赛,以赛促教,以赛促改。⑤共同促进学生就业。共同寻求和推荐就业岗位。⑥利用政、校、企共建实验实训基地,共同改善教学条件。

目前,国际上比较流行的应用型人才培养模式主要有:①双元制模式(以德国为代表),企业和学校共同办学,按照企业对人才的要求组织教学和岗位培训,该方式培养的学生深受企业的欢迎,这种模式曾被德国作为经济振兴的"秘密武器"。②CBE模式(以加拿大、美国为代表),CBE是英文competence based education的缩写,可译为"以能力为基础的教育",它的核心就是从职业岗位的需要出发,确定能力目标。通过有代表性的企业专家组成的课程开发委员会,制定能力分解表,以这些能力为目标,设置课程,组织教育内容,最后考核是否达到这些能力要求。③TAFE模式(以澳大利亚为代表),TAFE是technical and further education的缩写,可译为"技术与继续教育",这是以政府为主导,以产业和学校为推动力量,以学生为中心的多层次人才培养模式。

可以看出,发达国家的办学模式,有以下两大特点值得我们学习与研究:①人才培养模式都是以社会需求为导向,不管是双元制模式,或者是CBE模式,还是TAFE模式,都是先研究社会、企业的需要,然后量体裁衣。②注重实践,比如德国的双元制模式,在教学过程中理论与实践之比为3∶7或者是2∶8,十分重视实用性,在实训工厂及跨企业的培训场所进行实习,在学校则设有实训车间,由有工作经验的师傅来教学,其产品纯属消耗。CEB模式的教学几乎全在教学车间完成,教学车间的设施完全符合现代标准,并非是废弃的。TAFE模式具有完善充足的校内实习及实训基地,其设备不仅完善,而且先进,这些实训基地既有政府的投资,也有企业的赞助。

### 7.2.3 创建学习型组织、提升独立学院持续创新能力及资源整合的能力

学习型组织(learning organization),是美国学者P·M·圣吉(P. M. Senge)在《第五项修炼》(*The Fifth Discipline*)一书中提出的,他认为:企业应建立学习型组织,当企业面临剧变的外部环境时,组织应力求精简、扁平化、弹性化、终生学习、不断自我组织再造,以维持竞争力。学习型组织具有如图7-2所示的六个要素。

学习型组织的基本价值在于解决问题,与之相对的传统组织设计的着眼点是效率。在学习型组织内,雇员参与问题的识别,这意味着要懂得顾客的需

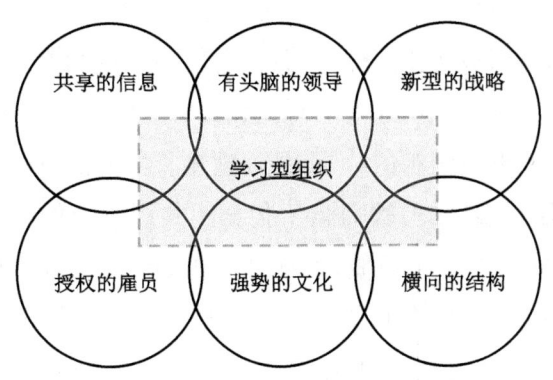

图 7-2 学习型组织的六个要素

要。雇员还要解决问题,这意味着要以一种独特的方式将一切综合起来考虑以满足顾客的需要。组织因此通过确定新的需要并满足这些需要来提高其价值。它常常是通过新的观念和信息而不是物质和产品来实现价值的提高。

作为新体制大学的独立学院,要想在竞争激烈的高等教育市场中长足地发展,并建立起自己的核心竞争力,现有的管理水平及组织能力是远远不够的,尤其是在我国经济不发达的情形下,我国独立学院更应该创建学习型组织和有效的管理机制,做好五项修炼,制定共同的目标,改善习惯模式,厘清思路,超越自我,重视团队协作精神,系统、全面地发展,创新新体制大学的办学模式,从而打造独立学院核心竞争力。

第一项修炼:共同愿景。独立学院只有把学院的目标及个人成长的目标统一起来,建立起共同愿景,才能有效地引导、激励、凝聚人,只有这样,学院在价值实现的同时个人的价值也才能得以实现。例如,云南师范大学商学院的愿景是:转化、融合、国际;四川大学锦江学院的愿景是:学生为本、通专并重、知行合一、教学相长;吉林大学珠海学院的愿景是:和谐、创新。第二项修炼:自我超越。共同愿景的实现基础是全体教职员工的自我超越,追求卓越和卓有成效的工作,个人自我超越需要厘清个人愿景和价值观,转变观念,不断超越自我。第三项修炼:改善心智模式。转变观念改善心智模式,检视自己长期习以为常的观念,在灵魂深处闹革命,系统地思考,把个人融入组织、社会、世界,在大小系统中找到自己的位置,体会到个人和组织的责任和使命。第四项修炼:团体学习。在组织系统中形成大小团体,掌握团体学习的技能从而凝聚发挥团体智能,才能形成优秀团体。第五项修炼:系统思考。任何组织都是一个系统,需要全体教师有系统思考的观念和掌握系统思考的方法,才能更好地整体搭配工作,从而形成组织的共同愿景、理念和共同的价值观、行为规范,使组织进入持续发展轨道,实现教师职工和学院共同发展的目标。改善学院内长期制约发展的思维方法和习惯,形成新视野、新思维、新习惯,提升组织文化。这套方法是引导、辅导人们从习惯用镜子照别人转为照自己,反思、反省、检视自己的心智、心态、价值观、思维方式、工作作风,主动改善自己,改善我们的组织。这种转变不是别人要我改变,而是我要改变,我要把我们的事做好,要变得更优秀。学院不用强迫,只用引导辅导,使大家自觉行动。只有这样,每个人都把学院的目标作为一种责任和实现自我价值的目标来奋斗,独立学院的核心能力才能建立起来,核心资源也就得到最大限度的利用和整合,核心竞争力的维护也就有了赖以生存的沃土。

除创建学习型组织外,笔者认为,持续创新能力和资源整合能力也是独立学院形成核心竞争力的关键。在这方面,独立学院应该继续发扬优良传统,不断进行制度创新、体制创新、管理创新,但在创新的同时还应该保持政策的稳定性,这样才能创造一个相对稳定的环境,让员工有归属感及方向感。大学是一组资源的集合体,大学之间的竞争围绕着资源的争夺与利用展开,与大学"生产活动"相关的所有资源,包括高水平的师资、办学经费、高质量的生源、设备等都要通过竞争来获取和有效利用。因此,独立学院的地位,不仅取决于其资源的数量和质量,而且取决于其对资源的利用效率。很多事实证明局部最优不能保证系统最优。整合资源的目的就是使现有的资源相互配合与协调,使之达到整体最优。有效的整合资源不仅能帮助独立学院取得预期效果,而且给竞争对手的模仿制造了障碍。

### 7.2.4 加强品牌建设及校园文化建设,提高社会的认可度及美誉度

核心竞争力的理论告诉我们,塑造独立学院品牌的竞争力,应从打造核心优势,培育核心竞争力做起。独立学院要塑造品牌核心竞争力,就必须对独立学院品牌准确定位、创新,加强对独立学院品牌的维护和管理。独立学院品牌

的战略管理就是集中研究有关独立学院品牌未来发展方向的战略决策的制定和实施问题，从而真正建立起经得起市场考验的独立学院品牌。独立学院品牌的管理要确立明晰的核心价值理念。独立学院品牌必然要有自己的思想价值，这个思想价值又体现为独立学院的精神、独立学院育人的思想，它着眼于学生的长远发展、均衡发展和适应社会的能力培养，为学校品牌在教育消费者的心里找到自己的位置，形成一个清晰的定位。不少独立学院品牌往往缺乏自己的核心价值理念，更多停留在广告宣传、口号的层面来考虑问题，往往空洞无物，缺乏事实内容。此外教学质量和服务意识也是独立学院品牌管理的核心内容。教学质量是衡量一所独立学院好坏的关键因素。一所能够被社会赞誉的独立学院必然是教学质量与服务先进的典范。良好的教学质量和服务意识是独立学院品牌的重要支柱，也是吸引生源的主要因素。独立学院的品牌由学校长期发展积淀而来，对外代表学校形象和地位，显示学校的综合实力；对内代表着学校的历史、责任和承诺。因此，高校品牌是学校实力的象征和见证，是学校发展情况的反映。

品牌是独立学院的重要核心竞争力要素。品牌好的独立学院也是备受社会各方青睐的大学，能够更广泛地吸引优质生源、吸引投资、吸引优秀教师、吸引国际国内合作等。而品牌是大学通过长期创造和维护形成的，没有质量就没有品牌，独立学院的品牌本质上是大学在人才培养和科学研究等方面质量的凸显。一个人对大学的选择和对许多普通产品的选择是不一样的，不仅依赖于这种产品的质量和它的价格，而且更依赖于其他客户的质量。因为对大学来说，作为产品的学生本身就是牌子，学生的质量就是品牌的含金量，就是大学的社会声誉。大学具有很高的品牌价值，品牌既是大学地位的象征也是其重要的资源。一所大学一旦建立了一个很好的社会声誉，潜在的需求者就更愿意上这所大学。也就是说，一所大学培养的人才越优秀，人们就越愿意上这所大学，这就是独立学院的品牌价值。独立学院品牌不同于学校的土地、建筑、教学设施等有形资产，高校品牌是高校的历史文化积淀，是社会公众对高校的印象和评价，它一经形成，就深深烙印在与高校有关的人、事、物上，并通过这些具体的人、事和物体现出来，为人们所感知。独立学院品牌作为无形资产不仅自身具有巨大的价值，还能创造价值，带动地方和社会经济、文化、科技的发展。

校园文化环境是全体教职工和学生的理想、精神、信念、价值准则和行为规范共同营造出的独具特色的文化氛围,是独立学院在长期发展中积淀起来的学校内在的气质与品质。它体现在独立学院总体精神风貌以及文化品位和校园风貌上。所有这些环境资源为凝聚高校竞争优势起着协调和巩固作用,是高校核心竞争力的重要组成部分。任何一所独立学院在其或长或短的办学历史中,都会形成自己的办学传统与办学特色。基于这些办学传统和特色,各所独立学院都分别形成了各具特色的组织文化,并以此形成了各自学校所独具的人文精神,学校的办学风格和特色通过这些文化现象表现出来。北京大学许智宏院士认为"世界一流大学必然要求有世界一流的大学校园文化",大学文化是大学区别于其他社会组织的身份,是大学的灵魂、大学的精神,文化赋予大学使命感、历史感、神圣感。大学校园文化有导向功能、约束功能、凝聚功能、激励功能四大功能。因此,独立学院要重视校园文化建设,这是独立学院生存发展的魂。

立志要把吉林大学珠海学院建成一所"百年大学"的集团董事长廖国立认为,"教育不能作为产业来办,只能作为事业来做"。他认为:教育投资者应该胸怀社会责任,毕竟教育是公益性大于产业性,即使投资者有获得回报的合理要求,也不能急功近利,要着眼于长远发展。办大学不同于办企业,它更多的是公益事业,只能是低回报的长线投资,不能以追求利润最大化为目标。所以教育投资方要有社会责任感,要有长远眼光,不求短期利益。有强烈责任感,对学生和社会负责是办大学的最终追求。正是在这种理念的支持下,吉林大学珠海学院才把学生的利益和全面发展当作第一要务来抓,也才有了今天的成绩,2017年成为全国266所独立学院中的榜首。旗下拥有17所高校的北京北方投资集团总裁杨炜长先生总是强调集团要办"负责任"的百年大学,要建"四满意"(让家长满意、学生满意、社会满意、员工满意)的大学,正是在这样的核心价值观下,"以学生为本,以员工为本"的校园文化才逐渐形成。

形成独立学院品牌的要素很多,有人的因素,包括著名的校长、知名的教授、优秀的学生和著名的校友等;学术的因素,包括一流的学科、深入的科学研究和创新的科研成果;文化的因素,包括学校历史的积淀和大学文化的形成,尤其是大学精神的提炼与传播;物质的因素,包括先进的硬件设施设备、优美的校园环境,等等。品牌不是全能,也不是垄断。由于各高校条件的限制,学校不可能面面俱到,也不可能在所有方面都享有很高的成就,高校只要具备以上因素中的几项,哪怕是一项有所特长,能形成学校的特色,就可以给学校带来良好的社会声誉。因此,高校要集中力量,创造和发挥自己的特色,把特色发展成办学优势,最终形成自己的品牌。

### 7.2.5 拓宽融资渠道,解决资金难题

从经济学角度讲,独立学院的教育属于"准公共产品"性质。其直接受益者,除了受教育者个人和接受高等教育毕业生和就业的企业外,社会是最大的受益者。因为独立学院的教育可以提高劳动者的素质,推动地方经济的发展;可以实现劳动力的合理就业和合理流动,减少社会失业。而这些正是政府所要追求的目标和应履行的职责。独立学院教育的这种"准公共产品"特性,是决定其必须由市场和政府共同提供经费投入和调节的理论依据。市场对独立学院的调节主要在效率领域,政府主要在公平领域。市场和政府共同调节,既可以提高独立学院的效率,又可以保障独立学院发展的社会公平。显然政府的调节十分重要,责任重大。从"投入"角度看,按照"谁受益谁投入"的原则,我们应该实行学生受益学生缴费,企业受益企业出资,社会受益政府投入的政策。在受益者中,社会、国家是独立学院的主要受益者,因此,政府理应也是独立学院的主要投资方。[①] 目前,世界上大多数国家的私立学校以各种各样的形式接受政府资助,政府在经费上的资助,使私立学校具有了坚实的经济基础。这也是维持和发展私立学校的必要条件,同时政府通过对私立学校的资助,有效地实现对私立学校发展的控制,保证私立学校成为国民教育的一部分并发挥作用。国外政府对私立学校的资助包括低息贷款、税收优惠、政府资助。在日本最为著名的是1970年的《私学振兴财团法》和1975年的《私立学校振兴援助法》,政府对私立学校的经常费用补助金最高占学校经常费用的50%。另一种形式是通过对民办学校学习者进行资助的方式来实现的,例如美国联邦政府主要以学生贷款、奖学金、专项补贴等方式进行资助,这种资助保证了有

---

① 张平,黄涛.扶持民办高等教育经费的政府策略研究[J].当代教育论坛,2007(7).

才华但受经济困扰的学生能够拥有平等的、较好的教育机会与权利,学校则通过稳定生源、质量提高而间接受益。

待遇问题也是影响教师稳定性及吸引人才的最主要因素之一,如果独立学院的资金紧张问题长期得不到改善,师资的优化就只是纸上谈兵。据调查,全国独立学院之间教师待遇的差距较大,有经济比较发达地区教师年薪20多万元的独立学院,也有像云南这种经济欠发达地区教师年薪不足7万元的独立学院。当然,这与各所独立学院的生源数量、办学效益、当地经济发展状况有较大关系。但凡在全国办得比较好的独立学院,基本上都有强大的资金支持作后盾,使院长能够全心全意投入学院的各项管理之中。正如吉林大学珠海学院的校长付景川所说:"董事长是个热心办教育的人,舍得投资,活动能力非凡。我这个当校长的比较省心,不管钱,只管教学质量。在我担任校长期间,我的主要精力都用在抓教学和学生管理上。"正是有了强大资金资源作后盾,吉林大学珠海学院才能快速发展,蒸蒸日上。

根据中国校友网大学评价课题组的调研显示:学费基本上是目前全国独立学院收入的唯一来源,因此,独立学院的收费标准基本上是当地公办高校的2~3倍的资金才能保障可持续发展。独立学院在积极争取政府资助、社会捐赠、社会投资和银行贷款的同时,更应该在国家法律法规允许的范围内,针对市场需求,创立校办企业,或提供信息咨询等服务以扩大学校收入,实现"以学养校"到"以企养校"的根本战略转变。另外,我国民办高校应积极探索、不断拓展办学融资渠道。2006年,新东方教育科技集团通过资源整合运作在美国纽约证券交易所正式挂牌上市,仅3 000万股就募集了上亿美元的资金。可以说为我国民办高等教育提供了一种崭新的、切实可行的融资渠道,在国家允许的情况下,民办高校尽早运作上市寻求办学资金,以此来解决民办高校办学经费的不足、学生学费过高、经济负担重等问题就具有了现实意义。

独立学院要想改变培养层次单一、收入单一的现状,必须结合我国的经济形势,利用现有的师资引入短期培训、管理咨询服务、科技支持服务等。根据我国全面建设小康社会的预期目标,未来10年,中国新型城镇化还有巨大的提升空间,城镇化是中国经济增长的支撑。目前统计数据显示,我国2017年城镇化率58%,到2035年大体上还能提升17个百分点,预计还有3亿人左右进城,届时城镇人口将达到 11 亿人左右。这就意味着累计将有近千亿的培训市场。这为我国的教育培训提供了巨大的市场。如果独立学院主动抓住这个难得的机遇,以提高全民学习能力和就业能力为核心,加强教育培训的能力建设,使教育与培训成为解决人民群众生存与发展问题的重要手段,成为社会弱势群体改变生活命运、增加家庭收入的重要手段,成为劳动者提高就业能力和提高劳动生产率的重要手段,成为全体人民实现全面发展目标的重要手段,那么我国独立学院必将会迎来又一个发展的春天,这将是一件利国利民利己的多赢局面。

## 7.3 转变政府职能,落实独立学院自主办学的权力

《国家中长期教育改革和发展规划纲要(2010—2020 年)》指出:"政府及其部门要树立服务意识,改进管理方式,完善监督机制,减少和规范对学校的行政审批事项,依法保障学校充分行使办学自主权和承担相应责任。"独立学院由于有其相对灵活的民营办学机制,加之具有法人资格的独立办学主体,无论从学科专业设置上,还是课程设置、科研、招生、人事等都能自主作出决策。政府要充分认识到独立学院的社会效益、经济效益,以及它所带来的积极影响,在处理与独立学院的关系时,要改变计划经济时期大包大揽的心态,明确自身的权力界限,在处理独立学院的发展问题上放低姿态,简政放权,抓大放小。政府对独立学院的管理必须止于公共事务,不要干涉独立学院的内部事务管理,对于独立学院在招生计划、专业设置、教学科研等方面也不应随意干涉。在管理方式上,政府可以通过法律手段进行宏观调控,给予独立学院充分的自主权和充分的探索空间。在新公共服务的视角下,公共行政的着力点不是新公共管理所强调的"掌舵",而应是更好地为公共提供服务。在独立学院的发展过程中,政府应"改变过去在办学过程中集投资者、举办者、办学者于一身的角色,不直接干预高校的内部管理,而是扮演为高校办学提供宏观指导政策和制度的服务者角色。政府通过市场实现对教育资源的配置和调节,主要运用规划、拨款、评估等手段对高校进行宏观管理"。只有政府职能转变了,将

主要精力集中在社会管理和公共服务上,贯彻落实国家方针政策,保证教育的公平性,维护学校、教师和学生的合法权益,根据独立学院的办学水平和市场需求给独立学院较为宽松的政策和广阔的空间,做独立学院发展变革的服务者,才能激发独立学院内在的活力。

考虑到独立学院在教育方面一样具备教育公益性,所以政府在考虑制定政策时一样应该给予土地、税收等方面的减免支持。①考虑减免相关过户费用。教育部规范验收政策规定,出资方负责办理过户手续,承担过户税费。在此背景下,可以由省级政府牵头,建立由省发改委、财政厅、税务局、人事厅与教育厅等组成的协调小组,通过人民代表大会立法,完善《中华人民共和国民办教育促进法实施条例》修订版细则,尽快落实独立学院过户税费减免或优惠政策。②适当放宽土地面积标准。26号令要求独立学院的占地面积应达到500亩以上。若按照这个要求,大部分独立学院很难达到要求,特别对一线城市。以浙江省为例,22所独立学院中有18所独立学院的办学场地未达到500亩以上的要求。更重要的是,校园占地面积与办学质量不存在一一对应的关系。中央教育行政部门应适当修订对独立学院校园面积的办学标准,根据不同办学规模、不同类型与不同区域动态调整校园面积要求。同时,省、市级政府应给予大力扶持,将独立学院建设用地纳入整体规划,采取优惠转让、贷款贴息、行政划拨和土地入股等各种形式给予帮助。③停收"合作办学费"。停止公办高校向独立学院收取合作办学费(或其他名目)的做法,让独立学院休养生息,这也是公办高校对独立学院的支持和对社会的贡献及责任。新"民促法"明确规定,独立学院属公益事业,"任何组织和个人都不得违反法律法规向民办教育机构收取任何费用"。随着国家教育经费投入的到位,全国公办地方高校生均拨款平均水平已达1.6万元(央属高校更高),这还不包括基本建设拨款、科研经费拨款和学生的学杂费收入等。在这种情况下,公办母体高校再继续抽取独立学院学生学费的做法已不合时宜。但是,考虑到公办母体高校对举办独立学院所作出的贡献,建议在条件具备时,有关部门可设立一定的奖励和补偿给予公办高校。在独立学院转型发展中,如果母体高校并不愿放弃高额的"合作办学费",或一次性"分手费"要价很高,合作双方就很难达成共识。④引导更多的社会力量进入教育领域。独立学院是由多种性质的投资主体进行的资本投入,本质上属于混合所有制。具体来讲,独立学院有三种合作方式:一是货币资金投资,就是用货币形态进行投资,包括现金、银行贷款和其他货币资金。二是实物资产投资,是指物质形态的投资,包括土地、设备等有形物质。三是无形资产投资,就是非物质形态的投资,包括著作权、商标权、专利权等。独立学院的快速发展,恰恰在于发挥了混合所有制的优势,突出了母体高校的优质教育资源和合作的优质资金、当地政府的土地及配套等多种优势。

尽管独立学院为国家高等教育的发展作出了积极的贡献,但目前,独立学院的经费来源主要依靠收取学费,渠道比较单一。政府对独立学院的资助主要是政策上的软资助,几乎没有独立学院可以获得财政性经费的直接资助。如何破解资金难题,是摆在独立学院面前亟待解决的问题。独立学院的未来发展还需要吸纳更多的社会资金进入,同时,要引入优质的政府资源,解决独立学院在土地、编制上的各类棘手问题。政府在独立学院资金筹集中应该发挥引导作用,对民办高校的教育性事业和其他经营活动的收入实施免税或者减税政策,积极引导公众投资民办高等教育事业,鼓励社会捐资办学。现在,一些省级政府积极参与办学,有力地促进了独立学院的发展。如浙江省大部分地区已经加大了对独立学院的扶持力度,杭州市政府组建国资公司作为合作方,出资建设杭州师范大学钱江学院,以便宜的价格出让土地,支持力度很大;海宁市政府组建国资公司作为浙江财经学院东方学院的合作方,出资建设该院的所有硬件,包括出让土地、建设校园及其办公硬件等,浙江财经学院则以"软实力"投入,包括师资、管理和品牌等。混合所有制形式有利于综合多方优势,实现优势互补、强强合作;有利于将不同性质、不同种类的生产要素自由组合,不断优化;有利于造就资产所有权的流动机制,使资产的存量结构和增量结构遵循市场效率原则,在发展中得到优化;有利于不同来源的资本代表进行相互监督,让办学主体充分发挥各自优势,体现优质资金、优质资源的有效结合,能节约交易成本,将母体学校、合作方、政府等紧密结合,明确责权利;有利于形成和健全法人治理结构;有利于科学决策和民主管理,真正实现共同承担风险,共同按贡献大小来分配利益。

## 7.4 改革独立学院内部管理体制与机制

第一,明晰产权关系。所谓的产权,是指财产所有权、与财产权有关的经营权、处置权等权利。明晰的产权制度是建立科学合理、相互制约的法人治理结构的基础,只有明晰产权关系,政府、公立高校举办者、投资者才能进一步明确与独立学院的关系,法人治理结构才能有效地发挥作用。明晰产权关系就是明确各办学主体所享有的权利、所承担的责任及其所获得的利益。26号令将独立学院界定为:实施本科以上学历教育的普通高等学校与国家机构以外的社会组织或者个人,利用非国家财政性经费举办的实施本科学历教学的高等学校。可见,多元化的产权主体成为独立学院突出的特点,也是独立学院区别于其他高等教育组织的鲜明特征。因此,明晰独立学院产权关系,明确各利益主体关系,是独立学院发展的机制保障。在宏观层面上,国家要出台相应的法规和政策,规范独立学院的产权,解决独立学院的设立条件及审批权限、法律地位、产权组织形式和适用的统一的会计准则等问题。在微观层面上,独立学院要按照国家的相关法规对无形资产进行评估,科学地确立公办高校投资额度和比例;建立完善的监事会制度;制定完善的独立学院内部管理制度;约定各方权利和义务,使产权归属明晰,权责明确。

第二,优化内部管理体制。科学合理的内部管理体制可以使学校健康发展,提升学校声誉,用特色创品牌;反之,则会成为独立学院发展道路上的绊脚石。内部管理体制在学校管理中处于决定性、基础性、全局性的地位,关系到学校的成败。独立学院应打破传统高校管理的思维定式,按照科学化、规范化的要求,发挥民办机制的优势,增强决策的科学化与民主化,在强化内部管理上求效率。一是转变管理理念,提升管理队伍的服务水平,管理队伍的建立应以更好地为教学和人才成长服务作为出发点和落脚点。二是要加强学院规范管理,不断提高工作效率,做好学院各项制度建设,实现制度执行的可操作性和贯彻落实的可保障性,提高执行力和实效性。要强化院系两级管理体制,做到目标明确,运行顺畅。三是要建立健全符合独立学院特点的用人机制,构建适应独立学院办学模式的教学管理体系和人事管理制度,不断推动独立学院管理上层次、上水平、上效率,进一步发挥民营机制的灵活作用,保证独立学院健康发展,向真正"独立"迈进。

第三,完善董事会领导下的校长负责制。26号令要求独立学院依法设立董事会,作为独立学院的决策机构。独立学院应在考虑自身特点的基础上,借鉴国外私立高校成熟的董事会制度,强化董事会功能,改进独立学院内部治理机制。一是从分权制衡的角度出发,实行董事会领导下的校长负责制,比如明晰董事会职能、董事长不得兼任校长、董事会成员应由各方利益相关者组成等。二是实行董事会任期制,特别是非营利性独立学院,应定期更换一定比例的董事会成员。董事会的组成人员来自各举办方,也可吸纳与学校无利害关系的教育行政部门人员加入,通过建立完善的董事会章程和职能,建立对独立学院的集体领导体制,避免重大决策由董事长或院长个人决定引发失误。三是制定董事会章程,定期召开董事会,规范其运行及决策程序。四是完善内部监督机制,必要时借鉴国外私立大学的监事会制度,负责监督学校资产、财务变化情况。作为对董事会体制的完善,独立学院的监事会可以保证各利益主体享有平等的监督权,实现权力制衡。此外,建立健全各类委员会,如工会、教代会、教学质量督导委员会、学术委员会等,规范和完善各种制度,如理事会章程、校务公开制度、党委工作制度等,为广大教师行使民主监督、建言献策权利提供平台和渠道,真正做到制度的科学化、规范化和民主化。

## 7.5 构建科学有效的教育质量评价体系

### 7.5.1 确立鲜明的价值取向

要树立既重视声誉评价、又注重发展评价的价值取向。独立学院是我国的新型高等教育机构,许多人还抱着观望的态度。由于大众对独立学院的认同还需要一个长期的过程,为使这种新型办学模式深入人心,就必须重视学校的声誉,重视教育质量评价。从长远看,独立学院既要以质量保障促进发展,又要注重"彰显个性、发展潜力"的质量评价价值取向。高等教育大众化是以社会需求多样化为基础,独立学院是在高等教育大众化的背景下诞生和成长起来的,要凸显独立学院的特别价值,培养既有特色、又受社会欢迎的人才,必须特别强调彰显个性,适应需求,并以此作为教育质量评价的根本方向之一。

### 7.5.2 建立多个评价主体

长期以来,我国高等教育质量评价是以国家评价为主导,高校自身评价围绕国家评价进行,社会大众和市场主体很难真正参与高等教育质量评价。由于独立学院是新型高等教育机构,其投资主体不是政府,其办学所需的资金投入主要是由合作方承担或者以民办机制共同筹措,独立学院具有多个利益相关者,其教育质量保障的主体应发生转变,建立起以政府、母体高校、社会投资方、学生、家长和市场为主的多个质量评价主体。此外,独立学院具有独立的法人资格,独立承担民事责任,独立学院自身必须成为教育质量保证的主体,独立学院内部要构建相对独立的质量自我评价体系。

### 7.5.3 建立科学有效的质量评价机制

目前,教育部已成立专门的领导和组织机构,并制定专门的制度,建立了比较完善的运行机制,从而对高校的人才培养质量进行评价和监控。主要从三方面入手:在政府层面,首先要坚持独立学院"民、独、优"原则,充分考虑独立学院的具体情况,做到实事求是;其次,在评价指标上,要因校制宜,具体问题具体分析,确保独立学院的自主办学特色;最后,在独立学院内部,要建立起以独立学院自我评价为主的内外部评价相结合的机制。在独立学院层面,要按照自己的具体情况及社会需求,构建起独具特色的内部评价体系,不断提高教育质量的自我诊断、完善、发展的能力。独立学院质量评价体系创新,还需要做到两个结合:一是结果性评价与过程性评价有机结合,既重视评价学生发展的结果,又重视评价学生发展的整体过程;二是动态评价与静态评价的结合,既能发现学生的量变,又能考察学生的质变。此外,还要建立完善各种相应的机构,建设一支高效精干的质量评价队伍。在社会层面,要构建社会评价机制,通过观察、调查、舆论支持、信息反馈等途径,力求客观公正地作出评价,形成社会监督的号召力和引导力,促进独立学院教育质量建设。

# 8 我国独立学院形成核心竞争力的前景展望

## 8.1 我国独立学院可持续发展的可行性分析

市场需要多元化的人才,而我国本科院校多属教学研究型院校,培养应用型本科人才并非所长,而独立学院的办学定位培养的是服务于区域经济的应用型本科人才,这无疑为独立学院的存在提供了空间及发展思路,也为解决社会对人才多元化需求创造了条件。

教育部高等教育教学评估中心相关负责人表示,从总体上看,由于独立学院具有面向社会,面向学生办学的天然愿望,因此非常注重与市场、社会的结合,其专业设置的灵活性既满足社会经济发展的需要,又符合学生及家长的心理期望,容易吸引生源,这将有利于独立学院的发展壮大。应该说独立学院建设卓有成就,已经在前进的路上。但同时,也要清醒地认识到,本科教育离人民群众要求接受越来越好的优质本科教育的需求仍存在差距,教育资源在不同地区、不同层次、不同类型的高校中仍存在分配不均衡的情况。所以独立学院教育建设任重道远,需要继续发力。

在凯恩斯经典理论中,消费与可支配收入之间有稳定的函数关系,他认为,当其他条件不变时,消费随收入的变动而呈同方向变化。据统计数据显示,2000—2017年间,我国城镇居民和农村居民文教娱乐用品及服务消费支出增长不断加快,占居民总消费的比重呈大幅提高之势。2017年全国城镇居民年人均可支配收入达到36 396元，比2016年增长8.3%，扣除价格因素，实际增长6.5%，我国城镇居民人均可支配收入实现了快速的增长。而2017年城镇居民人均教育文化娱乐服务支出为2 086元，比2016年增长了8.9%。因此，经济的快速稳定发展为独立学院较高的教育收费提供了物质保障。

据测算，我国高等教育学龄人口(18～21岁)高峰期为2006—2010年，年平均数为8 955万人，顶峰为2007年，达9 200万人，2010年为8 660万人，2010年以后，虽然高等教育学龄人口有所下降，但8 000多万人的受教育基数依然需要大量独立学院的存在才能解决高等教育大众化的需要。因此，国家积极鼓励社会、企业和个人投入，形成公办与民办共同发展的高等教育办学新局面。在这种形势下，独立学院的发展顺应了高教发展的需要。以上分析说明，在我国经济达到一定水平并将进一步发展的趋势带动下，由于政治、经济、社会、人口的综合影响，高等教育量的扩张已成为一个世界性趋势，高校的精英教育转变为大众化教育，公办高等教育已无法满足人民群众对教育需求的不断增长，大力发展民办教育是必然的选择。随着我国经济、社会和文化的发展，独立学院作为我国高等教育体制改革出现的新事物，必将面临重大的发展机遇。

我国独立学院利用机制的优势，经过一定时期的发展、壮大、成熟，形成自己的师资队伍及教育管理队伍，创立出自己的品牌，形成不同于所依托的公立高校的特色。应该肯定的是公立高校在独立学院早期发展过程中的扶持、帮助作用，但随着独立学院的羽翼已渐丰满，孩子总要离开父母的怀抱，从而与公立高校脱钩，成为纯粹意义上的民办高校。随着教育部新"民促法"的颁布，独立学院真正"独立"的时机已成熟，这也意味着我国民办高等教育事业发展到了新的阶段，下一步的目标就是与公立高校"平分秋色"，这也是全社会所希望看到的局面，也是国家鼓励举办独立学院的初衷。与此同时，这种真正"市场化"的竞争模式，则更有利于独立学院的成长和壮大。

## 8.2 新"民促法"下独立学院的发展机遇

### 8.2.1 "民促法"的发展历程及改革重点

2002年第一部《中华人民共和国民办教育促进法》颁布,它从法律上确定了民办教育的法人地位,促进了民办教育的发展,增加了教育服务的供给。但由于旧"民促法"一直没有解决公益性与营利性相矛盾的冲突,一直为业界诟病。新的发展时期各种矛盾的解决期待新"民促法"的进一步修订和完善,2017年9月1日酝酿多年的新《中华人民共和国民办教育促进法》终于颁布。

新"民促法"最重要的变化就是举办者可以选择营利性和非营利性两种办学模式。分类管理的优异性明显,体现如下:一是有利于破解民办教育发展瓶颈,使民办学校的法人属性、产权归属等方面存在的问题和矛盾,在法律层面得以澄清和解决;二是有利于按照民办学校的法人属性,分类落实财政、税收、土地等方面的扶持政策;三是有利于拓展民办教育的发展空间。非营利性民办学校可以获得政府更多扶持,提高办学质量,培育一批高水平的民办学校;营利性民办学校利用市场机制,创新教育产品,体现教育个性化、国际化的供给侧改革的方针,但同时也给举办者带来选择的考验。

根据新"民促法"的规定,各省、市、自治区可以根据实际情况完善独立学院办学分类管理的实施细则。截至2017年9月1日,仅有辽宁、吉林、湖南、河北、江苏5个省披露出相对详细的相关政策法规条令,大部分省份仍处于政策学习或积极推进中。现结合这5个省出台的一些政策,对独立学院两种办学选择利弊作一些分析,以期能够为独立学院的举办者提供一些建议。

### 8.2.2 独立学院推行分类管理的发展机遇

新"民促法"的颁布,将《中华人民共和国公司法》的精神与原则赋予独立学院,在尊重出资人获利动机的基础上,把私人资本收益限定在合理范围内,极大地促进了投资者的积极性和办学的灵活性,解决了教育营利性问题。在实践上,它不仅使部分独立学院的投资方名正言顺、合理合法地营利,而且确保了独立学院的稳定发展,办学受益于民的公益性也得以充分体现,而且极大地拓宽教育经营、教育融资、办学激励等方面制度创新的空间。而营利性独立学院同企业一样,必须履行纳税义务,不享受国家给予的优惠政策,国家也能够得到税收方面更多的收益。这类独立学院可以用企业化的方式进行经营管理,如同文化行业、金融行业一样。当然在办学过程中必须坚持审慎的原则,如提高出资人门槛,建立和完善退出机制等措施,以保护债权人及利益相关人的合法权益,保障独立学院的健康持续发展。

非营利性独立学院可以获得和公办学校一样的税收、土地、政策性拨款等资源,以提高其办学质量和社会公平性,从而获得更多的竞争优势和发展契机。这对于一些目前生源质量欠佳,负债水平较高,办学特色和办学优势不明显的独立学院来说是一个福音。

《高等教育质量国家报告》显示,国内人才数量充足且类型多样,国际上综合国力和人力资源竞争日益激烈,这对人才培养提出了新的要求,不仅要充分履行大学的人才培养职能,提供公平的接受高等教育的机会,更要重视高校质量的提升和特色发展。高等教育在这样的时代使命下,公办高校的定位是提供基本高等教育服务,实现教育公平;而民办高校的生存和竞争优势则集中在多样化、可选择性、特色化的高等教育服务上,体现教育公正。如何改革传统的人才培养模式,体现专业方向、人才培养维度与社会需求的契合度,形成符合新时代要求的特色办学,成为营利性独立学院赢得市场的关键。所以,独立学院办学只能走差异化、个性化、特色化的策略,强调服务地方、区域经济和行业发展;或者联合海外高校的优势资源,走国际化发展之路,满足部分经济基础较好的家庭的教育需求,这也体现了教育供给侧改革的方向。

## 8.3 我国独立学院形成核心竞争力的预测

在新"民促法"下,独立学院将迎来一个发展的春天。企业的核心竞争力可以在短期内显现成效,而大学本身的社会职能为培养人才、社会服务、科学研究,大学所创造的价值的高低和多少,大多不能直接反映在短短几年的大学学习中,而是通过毕业生的就业率、毕业生离校后的社会地位升迁状况以及创造发明和对社会的贡献等途径反映出来。培养一名本科学生需要的时间一般为4~5年,研究生也需要3~5年时间,而一项大型课题的研究需要更长的时间去完成。一所大学的竞争能力可能在很长时期后才能显现出来,人们在当前甚至无法察觉这种能力。通过对我国168所独立学院的管理层的调研,21%的管理者认为我国独立学院形成核心竞争力还需要5年左右的时间,44%的管理者认为还需要5~10年的时间,28%的管理者认为还需要10~15年的时间,7%的管理者选择不好预测。笔者更倾向于第二种观点,再用5~10年的时间,我国独立学院应该可以形成自己的核心竞争力,原因有以下四点。

第一,5~10年后,我国独立学院人才储备及人才培养将见其效果,并建立起一支适合独立学院发展需要的师资队伍。到那时,师资结构将有较大改善,现在的新生力量——年轻的硕士、博士将成为年富力强的脊梁,以讲师为主的职称结构将变为以副教授为主的职称结构。在目前这种灵活的机制下,必将涌现出一批学科带头人,教学质量的提高就有了根本性的保障。"民办高校不光要有大楼,也要有大师",这是北京人文大学早就提出的奋斗目标。徒有一流的现代化校舍,没有一流的大师,就培养不出一流的人才,也不是真正一流的大学。独立学院在师资队伍建设方面,通常有三个发展阶段:①萌芽阶段,往往借助聘请当地名校的名师、学者和专家,作为带动学校发展的龙头;②发展阶段,往往吸纳一部分中青年知识分子作为中坚力量。目前应该处于发展阶段,特别需要的是职业技术教育专家;③创新阶段,往往以优厚的工薪稳定一支优秀的教师队伍,在学校的文化氛围和学术氛围都比较浓的情况下,名师、专家就会脱颖而出。5~10年后,我国独立学院的师资人才储备及文化沉淀就能够处于创新阶段。相信到那时我国独立学院已经摸索出一条适合自身特点的办学之路。

第二,在推动大学健康发展方面,"市场优胜劣汰机制"比"政府的管制"更能推动大学的变革和进步。通过对吉林大学珠海学院董事长的采访谈道:由于独立学院的办学很多方面带有企业性质,投资者的本质还是"利润",因此,投资商希望独立学院尽快发展壮大的意愿要比公办高校更为强烈,这是"逐利"本性所决定的,因为他输不起。再加上独立学院办学时间短,根基浅,底子薄,一旦恶性事件发生,极有可能导致独立学院倒闭。办学者每走一步都是"如履薄冰",不敢有丝毫的懈怠,因此,独立学院形成核心竞争力的时间相对比公办大学要短一些。大学的市场化趋势是一把双刃剑,如果把大学完全市场化,并用企业的治理结构和模式来治理大学,大学就会失去自己的理想、价值和品格,大学也就不成其为大学;但不可否认的是,市场对大学也具有重大的积极意义。市场的竞争机制不仅能使大学充满生机和活力,开展理念创新、体制创新、管理创新和"产品"创新,而且能在思想观念、人才培养、科学研究、社会服务以及管理等方面激发大学竞争,催生大学核心竞争力。

第三,艰苦的原始积累阶段完成,学院有更多的资金和精力来改善办学条件及教师待遇。5~10年,我国独立学院的资金压力会得到较大缓解。有了资金,学校硬件、软件的改善就有了希望,吸引更优秀的人才也就有了保障,核心问题便得到了解决。另外,日趋强盛的中国也会有更大的财力来帮助独立学院,完成相应的社会责任。未来,独立学院的融资环境将会更加健康,来源更为广泛,运作资金的能力也会更强。

第四,"十三五"时期是我国全面建成小康社会的决胜阶段,创新是引领发展的第一动力,人才是支撑发展的第一资源。习近平总书记在全国高校思想政治工作会议上指出,高等教育发展水平是一个国家发展水平和发展潜力的重要标志。要实现中华民族伟大复兴,教育的地位和作用不可忽视。我们对高等教育的需要比以往任何时候都更加迫切,对科学知识和卓越人才的渴求比以往任何时候都更加强烈。引导部分独立学院向应用型转变是我国高等教育实现创新驱动发展的一项重要内容,独立学院也要始终与国家发展和民族振兴同向同行,适应经济发展新常态,把握高等教育发展的新特征,围绕国家重大战略,高举向应用型大学转型发展的大旗,立足地方性、应用型的办学定位,服务地方区域发展,培养一线应用型人才。目前,独立学院在建设应用型大学这一普遍共识的驱动下,积极探索应用型发展的新愿景、新形态,契合了我国建设创新型国家、人才强国、教育强国的战略需求,成为社会各界期待的热点。所以说,从天时、地利、人合三个方面都显示,通过5~10年的时间,部分优质的独立学院是有望形成核心竞争力的。

# 结　语

笔者开展对我国独立学院的核心竞争力的培育研究,其目的是将发展较为成熟的企业核心竞争力相关理论全面引入独立学院领域,通过移植和改造,同时借鉴国内外同类优质大学的成功经验,并以2017年排名前3强的独立学院作为具体的研究对象,进一步探索出我国独立学院形成核心竞争力的各种关键因素及培育核心竞争力的途径和模式。

笔者也指出了独立学院今后的发展措施:一是明确定位,完善培养模式。制定适合独立学院发展的人才目标一体化模式,进行课程体系改革、教学内容及教学方法改革,以培养应用型人才为培养目标。二是以师资队伍建设为平台提高办学水平、制定规范的管理制度,提高教育教学质量。三是营造良好的校园文化氛围和创建品牌,通过整合资源,完善配套设施,创立自己的办学特色和品牌。四是拓宽融资渠道,突破资金瓶颈。五是争取科学、稳定的政策支持,政府应把办学自主权尽可能地还给举办者,把政府的职能转为服务、监督和引导。所以在当前的新形势下,独立学院应站在发展战略的高度,采取切实有效的措施优化办学特色,致力于提升整体的办学实力,既"埋头拉车",又"抬头看路",紧密结合本科人才需求市场,培养理论功底扎实、懂管理、实践应用能力强的高素质复合型的应用人才,从而满足社会对多元化人才的需求,充分服务好地方经济和社会发展。

# 附录 1  相关调查统计资料

## 我国独立学院办学条件和教学工作状态调查表

尊敬的老师:

　　您好,这是一份关于我国独立学院办学条件和教学工作状态的调查表,问卷结果仅作为撰写学位论文及课题研究之用,对于您的回答将严格保密,谢谢您的配合!

　　备注:本问卷调研对象为我国266所独立学院。

| 独立学院基本信息及办学条件 | | | |
|---|---|---|---|
| 独立学院名称 | | 在校生人数 | |
| 独立学院详细地址 | | 邮编 | |
| 独立学院的批准或确认时间 | | | |
| 合作方名称及注册资金(多个合作方请逐一填写) | | | |
| 法定代表人姓名 | | 院长姓名 | |
| 校园占地面积 | | 校园规划面积 | |
| 拟投资金总额 | | 已投入资金额,其中自有资金、贷款及其他 | |
| 教学、行政用房建筑面积(平方米) | | 教学仪器设备总值(万元) | |
| 藏书(万册) | | 生均藏书(册) | |
| 人均教室座位数 | | 教学用计算机台数 | |
| 语音教室数 | | 语音教室座位数 | |
| 多媒体教室数 | | 多媒体教室座位数 | |

(续表)

| | 是否开通校园网 | | 人均学费 | |
|---|---|---|---|---|
| 师资力量 | 现有教师总人数师生比 | | 具有教师资格证书的人数 | |
| | 专任教师人数及所占比例 | | 海归教师人数及所占比例 | |
| | 副高以上职称外聘教师的人数 | | 所占外聘教师比例 | |
| | 专任教师中具有博士学位的人数及比例 | | 专任教师中具有硕士学历的人数及所占比例 | |
| | 专任教师中具有副高以上职称的人数及比例 | | 专任外籍教师的人数及所占比例 | |
| | 省部市级教学名师和优秀教师的人数及比例 | | 省部市级学科带头人、骨干教师的所占比例 | |
| 招生、就业和获奖情况 | 首次招生时间、招生人数、报到率 | | | |
| | 2016年录取的新生人数及报到率 | | | |
| | 2017年录取的新生人数及报到率 | | | |
| | 2018年计划招生数 | | | |
| | 2016年就业率 | | 2017年就业率 | |
| | 到2020年规划学生数 | | 预计2020年的师生比 | |
| | 学生获国家级、省部级各类大学生竞赛奖励人数 | | | |
| 学科建设 | 学历教育本科专业数 | | | |
| | 省部市级和校级重点学科、重点建设专业与精品课程等 | | | |
| 综合声誉 | 国家声誉（高考录取批次、国家办学条件评估结果等） | | | |
| | 社会声誉（网络搜索网页数、新闻媒体报道数等） | | | |

# 我国独立学院专业设置和教学工作状态统计表

| 序号 | 专业名称 | 专业代码 | 备案时间 | 近两年招生人数 | | 学费标准 | 本专业在校生总数 | 本专业任教师人数 | 专业实验实训室面积及设备台(套)数 |
|---|---|---|---|---|---|---|---|---|---|
| | | | | 2017年 | 2018年 | | | | |
| 1 | | | | | | | | | |
| 2 | | | | | | | | | |
| 3 | | | | | | | | | |
| 4 | | | | | | | | | |
| 5 | | | | | | | | | |
| 6 | | | | | | | | | |
| 7 | | | | | | | | | |
| 8 | | | | | | | | | |
| 9 | | | | | | | | | |
| 10 | | | | | | | | | |
| 11 | | | | | | | | | |
| 12 | | | | | | | | | |

| | | | | | | | | | | | | | | | |
|---|---|---|---|---|---|---|---|---|---|---|---|---|---|---|---|
| 13 | | | | | | | | | | | | | | | |
| 14 | | | | | | | | | | | | | | | |
| 15 | | | | | | | | | | | | | | | |
| 16 | | | | | | | | | | | | | | | |

说明：1. 专业代码以《普通高等学校本科专业目录（1998年颁布）》中的专业代码为准。
2. 备案时间是指校本部专业正式在教育部备案的时间。
3. 实验、实训设备是指单价在1 000元以上的仪器设备。

# 调查问卷(教师专用)

尊敬的老师:

您好,这是一份关于"我国独立学院核心竞争力的培育研究"的调查问卷,问卷结果仅作为撰写学位论文及课题研究之用,对于您的回答将严格保密,谢谢您的配合!

| 基 本 信 息 | | |
|---|---|---|
| 您目前工作的独立学院是 | | |
| 您的年龄是 | A. 40 岁以下　　　　　　B. 41 岁以上 | |
| 您的最高学历是 | A. 大专　　B. 学士　　C. 硕士　　D. 博士 | |
| 您目前的职称是 | A. 教授　　B. 副教授　　C. 讲师　　D. 助教 | |
| 您是_____教师 | A. 专职　　B. 兼职 | |
| 您是否有教师资格证书 | A. 是　　　B. 否 | |
| 如果您是专职教师,您来此学院工作的主要原因是 | A. 学历要求低　　　　　　B. 薪酬待遇好<br>C. 用人机制灵活　　　　　D. 没找到其他工作<br>E. 其他 | |
| 您在此学院的收入水平属于(元/月) | A. 1 000～2 000　　　　B. 2 001～3 500<br>C. 3 501～5 000　　　　D. 5 000 以上 | |
| 其他信息(备注:以下信息可多选) | | |
| 您是否愿意在此学院长期工作 | A. 很愿意　　　　　　　　B. 愿意<br>C. 不太愿意　　　　　　　D. 很不愿意 | |
| 您对学院的发展前景 | A. 充满信心　　B. 信心不足　　C. 没信心 | |
| 您认为工作压力 | A. 大　　　　　B. 合适　　　　C. 没压力 | |
| 您觉得压力来自 | A. 工作量　　　B. 各种考评　　C. 工作的稳定性<br>D. 科学研究　　E. 个人发展　　F. 职称评定 | |
| 您的身心健康状况如何 | A. 健康　　　　B. 亚健康　　　C. 不健康 | |
| 您认为目前贵校学生的学习状况 | A. 很好　　B. 较好　　C. 较差　　D. 很差 | |

(续表)

| 其他信息(备注:以下信息可多选) | |
|---|---|
| 您认为学习风气好或差的主要原因在于 | A. 学校管理的问题　　B. 教师的师德师风<br>C. 学生自身的问题　　D. 其他 |
| 您认为贵校学生学风最主要的问题是 | A. 缺乏学习动力,厌学<br>B. 为考试而学<br>C. 学习意识不强,迟到、旷课现象严重<br>D. 上课不专心听讲,课后不能独立完成作业<br>E. 安于现状,进取心不强 |
| 您所任课程学生出勤率一般为 | A. ≥90%　　　　　　　B. 80%～89%<br>C. 70%～79%　　　　 D. 70%以下 |
| 您所任课程学生到课后的听课率一般为 | A. ≥90%　　　　　　　B. 80%～89%<br>C. 70%～79%　　　　 D. 70%以下 |

1. 您对贵校目前的校园人文环境的满意程度为(　　)。

    A. 非常满意　　　B. 满意　　　　C. 基本满意　　　D. 不满意

2. 您对您目前办公环境的满意程度为(　　)。

    A. 非常满意　　　B. 满意　　　　C. 基本满意　　　D. 不满意

3. 您对您目前收入水平的满意程度为(　　)。

    A. 非常满意　　　B. 满意　　　　C. 基本满意　　　D. 不满意

4. 您对贵校目前的医疗养老等社会保障制度的满意程度为(　　)。

    A. 非常满意　　　B. 满意　　　　C. 基本满意　　　D. 不满意

5. 您对您工作挑战性程度的满意度为(　　)。

    A. 非常满意　　　B. 满意　　　　C. 基本满意　　　D. 不满意

6. 您对贵校科研政策及教学实施的满意程度为(　　)。

    A. 非常满意　　　B. 满意　　　　C. 基本满意　　　D. 不满意

7. 您对贵校教师在职培训政策及实施的满意程度为(　　)。

    A. 非常满意　　　B. 满意　　　　C. 基本满意　　　D. 不满意

8. 您对贵校职称评聘工作的满意程度为(　　)。

    A. 非常满意　　　B. 满意　　　　C. 基本满意　　　D. 不满意

9. 您对贵校有关教师的各种考核工作的满意程度为(　　)。

    A. 非常满意　　　B. 满意　　　　C. 基本满意　　　D. 不满意

10. 您对贵校教师参与学院或学校决策管理程度的满意程度为(　　)。
　　　A. 非常满意　　　B. 满意　　　　C. 基本满意　　　D. 不满意
11. 您对贵校行政管理工作的满意程度为(　　)。
　　　A. 非常满意　　　B. 满意　　　　C. 基本满意　　　D. 不满意
12. 您对您与同事之间关系的满意程度为(　　)。
　　　A. 非常满意　　　B. 满意　　　　C. 基本满意　　　D. 不满意
13. 您对您与领导之间关系的满意程度为(　　)。
　　　A. 非常满意　　　B. 满意　　　　C. 基本满意　　　D. 不满意
14. 您对贵校的教学水平的满意度为(　　)。
　　　A. 非常满意　　　B. 满意　　　　C. 基本满意　　　D. 不满意
15. 您对贵校的专业设置和学科建设的满意度为(　　)。
　　　A. 非常满意　　　B. 满意　　　　C. 基本满意　　　D. 不满意
16. 您对贵校的社会声誉满意度为(　　)。
　　　A. 非常满意　　　B. 满意　　　　C. 基本满意　　　D. 不满意
17. 您的学生对您工作支持和配合的满意程度为(　　)。
　　　A. 非常满意　　　B. 满意　　　　C. 基本满意　　　D. 不满意
18. 您对您的学生的学习态度及学习氛围的满意度为(　　)。
　　　A. 非常满意　　　B. 满意　　　　C. 基本满意　　　D. 不满意
19. 您对我国独立学院学生的评价:
　　(1) 爱国热情(　　)。
　　　　A. 强　　B. 较强　　C. 一般　　D. 较弱　　E. 很弱
　　(2) 团结协作精神(　　)。
　　　　A. 强　　B. 较强　　C. 一般　　D. 较弱　　E. 很弱
　　(3) 法制纪律观念(　　)。
　　　　A. 强　　B. 较强　　C. 一般　　D. 较弱　　E. 很弱
　　(4) 艰苦奋斗精神(　　)。
　　　　A. 强　　B. 较强　　C. 一般　　D. 较弱　　E. 很弱
　　(5) 心理素质(　　)。
　　　　A. 强　　B. 较强　　C. 一般　　D. 较弱　　E. 很弱

(6) 诚信意识(　　)。

  A. 强  B. 较强  C. 一般  D. 较弱  E. 很弱

(7) 社会责任感(　　)。

  A. 强  B. 较强  C. 一般  D. 较弱  E. 很弱

(8) 创新精神(　　)。

  A. 强  B. 较强  C. 一般  D. 较弱  E. 很弱

(9) 实干精神(　　)。

  A. 强  B. 较强  C. 一般  D. 较弱  E. 很弱

(10) 奉献精神(　　)。

  A. 强  B. 较强  C. 一般  D. 较弱  E. 很弱

(11) 集体观念(　　)。

  A. 强  B. 较强  C. 一般  D. 较弱  E. 很弱

(12) 文明素质(　　)。

  A. 强  B. 较强  C. 一般  D. 较弱  E. 很弱

(13) 理想信念(　　)。

  A. 强  B. 较强  C. 一般  D. 较弱  E. 很弱

# 调查问卷(学生专用)

亲爱的同学:

您好,这是一份关于"我国独立学院核心竞争力的培育研究"的调查问卷,问卷结果仅作为撰写学位论文及课题研究之用,对于您的回答将严格保密,谢谢您的配合!

| 基 本 信 息 | | |
|---|---|---|
| 你目前就读的独立学院是 | | |
| 你的性别是:____;你是____的学生 | (男生 女生)<br>A. 大一　　B. 大二　　C. 大三　　D. 大四 | |
| 你的学习成绩 | A. 前30%　　　　　　B. 30%～70%<br>C. 后30% | |
| 你是 | A. 学生干部　　　　　B. 非学生干部 | |
| 你选择独立学院的原因 | A. 不能上二本,又不想复读<br>B. 试试看,不满意再回去复读<br>C. 很喜欢,是你心目中理想的高校<br>D. 父母的意愿<br>E. 其他 | |
| 其他信息(备注:以下信息可多选) | | |
| 你用于学习的课余时间占 | A. 80%以上　　　　　B. 50%～80%<br>C. 30%～50%　　　　D. 30%以下 | |
| 你去图书馆的频率(每周) | A. 3次以上　　　　　B. 1～3次<br>C. 经常去但不固定　　D. 几乎不去 | |
| 你对学院的发展前景 | A. 充满信心　B. 信心不足　C. 没信心 | |
| 你对你的就业前景 | A. 乐观　　　B. 还行　　　C. 不乐观 | |
| 你对大学生活是 | A. 有明确的目标 B. 目标不明确 C. 没有目标 | |
| 你认为目前独立学院存在的最大问题是 | A. 教学质量　　B. 师资力量　　C. 学院的管理<br>D. 硬件设施　　E. 学生的就业前景<br>F. 学习氛围　　G. 学生的整体素质<br>H. 学院的社会认可度<br>I. 文凭的含金量 | |

(续表)

| 其他信息(备注:以下信息可多选) | | |
|---|---|---|
| 你的压力主要来自 | A. 学习　　B. 就业　　C. 人际关系<br>D. 情感　　E. 经济 | |
| 大学四年的预计花费 | A. 10万元以上　　B. 8万~10万元<br>C. 6万~8万元　　D. 6万元以下 | |
| 大学四年开支的家庭承受力如何 | A. 家庭可以承受　　B. 家庭勉强承受<br>C. 家庭根本不能承受 | |
| 你做课外兼职吗 | A. 做　　B. 不做 | |
| 你做兼职的主要目的 | A. 为家庭减轻经济负担　　B. 锻炼个人能力<br>C. 让自己过得更好　　D. 别人去做,我也去<br>E. 其他 | |
| 您认为目前贵校学生的学习状况 | A. 很好　　B. 较好　　C. 较差　　D. 很差 | |
| 您认为学习风气好或差的主要原因在于 | A. 学校管理的问题　　B. 教师的师德师风<br>C. 学生自身的问题　　D. 其他 | |
| 您认为贵校学生学风最主要的问题是 | A. 缺乏学习动力,厌学<br>B. 为考试而学<br>C. 学习意识不强,迟到、旷课现象严重<br>D. 上课不专心听讲,课后不能独立完成作业<br>E. 安于现状,进取心不强 | |

1. 你对贵校的教学管理的满意度为(　　)。

    A. 非常满意　　　B. 满意　　　C. 基本满意

    D. 不满意　　　E. 无所谓

2. 你对贵校的学生管理的满意度为(　　)。

    A. 非常满意　　　B. 满意　　　C. 基本满意

    D. 不满意　　　E. 无所谓

3. 你对贵校的后勤管理的满意度为(　　)。

    A. 非常满意　　　B. 满意　　　C. 基本满意

    D. 不满意　　　E. 无所谓

4. 你对贵校学习氛围的满意度为(　　)。

    A. 非常满意　　　B. 满意　　　C. 基本满意

D. 不满意　　　　　E. 无所谓

5. 你对贵校的整体教学水平的满意度为(　　)。
   A. 非常满意　　　　B. 满意　　　　　C. 基本满意
   D. 不满意　　　　　E. 无所谓

6. 你对教师教学方法的满意度为(　　)。
   A. 非常满意　　　　B. 满意　　　　　C. 基本满意
   D. 不满意　　　　　E. 无所谓

7. 你对教师的责任心、学历层次、职称结构的满意度为(　　)。
   A. 非常满意　　　　B. 满意　　　　　C. 基本满意
   D. 不满意　　　　　E. 无所谓

8. 你对校领导的满意度为(　　)。
   A. 非常满意　　　　B. 满意　　　　　C. 基本满意
   D. 不满意　　　　　E. 无所谓

9. 你对学科建设、专业设置的满意度为(　　)。
   A. 非常满意　　　　B. 满意　　　　　C. 基本满意
   D. 不满意　　　　　E. 无所谓

10. 你对贵校的专业实习的满意度为(　　)。
    A. 非常满意　　　　B. 满意　　　　　C. 基本满意
    D. 不满意　　　　　E. 无所谓

11. 你对贵校的就业指导的满意度为(　　)。
    A. 非常满意　　　　B. 满意　　　　　C. 基本满意
    D. 不满意　　　　　E. 无所谓

12. 你对贵校的校园文化的满意度为(　　)。
    A. 非常满意　　　　B. 满意　　　　　C. 基本满意
    D. 不满意　　　　　E. 无所谓

13. 你对贫困生资助的满意度为(　　)。
    A. 非常满意　　　　B. 满意　　　　　C. 基本满意
    D. 不满意　　　　　E. 无所谓

14. 你对心理援助机制的满意度为(　　)。

A. 非常满意　　　　B. 满意　　　　　　C. 基本满意

D. 不满意　　　　　E. 无所谓

15. 你对评优、评奖、入党等评选机制的满意度为(　　　)。

    A. 非常满意　　　　B. 满意　　　　　　C. 基本满意

    D. 不满意　　　　　E. 无所谓

16. 你对贵校开展的课外活动的满意度为(　　　)。

    A. 非常满意　　　　B. 满意　　　　　　C. 基本满意

    D. 不满意　　　　　E. 无所谓

17. 你对你的时间管理的满意度为(　　　)。

    A. 非常满意　　　　B. 满意　　　　　　C. 基本满意

    D. 不满意　　　　　E. 无所谓

18. 你对自己的学习成绩的满意度为(　　　)。

    A. 非常满意　　　　B. 满意　　　　　　C. 基本满意

    D. 不满意　　　　　E. 无所谓

19. 你对大学生活整体的满意度为(　　　)。

    A. 非常满意　　　　B. 满意　　　　　　C. 基本满意

    D. 不满意　　　　　E. 无所谓

20. 你对我国独立学院学生的评价：

    (1) 爱国热情(　　　)。

        A. 强　　B. 较强　　C. 一般　　D. 较弱　　E. 很弱

    (2) 团结协作精神(　　　)。

        A. 强　　B. 较强　　C. 一般　　D. 较弱　　E. 很弱

    (3) 法制纪律观念(　　　)。

        A. 强　　B. 较强　　C. 一般　　D. 较弱　　E. 很弱

    (4) 艰苦奋斗精神(　　　)。

        A. 强　　B. 较强　　C. 一般　　D. 较弱　　E. 很弱

    (5) 心理素质(　　　)。

        A. 强　　B. 较强　　C. 一般　　D. 较弱　　E. 很弱

    (6) 诚信意识(　　　)。

    A. 强  B. 较强  C. 一般  D. 较弱  E. 很弱

（7）社会责任感（  ）。

    A. 强  B. 较强  C. 一般  D. 较弱  E. 很弱

（8）创新精神（  ）。

    A. 强  B. 较强  C. 一般  D. 较弱  E. 很弱

（9）实干精神（  ）。

    A. 强  B. 较强  C. 一般  D. 较弱  E. 很弱

（10）奉献精神（  ）。

    A. 强  B. 较强  C. 一般  D. 较弱  E. 很弱

（11）集体观念（  ）。

    A. 强  B. 较强  C. 一般  D. 较弱  E. 很弱

（12）文明素质（  ）。

    A. 强  B. 较强  C. 一般  D. 较弱  E. 很弱

（13）理想信念（  ）。

    A. 强  B. 较强  C. 一般  D. 较弱  E. 很弱

## 调查问卷（管理者专用）

尊敬的领导：

  您好，这是一份关于"我国独立学院核心竞争力的培育研究"的调查问卷，问卷结果仅作为撰写学位论文及课题研究之用，对于您的回答将严格保密，谢谢您的配合！

| 基 本 信 息 | | |
| --- | --- | --- |
| 你目前任职的独立学院是 | | |
| 您的年龄是 | A. 40岁以下 | B. 41岁以上 |
| 您的最高学历是 | A. 大专<br>C. 硕士研究生 | B. 本科<br>D. 博士研究生 |

(续表)

| 基 本 信 息 | | |
|---|---|---|
| 您的职称是 | A. 教授　　　　　　　　B. 副教授<br>C. 讲师　　　　　　　　D. 助教 | |
| 您是＿＿＿＿ | A. 董事长<br>B. 院长、副院长<br>C. 系主任、副主任<br>D. 部门总监、主任、副主任<br>E. 股东 | |
| 您在此独立学院工作的年限是 | A. 1年以下　　　　　　B. 1～3年<br>C. 3～5年　　　　　　　D. 5年以上 | |
| 您受聘的方式是 | A. 母体学院委派　　　　B. 退休返聘<br>C. 社会公开招聘　　　　D. 独立学院自己培养<br>E. 董事会委派 | |
| 您的年薪是 | A. 10万元以上　　　　　B. 5万～10万元<br>C. 5万元以下 | |

1. 您对独立学院的未来(　　)。

    A. 充满信心　　　　B. 信心不足　　　　C. 没信心

2. 您认为社会对独立学院的认可度(　　)。

    A. 非常好　　　　B. 一般,但越来越好　　　　C. 不理想

3. 您认为目前制约我国独立学院进一步发展的主要问题有(　　)。

    A. 国家宏观政策　　　　　　B. 资金

    C. 生源　　　　　　　　　　D. 教学及管理水平

    E. 人力资本　　　　　　　　F. 区域经济的整体发展状况

    G. 独立学院的社会认可度　　H. 校园文化

    请补充＿＿＿＿

4. 您认为国家对独立学院的宏观政策还应该在(　　)方面加大扶持力度。

    A. 资金支持　　　　　　　　B. 土地划拨政策支持

    C. 解决师资问题　　　　　　D. 生源支持

    请补充＿＿＿＿

5. 对我国各独立学院的财务困难您认为主要的原因有(　　)。

A. 创业初期,困难是暂时的

B. 母体院校抽走的股利加重了财务困难

C. 教育成本逐年走高

D. 生源不足

E. 投资商急于回报

请补充_____

6. 您认为我国独立学院的办学特色体现在( )。

A. 人才培养　　　　　　　B. 学科设置

C. 课外综合素质的培养　　D. 教学及学生管理

E. 没形成特色

请补充_____

7. 您认为我国独立学院的办学定位是( )。

A. 培养研究型的国际化人才

B. 培养应用型的为区域经济服务的人才

C. 培养职业精英

D. 培养基层管理及技术人才

8. 您认为制约教学水平进一步提高的关键因素有( )。

A. 校风、学风

B. 教师素质及师资的稳定性

C. 学生素质及学习态度

D. 领导的重视及学院的整体管理水平

E. 学校政策的稳定性

请补充_____

9. 您认为我国独立学院师资存在的突出问题有( )。

A. 师生比例失调,专职教师不足

B. 专职教师职称结构、年龄结构不合理

C. 学历层次有待提高

D. 教师对学院的忠诚度不高

E. 教师素质有待提高

F. 教师责任心不强

请补充_____

10. 您认为影响师资稳定性的主要原因有(　　)。

　　A. 能提供的个人成长空间及机会有限

　　B. 机制不健全,人事及政策变动太频繁

　　C. 福利待遇没有吸引力

　　E. 工作压力太大

　　F. 对人才要求太高

请补充_____

11. 您认为促使我国独立学院形成核心竞争力的关键因素有(　　)。

　　A. 办学定位　　　　　　B. 机制优势

　　C. 人才培养的质量　　　D. 人力资本

　　E. 把握市场的能力及与市场对接的人才培养方案

　　F. 校园文化

请补充_____

12. 请预测我国独立学院形成核心竞争力的时间为(　　)。

　　A. 1～5年后　　　　　　B. 5～10年后

　　C. 10～15年后　　　　　D. 不好预测

13. 您认为目前我国独立学院的弱势有(　　)。

　　A. 科研　　　　　　　　B. 校园文化建设

　　C. 师资力量　　　　　　D. 管理水平

　　E. 教学质量

14. 您认为国家对独立学院与公办高校在宏观政策上还存在的不公平有(　　)。

　　A. 资金及土地划拨政策　　B. 招生、就业政策

　　C. 员工福利待遇　　　　　D. 融资政策

15. 您认为摆在独立学院面前的主要矛盾有(　　)。

　　A. 教育的营利性与公益性的矛盾

　　B. 学生数量与教学质量的矛盾

C. 规范与效益的矛盾

D. 教育成本增长幅度与收费标准增长幅度的矛盾

16. 您认为《独立学院设置与管理办法》(教育部第 26 号令)下达后对独立学院的影响有(　　)。

A. 独立学院真正独立了

B. 有利于独立学院的发展,有利于公平竞争

C. 管理将更加规范化

D. 文凭含金量会降低

E. 招生会受较大影响

# 附录2　中华人民共和国教育部令第 26 号

2008 年 2 月 22 日

《独立学院设置与管理办法》已于 2008 年 2 月 4 日经教育部部务会议审议通过,现予发布,自 2008 年 4 月 1 日起施行。

教育部部长　周　济
二〇〇八年二月二十二日

## 独立学院设置与管理办法

### 第一章　总　　则

**第一条**　为了规范普通高等学校与社会组织或者个人合作举办独立学院活动,维护受教育者和独立学院的合法权益,促进高等教育事业健康发展,根据高等教育法、民办教育促进法、民办教育促进法实施条例,制定本办法。

**第二条**　本办法所称独立学院,是指实施本科以上学历教育的普通高等学校与国家机构以外的社会组织或者个人合作,利用非国家财政性经费举办的实施本科学历教育的高等学校。

**第三条**　独立学院是民办高等教育的重要组成部分,属于公益性事业。

设立独立学院,应当符合国家和地方高等教育发展规划。

**第四条**　独立学院及其举办者应当遵守法律、法规、规章和国家有关规定,贯彻国家的教育方针,坚持社会主义办学方向和教育公益性原则。

**第五条**　国家保障独立学院及其举办者的合法权益。

独立学院依法享有民办教育促进法、民办教育促进法实施条例规定的各项奖励与扶持政策。

**第六条** 国务院教育行政部门负责全国独立学院的统筹规划、综合协调和宏观管理。

省、自治区、直辖市人民政府教育行政部门（以下简称省级教育行政部门）主管本行政区域内的独立学院工作，依法履行下列职责：

（一）独立学院办学许可证的管理；

（二）独立学院招生简章和广告备案的审查；

（三）独立学院相关信息的发布；

（四）独立学院的年度检查；

（五）独立学院的表彰奖励；

（六）独立学院违法违规行为的查处；

（七）法律法规规定的其他职责。

## 第二章 设　　立

**第七条** 参与举办独立学院的普通高等学校须具有较高的教学水平和管理水平，较好的办学条件，一般应具有博士学位授予权。

**第八条** 参与举办独立学院的社会组织，应当具有法人资格。注册资金不低于 5 000 万元，总资产不少于 3 亿元，净资产不少于 1.2 亿元，资产负债率低于 60%。

参与举办独立学院的个人，应当具有政治权利和完全民事行为能力。个人总资产不低于 3 亿元，其中货币资金不少于 1.2 亿元。

**第九条** 独立学院的设置标准参照普通本科高等学校的设置标准执行。

独立学院应当具备法人条件。

**第十条** 参与举办独立学院的普通高等学校与社会组织或者个人，应当签订合作办学协议。

合作办学协议应当包括办学宗旨、培养目标、出资数额和方式、各方权利义务、合作期限、争议解决办法等内容。

**第十一条** 普通高等学校主要利用学校名称、知识产权、管理资源、教育教学资源等参与办学。社会组织或者个人主要利用资金、实物、土地使用权等参与办学。

国家的资助、向学生收取的学费和独立学院的借款、接受的捐赠财产,不属于独立学院举办者的出资。

**第十二条** 独立学院举办者的出资须经依法验资,于筹设期内过户到独立学院名下。

本办法施行前资产未过户到独立学院名下的,自本办法施行之日起1年内完成过户工作。

**第十三条** 普通高等学校投入办学的无形资产,应当依法作价。无形资产的作价,应当委托具有资产评估资质的评估机构进行评估;无形资产占办学总投入的比例,由合作办学双方按照国家法律、行政法规的有关规定予以约定,并依法办理有关手续。

**第十四条** 独立学院举办者应当依法按时、足额履行出资义务。独立学院存续期间,举办者不得抽逃办学资金,不得挪用办学经费。

**第十五条** 符合条件的普通高等学校一般只可以参与举办1所独立学院。

**第十六条** 设立独立学院,分筹设和正式设立两个阶段。筹设期1年至3年,筹设期内不得招生。筹设期满未申请正式设立的,自然终止筹设。

**第十七条** 设立独立学院由参与举办独立学院的普通高等学校向拟设立的独立学院所在地的省级教育行政部门提出申请,按照普通本科高等学校设置程序,报国务院教育行政部门审批。

**第十八条** 申请筹设独立学院,须提交下列材料:

(一)筹设申请书。内容包括:举办者、拟设立独立学院的名称、培养目标、办学规模、办学条件、内部管理体制、经费筹措与管理使用等。

(二)合作办学协议。

(三)普通高等学校的基本办学条件,专业设置、学科建设情况,在校学生、专任教师及管理人员状况,本科教学水平评估情况,博士点设置情况。

(四)社会组织或者个人的法人登记证书或者个人身份证明材料。

(五)资产来源、资金数额及有效证明文件,并载明产权。其中包括不少于500亩的国有土地使用证或国有土地建设用地规划许可证。

（六）普通高等学校主管部门审核同意的意见。

第十九条　申请筹设独立学院的,审批机关应当按照民办教育促进法规定的期限,作出是否批准的决定。批准的,发给筹设批准书;不批准的,应当说明理由。

第二十条　完成筹设申请正式设立的,应当提交下列材料:

（一）正式设立申请书;

（二）筹设批准书;

（三）筹设情况报告;

（四）独立学院章程,理事会或董事会组成人员名单;

（五）独立学院资产的有效证明文件;

（六）独立学院院长、教师、财会人员的资格证明文件;

（七）省级教育行政部门组织的专家评审意见。

第二十一条　独立学院的章程应当规定下列主要事项:

（一）独立学院的名称、地址;

（二）办学宗旨、规模等;

（三）独立学院资产的数额、来源、性质以及财务制度;

（四）出资人是否要求取得合理回报;

（五）理事会或者董事会的产生方法、人员构成、权限、任期、议事规则等;

（六）法定代表人的产生和罢免程序;

（七）独立学院自行终止的事由;

（八）章程修改程序。

第二十二条　独立学院的名称前冠以参与举办的普通高等学校的名称,不得使用普通高等学校内设院系和学科的名称。

第二十三条　申请正式设立独立学院,审批机关应当按照民办教育促进法规定的期限,作出是否批准的决定。批准的,发给办学许可证;不批准的,应当说明理由。

依法设立的独立学院,应当按照国家有关规定办理法人登记。

第二十四条　国务院教育行政部门受理申请筹设和正式设立独立学院的时间为每年第三季度。省级教育行政部门应当在每年9月30日前完成审核工作并提出申请。

审批机关审批独立学院,应当组织专家评议。专家评议的时间,不计算在审批期限内。

## 第三章 组织与活动

**第二十五条** 独立学院设立理事会或者董事会,作为独立学院的决策机构。理事会或者董事会由参与举办独立学院的普通高等学校代表、社会组织或者个人代表、独立学院院长、教职工代表等人员组成。理事会或者董事会中,普通高等学校的代表不得少于五分之二。

理事会或者董事会由 5 人以上组成,设理事长或者董事长 1 人。理事长、理事或者董事长、董事名单报审批机关备案。

**第二十六条** 独立学院的理事会或者董事会每年至少召开 2 次会议。经三分之一以上组成人员提议,可以召开理事会或者董事会临时会议。

理事会或者董事会会议应由二分之一以上的理事或者董事出席方可举行。

**第二十七条** 独立学院理事会或者董事会应当对所议事项形成记录,出席会议的理事或者董事和记录员应当在记录上签名。

**第二十八条** 独立学院理事会或者董事会会议作出决议,须经全体理事或者董事的过半数通过。但是讨论下列重大事项,须经理事会或者董事会三分之二以上组成人员同意方可通过:

(一)聘任、解聘独立学院院长;

(二)修改独立学院章程;

(三)制定发展规划;

(四)审核预算、决算;

(五)决定独立学院的合并、终止;

(六)独立学院章程规定的其他重大事项。

**第二十九条** 独立学院院长应当具备国家规定的任职条件,年龄不超过 70 岁,由参与举办独立学院的普通高等学校优先推荐,理事会或者董事会聘任,并报审批机关核准。

独立学院院长负责独立学院的教育教学和行政管理工作。

**第三十条** 独立学院应当按照办学许可证核定的名称、办学地址和办学范围组织开展教育教学活动。不得设立分支机构。不得出租、出借办学许可证。

**第三十一条** 独立学院必须根据有关规定,建立健全中国共产党和中国共产主义青年团的基层组织。独立学院党组织应当发挥政治核心作用,独立学院团组织应当发挥团结教育学生的重要作用。

独立学院应当建立教职工代表大会制度,保障教职工参与民主管理和监督。

**第三十二条** 独立学院的法定代表人为学校安全稳定工作第一责任人。独立学院应当建立健全安全稳定工作机制,建立学校安全保卫工作队伍。落实各项维护安全稳定措施,开展校园及周边治安综合治理,维护校园安全和教学秩序。

参与举办独立学院的普通高等学校应当根据独立学院的实际情况,积极采取措施,做好安全稳定工作。

**第三十三条** 独立学院应当按照国家核定的招生规模和国家有关规定招收学生,完善学籍管理制度,做好家庭经济困难学生的资助工作。

**第三十四条** 独立学院应当按照国家有关规定建立学生管理队伍。按不低于1∶200的师生比配备辅导员,每个班级配备1名班主任。

**第三十五条** 独立学院应当建立健全教学管理机构,加强教学管理队伍建设。改进教学方式方法,不断提高教育质量。

**第三十六条** 独立学院应当按照国家有关规定完善教师聘用和管理制度,依法落实和保障教师的相关待遇。

**第三十七条** 独立学院应当根据核定的办学规模充实办学条件,并符合普通本科高等学校基本办学条件指标的各项要求。

**第三十八条** 独立学院对学习期满且成绩合格的学生,颁发毕业证书,并以独立学院名称具印。

独立学院按照国家有关规定申请取得学士学位授予资格,对符合条件的学生颁发独立学院的学士学位证书。

**第三十九条** 独立学院应当按照国家有关规定建立财务、会计制度和资产管理制度。

独立学院资产中的国有资产的监督、管理,按照国家有关规定执行。独立学院接受的捐赠财产的使用和管理,按照公益事业捐赠法的有关规定执行。

**第四十条** 独立学院使用普通高等学校的管理资源和师资、课程等教育教学资源,其相关费用应当按照双方约定或者国家有关规定,列入独立学院的办学成本。

**第四十一条** 独立学院收费项目和标准的确定,按照国家有关规定执行,并在招生简章和广告中载明。

**第四十二条** 独立学院存续期间,所有资产由独立学院依法管理和使用,任何组织和个人不得侵占。

**第四十三条** 独立学院在扣除办学成本、预留发展基金以及按照国家有关规定提取其他必需的费用后,出资人可以从办学结余中取得合理回报。

出资人取得合理回报的标准和程序,按照民办教育促进法实施条例和国家有关规定执行。

## 第四章 管理与监督

**第四十四条** 教育行政部门应当加强对独立学院教育教学工作、教师培训工作的指导。

参与举办独立学院的普通高等学校,应当按照合作办学协议和国家有关规定,对独立学院的教学和管理工作予以指导,完善独立学院教学水平的监测和评估体系。

**第四十五条** 独立学院的招生简章和广告的样本,应当及时报省级教育行政部门备案。

未经备案的招生简章和广告,不得发布。

**第四十六条** 省级教育行政部门应当按照国家有关规定,加强对独立学院的督导和年检工作,对独立学院的办学质量进行监控。

**第四十七条** 独立学院资产的使用和财务管理受审批机关和其他有关部门的监督。

独立学院应当在每个会计年度结束时制作财务会计报告,委托会计师事务所依法进行审计,并公布审计结果。

## 第五章　变更与终止

**第四十八条**　独立学院变更举办者,须由举办者提出,在进行财务清算后,经独立学院理事会或者董事会同意,报审批机关核准。

独立学院变更地址,应当报审批机关核准。

**第四十九条**　独立学院变更名称,应当报审批机关批准。

**第五十条**　独立学院有下述情形之一的,应当终止:

(一)根据独立学院章程规定要求终止,并经审批机关批准的;

(二)资不抵债无法继续办学的;

(三)被吊销办学许可证的。

**第五十一条**　独立学院终止时,在妥善安置在校学生后,按照民办教育促进法的有关规定进行财务清算和财产清偿。

独立学院举办者未履行出资义务或者抽逃、挪用办学资金造成独立学院资不抵债无法继续办学的,除依法承担相应的法律责任外,须提供在校学生的后续教育经费。

**第五十二条**　独立学院终止时仍未毕业的在校学生由参与举办的普通高等学校托管。对学习期满且成绩合格的学生,发给独立学院的毕业证书;符合学位授予条件的,授予独立学院的学士学位证书。

**第五十三条**　终止的独立学院,除被依法吊销办学许可证外,按照国家有关规定收回其办学许可证、印章,注销登记。

## 第六章　法律责任

**第五十四条**　审批机关及其工作人员,利用职务上的便利收取他人财物或者获取其他利益,滥用职权、玩忽职守,对不符合本办法规定条件者颁发办学许可证,或者发现违法行为不予以查处,情节严重的,对直接负责的主管人员和其他直接人员,依法给予行政处分;构成犯罪的,依法追究刑事责任。

**第五十五条**　独立学院举办者虚假出资或者在独立学院设立后抽逃资金、挪用办学经费的,由省级教育行政部门会同有关部门责令限期改正,并按照民办教育促进法的有关规定给予处罚。

**第五十六条** 独立学院有下列情形之一的,由省级教育行政部门责令限期改正,并视情节轻重,给予警告、处以 1 万元至 3 万元的罚款、减少招生计划或者暂停招生的处罚:

(一)独立学院资产不按期过户的;

(二)发布未经备案的招生简章或广告的;

(三)年检不合格的;

(四)违反国家招生计划擅自招收学生的。

**第五十七条** 独立学院违反民办教育促进法以及其他法律法规规定的,由省级教育行政部门或者会同有关部门给予处罚。

## 第七章 附 则

**第五十八条** 本办法施行前设立的独立学院,按照本办法的规定进行调整,充实办学条件,完成有关工作。本办法施行之日起 5 年内,基本符合本办法要求的,由独立学院提出考察验收申请,经省级教育行政部门审核后报国务院教育行政部门组织考察验收,考察验收合格的,核发办学许可证。

**第五十九条** 本办法自 2008 年 4 月 1 日起施行。此前国务院教育行政部门发布的有关独立学院设置与管理的文件与本办法不一致的,以本办法为准。

# 附录3　国务院关于加快发展现代职业教育的决定

国发〔2014〕19号

各省、自治区、直辖市人民政府,国务院各部委、各直属机构:

近年来,我国职业教育事业快速发展,体系建设稳步推进,培养培训了大批中高级技能型人才,为提高劳动者素质、推动经济社会发展和促进就业作出了重要贡献。同时也要看到,当前职业教育还不能完全适应经济社会发展的需要,结构不尽合理,质量有待提高,办学条件薄弱,体制机制不畅。加快发展现代职业教育,是党中央、国务院作出的重大战略部署,对于深入实施创新驱动发展战略,创造更大人才红利,加快转方式、调结构、促升级具有十分重要的意义。现就加快发展现代职业教育作出以下决定。

## 一、总体要求

(一)指导思想。以邓小平理论、"三个代表"重要思想、科学发展观为指导,坚持以立德树人为根本,以服务发展为宗旨,以促进就业为导向,适应技术进步和生产方式变革以及社会公共服务的需要,深化体制机制改革,统筹发挥好政府和市场的作用,加快现代职业教育体系建设,深化产教融合、校企合作,培养数以亿计的高素质劳动者和技术技能人才。

(二)基本原则。

——政府推动、市场引导。发挥好政府保基本、促公平作用,着力营造制度环境、制定发展规划、改善基本办学条件、加强规范管理和监督指导等。充分发挥市场机制作用,引导社会力量参与办学,扩大优质教育资源,激发学校发展活力,促进职业教育与社会需求紧密对接。

——加强统筹、分类指导。牢固确立职业教育在国家人才培养体系中的重要位置,统筹发展各级各类职业教育,坚持学校教育和职业培训并举。强化省级人民政府统筹和部门协调配合,加强行业部门对本部门、本行业职业教育的指导。推动公办与民办职业教育共同发展。

——服务需求、就业导向。服务经济社会发展和人的全面发展,推动专业设置与产业需求对接,课程内容与职业标准对接,教学过程与生产过程对接,毕业证书与职业资格证书对接,职业教育与终身学习对接。重点提高青年就业能力。

——产教融合、特色办学。同步规划职业教育与经济社会发展,协调推进人力资源开发与技术进步,推动教育教学改革与产业转型升级衔接配套。突出职业院校办学特色,强化校企协同育人。

——系统培养、多样成才。推进中等和高等职业教育紧密衔接,发挥中等职业教育在发展现代职业教育中的基础性作用,发挥高等职业教育在优化高等教育结构中的重要作用。加强职业教育与普通教育沟通,为学生多样化选择、多路径成才搭建"立交桥"。

(三)目标任务。到2020年,形成适应发展需求、产教深度融合、中职高职衔接、职业教育与普通教育相互沟通,体现终身教育理念,具有中国特色、世界水平的现代职业教育体系。

——结构规模更加合理。总体保持中等职业学校和普通高中招生规模大体相当,高等职业教育规模占高等教育的一半以上,总体教育结构更加合理。到2020年,中等职业教育在校生达到2 350万人,专科层次职业教育在校生达到1 480万人,接受本科层次职业教育的学生达到一定规模。从业人员继续教育达到3.5亿人次。

——院校布局和专业设置更加适应经济社会需求。调整完善职业院校区域布局,科学合理设置专业,健全专业随产业发展动态调整的机制,重点提升面向现代农业、先进制造业、现代服务业、战略性新兴产业和社会管理、生态文明建设等领域的人才培养能力。

——职业院校办学水平普遍提高。各类专业的人才培养水平大幅提升,办学条件明显改善,实训设备配置水平与技术进步要求更加适应,现代信息技术广泛应用。专兼结合的"双师型"教师队伍建设进展显著。建成一批世界一流的职业院校和骨干专业,形成具有国际竞争力的人才培养高地。

——发展环境更加优化。现代职业教育制度基本建立,政策法规更加健全,相关标准更加科学规范,监管机制更加完善。引导和鼓励社会力量参与的政策更加健全。全社会人才观念显著改善,支持和参与职业教育的氛围更加浓厚。

**二、加快构建现代职业教育体系**

(四)巩固提高中等职业教育发展水平。各地要统筹做好中等职业学校和普通高中招生工作,落实好职普招生大体相当的要求,加快普及高中阶段教育。鼓励优质学校通过兼并、托管、合作办学等形式,整合办学资源,优化中等职业教育布局结构。推进县级职教中心等中等职业学校与城市院校、科研机构对口合作,实施学历教育、技术推广、扶贫开发、劳动力转移培训和社会生活教育。在保障学生技术技能培养质量的基础上,加强文化基础教育,实现就业有能力、升学有基础。有条件的普通高中要适当增加职业技术教育内容。

(五)创新发展高等职业教育。专科高等职业院校要密切产学研合作,培养服务区域发展的技术技能人才,重点服务企业特别是中小微企业的技术研发和产品升级,加强社区教育和终身学习服务。探索发展本科层次职业教育。建立以职业需求为导向、以实践能力培养为重点、以产学结合为途径的专业学位研究生培养模式。研究建立符合职业教育特点的学位制度。原则上中等职业学校不升格为或并入高等职业院校,专科高等职业院校不升格为或并入本科高等学校,形成定位清晰、科学合理的职业教育层次结构。

(六)引导普通本科高等学校转型发展。采取试点推动、示范引领等方式,引导一批普通本科高等学校向应用技术类型高等学校转型,重点举办本科职业教育。独立学院转设为独立设置高等学校时,鼓励其定位为应用技术类型高等学校。建立高等学校分类体系,实行分类管理,加快建立分类设置、评价、指导、拨款制度。招生、投入等政策措施向应用技术类型高等学校倾斜。

(七)完善职业教育人才多样化成长渠道。健全"文化素质＋职业技能"、单独招生、综合评价招生和技能拔尖人才免试等考试招生办法,为学生接受不同层次高等职业教育提供多种机会。在学前教育、护理、健康服务、社区服务等领域,健全对初中毕业生实行中高职贯通培养的考试招生办法。适度提高专科高等职业院校招收中等职业学校毕业生的比例、本科高等学校招收职业院校毕业生的比例。逐步扩大高等职业院校招收有实践经历人员的比例。建立学分积累与转换制度,推进学习成果互认衔接。

（八）积极发展多种形式的继续教育。建立有利于全体劳动者接受职业教育和培训的灵活学习制度,服务全民学习、终身学习,推进学习型社会建设。面向未升学初高中毕业生、残疾人、失业人员等群体广泛开展职业教育和培训。推进农民继续教育工程,加强涉农专业、课程和教材建设,创新农学结合模式。推动一批县(市、区)在农村职业教育和成人教育改革发展方面发挥示范作用。利用职业院校资源广泛开展职工教育培训。重视培养军地两用人才。退役士兵接受职业教育和培训,按照国家有关规定享受优待。

### 三、激发职业教育办学活力

（九）引导支持社会力量兴办职业教育。创新民办职业教育办学模式,积极支持各类办学主体通过独资、合资、合作等多种形式举办民办职业教育;探索发展股份制、混合所有制职业院校,允许以资本、知识、技术、管理等要素参与办学并享有相应权利。探索公办和社会力量举办的职业院校相互委托管理和购买服务的机制。引导社会力量参与教学过程,共同开发课程和教材等教育资源。社会力量举办的职业院校与公办职业院校具有同等法律地位,依法享受相关教育、财税、土地、金融等政策。健全政府补贴、购买服务、助学贷款、基金奖励、捐资激励等制度,鼓励社会力量参与职业教育办学、管理和评价。

（十）健全企业参与制度。研究制定促进校企合作办学有关法规和激励政策,深化产教融合,鼓励行业和企业举办或参与举办职业教育,发挥企业重要办学主体作用。规模以上企业要有机构或人员组织实施职工教育培训、对接职业院校,设立学生实习和教师实践岗位。企业因接受实习生所实际发生的与取得收入有关的、合理的支出,按现行税收法律规定在计算应纳税所得额时扣除。多种形式支持企业建设兼具生产与教学功能的公共实训基地。对举办职业院校的企业,其办学符合职业教育发展规划要求的,各地可通过政府购买服务等方式给予支持。对职业院校自办的、以服务学生实习实训为主要目的的企业或经营活动,按照国家有关规定享受税收等优惠。支持企业通过校企合作共同培养培训人才，不断提升企业价值。企业开展职业教育的情况纳入企业社会责任报告。

（十一）加强行业指导、评价和服务。加强行业指导能力建设，分类制定行业指导政策。通过授权委托、购买服务等方式，把适宜行业组织承担的职责交给行业组织，给予政策支持并强化服务监管。行业组织要履行好发布行业人才需求、推进校企合作、参与指导教育教学、开展质量评价等职责，建立行业人力资源需求预测和就业状况定期发布制度。

（十二）完善现代职业学校制度。扩大职业院校在专业设置和调整、人事管理、教师评聘、收入分配等方面的办学自主权。职业院校要依法制定体现职业教育特色的章程和制度，完善治理结构，提升治理能力。建立学校、行业、企业、社区等共同参与的学校理事会或董事会。制定校长任职资格标准，推进校长聘任制改革和公开选拔试点。坚持和完善中等职业学校校长负责制、公办高等职业院校党委领导下的校长负责制。建立企业经营管理和技术人员与学校领导、骨干教师相互兼职制度。完善体现职业院校办学和管理特点的绩效考核内部分配机制。

（十三）鼓励多元主体组建职业教育集团。研究制定院校、行业、企业、科研机构、社会组织等共同组建职业教育集团的支持政策，发挥职业教育集团在促进教育链和产业链有机融合中的重要作用。鼓励中央企业和行业龙头企业牵头组建职业教育集团。探索组建覆盖全产业链的职业教育集团。健全联席会、董事会、理事会等治理结构和决策机制。开展多元投资主体依法共建职业教育集团的改革试点。

（十四）强化职业教育的技术技能积累作用。制定多方参与的支持政策，推动政府、学校、行业、企业联动，促进技术技能的积累与创新。推动职业院校与行业企业共建技术工艺和产品开发中心、实验实训平台、技能大师工作室等，成为国家技术技能积累与创新的重要载体。职业院校教师和学生拥有知识产权的技术开发、产品设计等成果，可依法依规在企业作价入股。

## 四、提高人才培养质量

（十五）推进人才培养模式创新。坚持校企合作、工学结合，强化教学、学习、实训相融合的教育教学活动。推行项目教学、案例教学、工作过程导向教学等教学模式。加大实习实训在教学中的比重,创新顶岗实习形式,强化以育人为目标的实习实训考核评价。健全学生实习责任保险制度。积极推进学历证书和职业资格证书"双证书"制度。开展校企联合招生、联合培养的现代学徒制试点,完善支持政策,推进校企一体化育人。开展职业技能竞赛。

(十六)建立健全课程衔接体系。适应经济发展、产业升级和技术进步需要,建立专业教学标准和职业标准联动开发机制。推进专业设置、专业课程内容与职业标准相衔接,推进中等和高等职业教育培养目标、专业设置、教学过程等方面的衔接,形成对接紧密、特色鲜明、动态调整的职业教育课程体系。全面实施素质教育,科学合理设置课程,将职业道德、人文素养教育贯穿培养全过程。

(十七)建设"双师型"教师队伍。完善教师资格标准,实施教师专业标准。健全教师专业技术职务(职称)评聘办法,探索在职业学校设置正高级教师职务(职称)。加强校长培训,实行五年一周期的教师全员培训制度。落实教师企业实践制度。政府要支持学校按照有关规定自主聘请兼职教师。完善企业工程技术人员、高技能人才到职业院校担任专兼职教师的相关政策,兼职教师任教情况应作为其业绩考核评价的重要内容。加强职业技术师范院校建设。推进高水平学校和大中型企业共建"双师型"教师培养培训基地。地方政府要比照普通高中和高等学校,根据职业教育特点核定公办职业院校教职工编制。加强职业教育科研教研队伍建设,提高科研能力和教学研究水平。

(十八)提高信息化水平。构建利用信息化手段扩大优质教育资源覆盖面的有效机制,推进职业教育资源跨区域、跨行业共建共享,逐步实现所有专业的优质数字教育资源全覆盖。支持与专业课程配套的虚拟仿真实训系统开发与应用。推广教学过程与生产过程实时互动的远程教学。加快信息化管理平台建设,加强现代信息技术应用能力培训,将现代信息技术应用能力作为教师评聘考核的重要依据。

(十九)加强国际交流与合作。完善中外合作机制,支持职业院校引进国(境)外高水平专家和优质教育资源,鼓励中外职业院校教师互派、学生互换。实施中外职业院校合作办学项目,探索和规范职业院校到国(境)外办学。推动与中国企业和产品"走出去"相配套的职业教育发展模式,注重培养符合中国企业海外生产经营需求的本土化人才。积极参与制定职业教育国际标准,开发与国际先进标准对接的专业标准和课程体系。提升全国职业院校技能大赛国际影响。

**五、提升发展保障水平**

（二十）完善经费稳定投入机制。各级人民政府要建立与办学规模和培养要求相适应的财政投入制度,地方人民政府要依法制定并落实职业院校生均经费标准或公用经费标准,改善职业院校基本办学条件。地方教育附加费用于职业教育的比例不低于30%。加大地方人民政府经费统筹力度,发挥好企业职工教育培训经费以及就业经费、扶贫和移民安置资金等各类资金在职业培训中的作用,提高资金使用效益。县级以上人民政府要建立职业教育经费绩效评价制度、审计监督公告制度、预决算公开制度。

（二十一）健全社会力量投入的激励政策。鼓励社会力量捐资、出资兴办职业教育,拓宽办学筹资渠道。通过公益性社会团体或者县级以上人民政府及其部门向职业院校进行捐赠的,其捐赠按照现行税收法律规定在税前扣除。完善财政贴息贷款等政策,健全民办职业院校融资机制。企业要依法履行职工教育培训和足额提取教育培训经费的责任,一般企业按照职工工资总额的1.5%足额提取教育培训经费,从业人员技能要求高、实训耗材多、培训任务重、经济效益较好的企业可按2.5%提取,其中用于一线职工教育培训的比例不低于60%。除国务院财政、税务主管部门另有规定外,企业发生的职工教育经费支出,不超过工资薪金总额2.5%的部分,准予扣除;超过部分,准予在以后纳税年度结转扣除。对不按规定提取和使用教育培训经费并拒不改正的企业,由县级以上地方人民政府依法收取企业应当承担的职业教育经费,统筹用于本地区的职业教育。探索利用国(境)外资金发展职业教育的途径和机制。

（二十二）加强基础能力建设。分类制定中等职业学校、高等职业院校办学标准,到2020年实现基本达标。在整合现有项目的基础上实施现代职业教育质量提升计划,推动各地建立完善以促进改革和提高绩效为导向的高等职业院校生均拨款制度,引导高等职业院校深化办学机制和教育教学改革;重点支持中等职业学校改善基本办学条件,开发优质教学资源,提高教师素质;推动建立发达地区和欠发达地区中等职业教育合作办学工作机制。继续实施中等职业教育基础能力建设项目。支持一批本科高等学校转型发展为应用技术类型高等学校。地方人民政府、相关行业部门和大型企业要切实加强所办职业院校基础能力建设,支持一批职业院校争创国际先进水平。

(二十三)完善资助政策体系。进一步健全公平公正、多元投入、规范高效的职业教育国家资助政策。逐步建立职业院校助学金覆盖面和补助标准动态调整机制,加大对农林水地矿油核等专业学生的助学力度。有计划地支持集中连片特殊困难地区内限制开发和禁止开发区初中毕业生到省(区、市)内外经济较发达地区接受职业教育。完善面向农民、农村转移劳动力、在职职工、失业人员、残疾人、退役士兵等接受职业教育和培训的资助补贴政策,积极推行以直补个人为主的支付办法。有关部门和职业院校要切实加强资金管理,严查"双重学籍""虚假学籍"等问题,确保资助资金有效使用。

(二十四)加大对农村和贫困地区职业教育支持力度。服务国家粮食安全保障体系建设,积极发展现代农业职业教育,建立公益性农民培养培训制度,大力培养新型职业农民。在人口集中和产业发展需要的贫困地区建好一批中等职业学校。国家制定奖补政策,支持东部地区职业院校扩大面向中西部地区的招生规模,深化专业建设、课程开发、资源共享、学校管理等合作。加强民族地区职业教育,改善民族地区职业院校办学条件,继续办好内地西藏、新疆中职班,建设一批民族文化传承创新示范专业点。

(二十五)健全就业和用人的保障政策。认真执行就业准入制度,对从事涉及公共安全、人身健康、生命财产安全等特殊工种的劳动者,必须从取得相应学历证书或职业培训合格证书并获得相应职业资格证书的人员中录用。支持在符合条件的职业院校设立职业技能鉴定所(站),完善职业院校合格毕业生取得相应职业资格证书的办法。各级人民政府要创造平等就业环境,消除城乡、行业、身份、性别等一切影响平等就业的制度障碍和就业歧视;党政机关和企事业单位招用人员不得歧视职业院校毕业生。结合深化收入分配制度改革,促进企业提高技能人才收入水平。鼓励企业建立高技能人才技能职务津贴和特殊岗位津贴制度。

## 六、加强组织领导

（二十六）落实政府职责。完善分级管理、地方为主、政府统筹、社会参与的管理体制。国务院相关部门要有效运用总体规划、政策引导等手段以及税收金融、财政转移支付等杠杆，加强对职业教育发展的统筹协调和分类指导；地方政府要切实承担主要责任，结合本地实际推进职业教育改革发展，探索解决职业教育发展的难点问题。要加快政府职能转变，减少部门职责交叉和分散，减少对学校教育教学具体事务的干预。充分发挥职业教育工作部门联席会议制度的作用，形成工作合力。

（二十七）强化督导评估。教育督导部门要完善督导评估办法，加强对政府及有关部门履行发展职业教育职责的督导；要落实督导报告公布制度，将督导报告作为对被督导单位及其主要负责人考核奖惩的重要依据。完善职业教育质量评价制度，定期开展职业院校办学水平和专业教学情况评估，实施职业教育质量年度报告制度。注重发挥行业、用人单位作用，积极支持第三方机构开展评估。

（二十八）营造良好环境。推动加快修订职业教育法。按照国家有关规定，研究完善职业教育先进单位和先进个人表彰奖励制度。落实好职业教育科研和教学成果奖励制度，用优秀成果引领职业教育改革创新。研究设立职业教育活动周。大力宣传高素质劳动者和技术技能人才的先进事迹和重要贡献，引导全社会确立尊重劳动、尊重知识、尊重技术、尊重创新的观念，促进形成"崇尚一技之长、不唯学历凭能力"的社会氛围，提高职业教育社会影响力和吸引力。

国务院<br>2014年5月2日

（本文有删减）

# 附录4　关于地方本科高校转型发展的指导意见（征求意见稿）

为贯彻党的十八届三中全会精神和《国家中长期教育改革和发展规划纲要(2010—2020年)》，贯彻落实《国务院关于加快发展现代职业教育的决定》和《现代职业教育体系建设规划(2014—2020年)》，提高高等教育服务区域经济社会发展的能力和水平，现就开展地方本科高校转型发展工作提出如下意见。

**一、总体思路**

1. 指导思想。

高举中国特色社会主义伟大旗帜，以邓小平理论、"三个代表"重要思想、科学发展观为指导，深入贯彻党的十八届三中全会精神，全面贯彻党的教育方针，按照建设现代职业教育体系、实行高等教育分类管理和建设学习型社会的要求，以培养产业转型升级和公共服务发展需要的一线高层次技术技能人才为主要目标，以推进产教融合、校企合作为主要路径，通过试点推动、示范引领，引导和推动部分地方本科高校向应用技术类型高校转型发展，促进地方高等教育更加直接、有效地为产业升级、技术进步和社会管理创新服务。

2. 基本原则。

——坚持试点先行、示范引领。确定一批试点高校和专业集群向应用技术类型高等教育转型发展。在总结经验的基础上，形成促进地方本科高校转型发展的政策体系和体制机制并逐步扩大试点范围，全面提高地方高校服务地方区域经济社会发展的能力。

——坚持需求导向、分类推进。充分发挥市场在资源配置中的决定性作用，按照经济社会发展对人才的需求，科学定位高等学校的人才培养类型、科学研究任务、主要服务面向、质量标准要求，扩大应用技术类型高校办学自主权,提高学校主动适应人力资源市场变化的能力、促进产业升级和技术进步的能力、为区域发展创造人才红利的能力。

——坚持顶层设计、综合改革。借鉴近年来高等教育和职业教育改革的成功经验,加强顶层设计,增强改革的系统性、整体性和协调性。充分发挥省级政府在改革中的统筹作用,扩大省级政府发展应用技术类型高等教育的统筹权,促进区域内高等教育与经济社会发展的紧密结合。

3.总体目标。

力争用5年左右的时间,实现以下目标:

——建成一批地方本科转型示范学校。引导试点高校以培养生产服务一线的高层次技术技能人才为主要任务,形成产教融合、校企合作的办学机制,职业教育、高等教育和继续教育融合发展的办学模式,推动产业先进技术应用与创新,提高区域公共服务、社会管理现代化水平,促进地方文化创意产业繁荣发展,引领区域现代职业教育体系建设,探索出一条建设中国特色应用技术类型高等学校的发展道路。

——试点高校就业质量显著提高。试点高校服务面向、专业设置、培养方案更好对接职业岗位要求和职业发展需求,毕业生技术应用能力达到本行业先进水平,创新创意创业人才培养有重大突破。初次就业率达到90%以上,对口就业率达到80%以上,毕业生起薪水平、就业稳定性高于同层次其他高校。

——服务重点产业转型升级能力显著增强。围绕新兴产业和传统产业技术改造建成一批高质量的应用技术人才培养基地,建成一批校企联动的产业技术积累创新联合体,试点高校人才培养和科研活动深度融入产业链价值创造过程,充分发挥其对产业链价值的贡献力和对产业群竞争力的提升作用。

——人才培养立交桥更加完善。改革应用技术高等教育招生考试制度、人才选拔制度和人才培养方式,促进专业学位研究生教育、应用技术本科与中高职有机衔接,拓宽中高职毕业生和在职技术技能人才的成长通道,为一线劳动者的职业发展创造更宽广的空间、更加多样化的学习机会。

4.试点范围。

省级政府根据区域经济社会发展的战略重点、产业转型升级的主要方向和高等教育结构调整的总体要求,结合地方本科高校的发展定位与意愿,确定具有代表性的试点高校。试点高校可以整体进入试点,也可以部分院系或专业集群进入试点(原则上不少于 5 个主要专业)。试点包括民办本科高校和独立学院,在政策配套措施上与试点公办高校同等待遇。省级试点方案向教育部备案。

**二、试点高校的主要任务**

1. 明确类型定位、制定发展规划。试点高校明确应用技术类型高等教育的定位,制定转型发展规划和推进改革的时间表、路线图。全面深化试点高校与所在地政府的合作,在治理结构、发展规划、人才培养、技术创新、教师队伍建设、继续教育等方面实现紧密结合,在科研、医疗、文化、体育等基础设施建设方面实现共建共享。全面推进与行业、企业的合作,行业特点明显的高校可以与行业部门、行业组织、大型企业实行共建共管或共同组建教育集团;专业门类较多的高校可以与行业企业共建共管二级学院或专业集群,采取多种形式组建或参加教育集团。试点高校校企签订实质性合作协议的专业(集群)覆盖率达到80%以上;试点专业(集群)实现校企签订实质性合作协议覆盖率达到100%。

2. 建立行业企业参与的治理结构。试点高校要加快现代大学制度建设,并将产教融合、校企合作作为学校章程的核心内容。支持行业、企业全方位参与学校管理、专业建设、人才培养和课程设置。建立有行业和用人单位参与的理事会(董事会)制度、专业指导委员会制度,成员中来自地方政府、行业、用人单位和其他合作方的比例不低于50%。扩大二级院系自主权,探索建立院系理事会和专业指导委员会,明确院系根据产业链的发展方向、行业企业合作伙伴的要求设置专业课程、制定人才培养方案、聘用兼职教师和统筹院系经费管理的职权。

3. 建立紧密对接产业链的专业体系。试点高校要按照产业链对高层次技术技能人才的需求和国家职业资格要求设置专业,并将服务同一产业链的关联专业组织为专业集群统筹管理。建立行业和企事业单位专家参与的专业设置评议制度,建立根据社会需求、学校能力和行业指导自主设置新专业的机制。切实改变专业设置盲目追求数量的倾向,集中学校资源建设好社会有需求、办学有基础的专业(集群),逐步提高特色优势专业集中度,到2016年特色优势专业在校生占在校生总规模的比例不低于40%。

4. 加强实验实习实训基地建设。试点高校要根据真实生产、服务的技术和流程构建知识体系、技术技能体系和实验实习实训环境。按照所服务行业先进技术水平,采取企业投资或捐赠、生产化实训、政府购买、学校自筹、融资租赁等多种方式加快工程实践中心和实习实训基地建设。引进企业科研、生产基地,建立校企一体、产学研一体的大型实验实习实训中心。完善学生校内实验实训、企业实训实习和假期实习制度,实训实习的课时占专业总课时的比例达到30%以上,学生参加实训实习的时间累计达到1年。

5. 创新应用技术人才培养模式。试点高校要制定符合应用技术人才成长特点的培养方案,构建以市场需求、职业需要为核心,以能力培养为主线,以实践体系为主体的新型人才培养体系模式。全面推进学分制和模块化教学,为不同来源的学生制定多样化人才培养方案。通过传统专业改造、学生选修第二专业等方式,提高复合型、创新型技术人才的培养比重。探索建立专业教育与职业资格的对接认证机制。支持用人单位直接参与课程设计、评价和国际先进课程的引进,积极推行基于实际应用的案例教学、项目教学和虚拟现实技术应用,专业课程运用真实任务、真实案例教学的覆盖率要达到100%,主干专业课程用人单位的参与率达到100%。

6. 探索专业学位研究生培养模式改革。培养专业学位研究生的试点高校要建立以职业需求为导向,以实践能力培养为重点,以产学结合为途径的专业学位研究生培养模式。工程硕士等有关专业学位类别的研究生教育要瞄准世界产业先进技术的转移和创新,与行业内领先企业开展联合培养,主要招收在科技应用和创新一线有实际工作经验的人员。

7. 建立创业教育体系。将专业教育和创业教育有机结合,使学生既掌握创业需要的技术,又具备创业意识和创业能力。建立创业指导教师队伍,聘请有创业成功经验的人才担任兼职创业指导教师。建立创新创业基地,与合作企业共建创业基金,为师生实训实习、创新创业、科技孵化提供综合服务,重点培养科技型小微企业创业者。允许学生休学创业,并对学生创业项目进行跟踪和指导。

8. 促进中高等教育有机衔接。试点高校要根据人才培养的类型、规格、质量要求建立与普通高中教育、中高等职业教育的衔接机制。安排一定比例的招生指标招收中高等职业院校优秀学生并逐步扩大比例。逐步扩大招收优秀在职技术技能人才的比例和企业定制化联合培养的比例。探索与示范性高职院校特色专业开展3+2一体化培养技术技能人才。试点高校来自中高职优秀毕业生的招生比例逐步达到15％以上,从一线劳动者中选拔的比例逐步达到5％以上。

9. 创新高等继续教育。面向行业企业需求,大力发展培养应用技术人才的高等继续教育。根据行业企业的实际需求设计课程模块、学习方式和学分累积制度。在重点专业(集群)着重建设服务行业和主要企业的培训基地。继续教育在学人数(折合数)占在学总人数的比例逐步达到30％以上。

10. 加快考试招生制度改革。按照国家考试招生制度改革的总体方案,积极探索有利于应用技术人才选拔的考试招生制度,分类制定面向不同生源的招生办法。试点高校可以通过基于统一高考、高中学业水平考试成绩、参考综合素质情况的多元录取机制招收高中毕业生,可以通过省级教育行政部门批准的统一测试招收中、高等职业院校优秀应届毕业生和在职优秀技术技能人才,可以通过扩大自主招生比例招收具有技术技能特长和创新潜质的学生。招生计划、方案、过程、结果等要按有关规定向社会公开。

11. 加强"双师型"教师队伍建设。试点高校要改革教师聘任制度和评价办法,逐步使大多数教师既具有较高的理论水平,又具有较强的实践能力,明确"双师型"教师的基本要求和标准,并使"双师型"教师占专任教师的比例逐步达到50％以上。将引进优秀企业技术人员和管理人员担任专兼职教师作为校企合作的重要内容,并有计划地选送教师到企业接受培训、挂职工作和实践锻炼。在教师绩效考核、职务(职称)评聘等方面向"双师型"教师倾斜。

12. 发挥区域和行业技术中心作用。试点高校要积极融入以企业为主体的区域、行业技术创新体系,通过校企合作、协同创新加强产业技术积累,促进新技术转化应用,参与企业技术创新,使学校成为区域特色产业和行业共性技术的研发中心和服务平台。探索先进技术辐射扩散和产业化的途径,与中高职院校联动,面向小微企业开展新技术推广应用服务,提升小微企业技术应用水平。改革学校和教师的科研绩效评价和考核机制,建立以技术成果突破性、带动性、成果转化情况和社会服务实际贡献为导向的评价体系,健全由市场和用户广泛参与的开放评价机制。

### 三、完善配套政策措施

1. 扩大试点高校办学自主权。将地方本科高校转型发展试点作为推动地方高等教育管、办、评分离的重要突破口。省级政府要在试点方案中明确试点高校的办学自主权,扩大试点高校的招生考试自主权,允许试点高校在国家招生考试制度改革总体框架内自主制定招生考试方案,并按隶属关系报主管部门审核;扩大试点高校专业设置自主权,允许试点高校在建立新专业设置机制的基础上,自主设置新专业;扩大试点高校的用人自主权,支持试点高校在核定编制内自主聘用教师、引入专业技术人才和高技能人才担任兼职教师,对符合条件的试点高校,下放教师高级职务(职称)聘任权;开展校长、院长公开选拔试点,支持引进优秀企业管理者担任领导干部;扩大试点高校的财务管理自主权,在完善财务管理制度、监督和审计的前提下,支持试点高校依法依规自主管理生均拨款收入、学费收入和专项经费;允许试点高校采取市场融资的办法引进先进技术装备、建设生产化实习实训基地。

2. 探索高等学校分类设置。按照建设现代职业教育体系和高等学校分类管理的要求,改革高等学校设置制度,将应用技术类型高校明确为本科高等教育的新类型和发展重点。除规划为研究型大学的院校和一些特殊院校外,地方本科高校的新设、升格和更名原则上明确为应用技术类型。通过地方本科高校转型发展试点逐步形成应用技术类型高校的设置标准。探索在条件成熟的省份开展下放应用技术类型本科高校设置权的试点。深化研究生教育分类改革,原则上不再新设学术硕士学位研究生授予点。在具备基本条件的试点高校先行开展硕士专业学位授权点增列和专业学位研究生教育的改革试点。

3. 建立应用技术类型高等教育评估体系。对不同类型高等学校实行分类评估,建立以社会和市场评价为核心,以高质量就业能力、产业服务能力、技术贡献能力为重点的应用技术类型高等教育评估体系。强化对应用技术类型高校的产业和专业结合程度、实验实习实训水平、双师型教师比例和质量、校企合作深度等方面的考察。注重发挥行业、用人单位在评估评价中的作用,支持第三方机构开展质量评价与认证。

4. 探索高等教育分类拨款制度。应用技术类型高校生均财政拨款基本标准,应高于一般普通本科学校,并根据办学成本对不同专业设定不同拨款标准系数,重点支持技术性强、社会亟须和艰苦行业相关专业的发展。在试点高校探索建立符合应用技术类型高校特点的财政经费支出绩效评价制度,根据不同专业的绩效评价实行有差别的财政支持政策。中央和省级财政支持地方高等教育的专项资金对试点高校予以倾斜支持。

5. 加大招生计划支持力度。在完善改革方案和专业评价制度的基础上,本科和专业学位研究生招生计划对应用技术类型高校和专业进行倾斜。从2014年开始,按照增量安排带动存量调整的原则,支持试点高校符合产业规划、就业质量高和贡献力强的专业扩大招生。省级政府和试点高校要加强对招生计划存量结构的调整。对于符合条件的试点高校,各省在高考招生时可将全部或部分专业纳入本科第一批次或本科相应批次提前批录取。在符合条件的省份实行高等教育招生计划省级统筹改革试点,扩大应用技术类型高等教育招生计划的自主权。

6. 加大办学体制改革的支持力度。省市两级政府要制定鼓励行业、企业和科研机构参与办学的政策,建设校企合作公共服务平台,支持高校和科研机构实行合作、联合和合并重组。试点高校由政府举办转为政府主导下多方联合办学、实行混合所有制的,不改变学校原有公办学校性质。允许试点高校二级学院实行校企合作、公办民助(或公立民办)的改革探索。

7. 加大教师队伍建设调整的支持力度。将应用技术类型高水平师资培养纳入中央和地方各类人才支持项目。支持通过地方政府专项资金、企业和社会捐赠讲席等方式引进紧缺的高水平的专兼职"双师型"教师。支持试点高校加大海外人才的引进力度。支持试点高校教师国外访学、开展合作研究,在青年骨干教师出国研修项目适当增加试点高校选派计划。实施管理干部国际培训项目,从试点学校派团队到国外应用技术类型高校学习先进办学模式和管理经验,并纳入国家公派留学项目予以支持。

8. 加大对校企合作技术创新的支持力度。中央和地方财政支持企业技术创新的资金要将校企合作项目列为重点支持对象,支持企业在试点高校建立技术转移和创新中心。对教师建立工作室和以知识、技术等要素入股创新型企业予以政策支持。对企业在高校设立的技术创新和培训基地、捐赠的实验实习实训设备依照国家教育捐赠的优惠政策规定予以税收优惠。对高等学校从国外进口的先进技术装备依照有关规定予以税收优惠。鼓励发展先进实习实训装备金融租赁业务。地方政府要扶持一批高校与重点企业或产业园区共同建设的技术转移和创新中心、技术研发和服务企业。

9. 加强国际交流与合作。建立与发达国家应用技术高等教育领域的政府间对话与合作机制。支持试点高校与国外高水平应用技术类型高校建立院校合作关系,系统引进人才培养模式、培养标准、专业课程、教材体系等优质教育资源。支持应用技术类型高校与国外同类高校开展合作办学,支持应用技术类型高校与教育援外、对外投资等领域的国家重大战略项目相结合走出去办学。充分发挥应用技术大学(学院)联盟作用,与国外应用技术类型高校联盟、协会开展对等合作交流。

10. 加强师范专科学校升格高校的指导。师范高等专科学校升格的师范院校,省级政府要按照教师队伍建设和教师教育改革的要求,推动学校强化教师教育特色,创新教师培养模式,加强与普通中小学、中等职业学校的合作,支持学校加强教师职业训练和实践培养环节。以师范高等专科学校为基础建立的地方性学院,省级政府要根据教师队伍建设的实际需求,合理确定其承担中小学教师培养培训任务。对于确定为转型试点的高校要加大对其转型发展的支持力度,在经费安排、师资引进等方面给予特殊政策,加快发展服务当地经济社会发展的紧缺专业,提高面向区域产业需要的技术技能人才培养比重。

11. 设立支持试点专项经费。省、市级政府加大对转型发展成绩显著的试点高校的经费支持力度,重点用于试点高校支撑当地产业升级重点专业(集群)建设,高水平"双师型"教师队伍建设,校企共建技术转移和创新中心、工程实践中心、先进技术实习实训基地等基础设施。根据地方和企业支持的情况,中央预算内投资对特色优势专业(集群)基础能力建设予以支持,中央财政按地方和企业投资总额的一定比例予以奖补。

12. 将符合条件的省级试点列入国家级试点。各地各高校要在试点过程中不断完善方案,在总结经验的基础上及时形成政策和制度。在省级试点的基础上,遴选若干试点方案科学、实施效果显著的省份和试点高校纳入国家教育综合改革试点范围。

**四、完善工作推进机制**

1. 加强对转型发展工作的组织领导。推动地方高校转型发展,是我国教育体系的重大改革,是一项整体性、系统性的改革,涉及面广,改革周期长。各省、自治区、直辖市要切实加强组织领导,加强舆论宣传,加大政策支持力度,细化相关配套措施,形成转型发展的激励和约束机制。

2. 加强对转型发展改革试点高校的指导。要坚持高标准的要求,优先将与高水平企业合作、拥有高水平双师型师资队伍、先进实训技术装备、先进办学体制和人才培养模式的地方本科高校纳入改革试点范围。要对试点高校加强差别化指导,发挥专家团队的作用,注重总结在实践中形成的经验。

3. 营造转型发展的良好氛围。加强政策宣传,坚定改革信心,为改革营造良好舆论氛围。广泛动员各部门、专家学者和用人单位参与改革方案的设计和政策研究。组织新闻媒体及时宣传报道试点经验。

中央部属院校特别是具有行业背景的部属院校开展转型发展试点,参照本意见执行。

# 附录5 教育部等五部门关于印发《民办学校分类登记实施细则》的通知

教发〔2016〕19号

各省、自治区、直辖市教育厅(教委)、人力资源社会保障厅(局)、民政厅(局)、编办、工商行政管理局：

2016年11月7日，全国人民代表大会常务委员会通过了《全国人民代表大会常务委员会关于修改〈中华人民共和国民办教育促进法〉的决定》，规定对民办学校实行非营利性和营利性分类管理，并以国家主席习近平签署的中华人民共和国主席令(第五十五号)予以公布。《国务院关于鼓励社会力量兴办教育促进民办教育健康发展的若干意见》(国发〔2016〕81号，以下简称《若干意见》)，全面部署了民办教育改革发展的各项政策措施。为深入贯彻落实党中央、国务院的决策部署，稳妥推进民办学校分类管理改革，特研究制定《民办学校分类登记实施细则》，现予印发。

民办学校分类管理是党中央、国务院确定的重大改革方向，是贯彻落实《民办教育促进法》修法精神的重要举措，是深化教育领域综合改革的重要内容。请各地务必高度重视，紧密结合《民办教育促进法》和《若干意见》的贯彻落实，做好民办学校的分类管理与分类登记工作，明确任务，细化要求，落实责任，确保党中央、国务院决策部署的切实落地和教育系统的和谐稳定。

教育部　人力资源社会保障部<br>
民政部　中央编办<br>
工商总局<br>
2016年12月30日

# 民办学校分类登记实施细则

## 第一章 总 则

**第一条** 为贯彻落实《国务院关于鼓励社会力量兴办教育促进民办教育健康发展的若干意见》，推动民办教育分类管理，促进民办教育健康发展，根据《中华人民共和国教育法》《中华人民共和国民办教育促进法》和2016年11月7日《全国人民代表大会常务委员会关于修改〈中华人民共和国民办教育促进法〉的决定》等法律法规，制定本细则。

**第二条** 民办教育是社会主义教育事业的重要组成部分。民办学校应当遵守国家法律法规，全面贯彻党的教育方针，坚持党的领导，坚持社会主义办学方向，坚持公益性导向，坚持立德树人，对受教育者加强社会主义核心价值观教育，培养德、智、体、美等方面全面发展的社会主义建设者和接班人。

## 第二章 设立审批

**第三条** 民办学校分为非营利性民办学校和营利性民办学校。民办学校的设立应当依据《中华人民共和国民办教育促进法》等法律法规和国家有关规定进行审批。经批准正式设立的民办学校，由审批机关发给办学许可证后，依法依规分类到登记管理机关办理登记证或者营业执照。

**第四条** 设立民办学校应当具备《中华人民共和国教育法》《中华人民共和国民办教育促进法》和其他有关法律法规规定的条件，符合地方经济社会和教育发展的需要。

**第五条** 民办学校的设立应当参照国家同级同类学校设置标准，无相应设置标准的由县级以上人民政府按照国家有关规定制定。申请设立民办学校，应当提交《中华人民共和国民办教育促进法》等法律法规和学校设置标准规定的材料、学校党组织建设有关材料。

**第六条** 审批机关对批准正式设立的民办学校发给办学许可证；对不批准正式设立的，应当以书面形式向申请人说明理由。

## 第三章 分 类 登 记

**第七条** 正式批准设立的非营利性民办学校,符合《民办非企业单位登记管理暂行条例》等民办非企业单位登记管理有关规定的到民政部门登记为民办非企业单位,符合《事业单位登记管理暂行条例》等事业单位登记管理有关规定的到事业单位登记管理机关登记为事业单位。

**第八条** 实施本科以上层次教育的非营利性民办高等学校,由省级人民政府相关部门办理登记。实施专科以下层次教育的非营利性民办学校,由省级人民政府确定的县级以上人民政府相关部门办理登记。

**第九条** 正式批准设立的营利性民办学校,依据法律法规规定的管辖权限到工商行政管理部门办理登记。

**第十条** 登记管理机关对符合登记条件的民办学校,依法依规予以登记,并核发登记证或者营业执照;对不符合登记条件的,不予登记,并以书面形式向申请人说明理由。

**第十一条** 民办学校的名称应当符合国家有关规定,体现学校的办学层次和类别。

## 第四章 事项变更和注销登记

**第十二条** 民办学校涉及办学许可证、登记证或者营业执照上事项变更的,依照法律法规和有关规定到原发证机关办理变更手续。其中,民办本科高等学校办学许可证上除名称外需核准的其他事项变更,由省级人民政府核准。

**第十三条** 民办学校终止办学应当及时办理撤销建制、注销登记手续,将办学许可证、登记证或者营业执照正副本缴回原发证机关。

## 第五章 现有民办学校分类登记

**第十四条** 现有民办学校选择登记为非营利性民办学校的,依法修改学校章程,继续办学,履行新的登记手续。

**第十五条** 现有民办学校选择登记为营利性民办学校的,应当进行财务清算,经省级以下人民政府有关部门和相关机构依法明确土地、校舍、办学积累等财产的权属并缴纳相关税费,办理新的办学许可证,重新登记,继续办学。

**第十六条** 民办学校变更登记类型的办法由省级人民政府根据国家有关规定,结合地方实际制定。

## 第六章 附 则

**第十七条** 本细则所称现有民办学校为2016年11月7日《全国人民代表大会常务委员会关于修改〈中华人民共和国民办教育促进法〉的决定》公布前经批准设立的民办学校。本细则所称的审批机关包括县级以上教育、人力资源社会保障部门以及省级人民政府。本细则所称的登记管理机关包括县级以上民政、编制、工商行政管理部门。

**第十八条** 本细则由教育部、人力资源社会保障部、民政部、中央编办、工商总局负责解释。

# 附录6 教育部 人力资源社会保障部 工商总局关于印发《营利性民办学校监督管理实施细则》的通知

教发〔2016〕20号

各省、自治区、直辖市教育厅(教委)、人力资源社会保障厅(局)、工商行政管理局：

2016年11月7日,全国人民代表大会常务委员会通过了《全国人民代表大会常务委员会关于修改〈中华人民共和国民办教育促进法〉的决定》,规定对民办学校实行非营利性和营利性分类管理,并以国家主席习近平签署的中华人民共和国主席令(第五十五号)予以公布。《国务院关于鼓励社会力量兴办教育促进民办教育健康发展的若干意见》(国发〔2016〕81号,以下简称《若干意见》),全面部署了民办教育改革发展的各项政策措施。为深入贯彻落实党中央、国务院的决策部署,确保分类管理改革的有序推进,特研究制定《营利性民办学校监督管理实施细则》,现予印发。

民办学校分类管理是党中央、国务院确定的重大改革方向,是贯彻落实《民办教育促进法》修法精神的重要举措,是深化教育领域综合改革的重要内容。请各地务必高度重视,紧密结合《民办教育促进法》和《若干意见》的贯彻落实,科学稳妥做好营利性民办学校监督管理各项工作,明确任务,细化要求,落实责任,确保党中央、国务院决策部署的切实落地和教育系统的和谐稳定。

教育部 人力资源社会保障部 工商总局<br>
2016年12月30日

# 营利性民办学校监督管理实施细则

## 第一章 总 则

**第一条** 为贯彻落实《国务院关于鼓励社会力量兴办教育促进民办教育健康发展的若干意见》，规范营利性民办学校办学行为，促进民办教育健康发展，根据《中华人民共和国教育法》《中华人民共和国民办教育促进法》和2016年11月7日《全国人民代表大会常务委员会关于修改〈中华人民共和国民办教育促进法〉的决定》等法律法规，制定本细则。

**第二条** 社会组织或者个人可以举办营利性民办高等学校和其他高等教育机构、高中阶段教育学校和幼儿园，不得设立实施义务教育的营利性民办学校。

社会组织或者个人不得以财政性经费、捐赠资产举办或者参与举办营利性民办学校。

**第三条** 营利性民办学校应当遵守国家法律法规，全面贯彻党的教育方针，坚持党的领导，坚持社会主义办学方向，坚持立德树人，对受教育者加强社会主义核心价值观教育，培养德、智、体、美等方面全面发展的社会主义建设者和接班人。

营利性民办学校应当坚持教育的公益性，始终把培养高素质人才、服务经济社会发展放在首位，实现社会效益与经济效益相统一。

**第四条** 审批机关、工商行政管理部门和其他相关部门在职责范围内，依法对营利性民办学校行使监督管理职权。

## 第二章 学 校 设 立

**第五条** 批准设立营利性民办学校参照国家同级同类学校设置标准，一般分筹设、正式设立两个阶段。经批准筹设的营利性民办学校，举办者应当自批准筹设之日起3年内提出正式设立申请，3年内未提出正式设立申请的，原筹设批复文件自然废止。

营利性民办学校在筹设期内不得招生。

第六条　审批机关应当坚持高水平、有特色导向批准设立营利性民办学校。设立营利性民办高等学校,应当纳入地方高等学校设置规划,按照学校设置标准、办学条件和学科专业数量等严格核定办学规模。中等以下层次营利性民办学校办学规模由省级人民政府根据当地实际制定。

第七条　营利性民办学校注册资本数额要与学校类别、层次、办学规模相适应。

第八条　举办营利性民办学校的社会组织或者个人应当具备与举办学校的层次、类型、规模相适应的经济实力,其净资产或者货币资金能够满足学校建设和发展的需要。

第九条　举办营利性民办学校的社会组织,应当具备下列条件:

(一) 有中华人民共和国法人资格。

(二) 信用状况良好,未被列入企业经营异常名录或严重违法失信企业名单,无不良记录。

(三) 法定代表人有中华人民共和国国籍,在中国境内定居,信用状况良好,无犯罪记录,有政治权利和完全民事行为能力。

第十条　举办营利性民办学校的个人,应当具备下列条件:

(一) 有中华人民共和国国籍,在中国境内定居。

(二) 信用状况良好,无犯罪记录。

(三) 有政治权利和完全民事行为能力。

第十一条　申请筹设营利性民办学校,举办者应当提交下列材料:

(一) 筹设申请报告。内容主要包括:举办者的名称、地址或者姓名、住址及其资质,筹设学校的名称、地址、办学层次、办学规模、办学条件、培养目标、办学形式、内部管理机制、党组织设置、经费筹措与管理使用等。

(二) 设立学校论证报告。

(三) 举办者资质证明文件。举办者是社会组织的,应当包括社会组织的许可证、登记证或者营业执照、法定代表人有效身份证件复印件,决策机构、权力机构负责人及组成人员名单和有效身份证件复印件,有资质的会计师事务所出具的该社会组织近 2 年的年度财务会计报告审计结果,决策机构、权力机构同意投资举办学校的决议。举办者是个人的,应当包括有效身份证件复印件、个人存款、有本人签名的投资举办学校的决定等证明文件。

（四）资产来源、资金数额及有效证明文件,并载明产权。

（五）民办学校举办者再申请举办营利性民办学校的,还应当提交其举办或者参与举办的现有民办学校的办学许可证、登记证或者营业执照、组织机构代码证、校园土地使用权证、校舍房屋产权证明复印件,近2年年度检查的证明材料,有资质的会计师事务所出具的学校上年度财务会计报告审计结果。

（六）有两个以上举办者的,应当提交合作办学协议,明确各举办者的出资数额、出资方式、权利义务,举办者的排序、争议解决办法等内容。出资计入学校注册资本的,应当明确各举办者计入注册资本的出资数额、出资方式、占注册资本的比例。

第十二条  申请正式设立营利性民办学校,举办者应当提交下列材料:

（一）正式设立申请报告。

（二）筹设批准书。

（三）举办者资质证明文件。提交材料同本细则第十一条第(三)项。

（四）学校章程。

（五）学校首届董事会、监事(会)、行政机构负责人及组成人员名单和有效身份证件复印件。

（六）学校党组织负责人及组成人员名单和有效身份证件复印件,教职工党员名单。

（七）学校资产及其来源的有效证明文件。

（八）学校教师、财会人员名单及资格证明文件。

第十三条  直接申请正式设立营利性民办学校的,须提交本细则第十一条第(二)项规定的材料、第十二条除第(二)项以外的材料。

第十四条  审批机关对批准正式设立的营利性民办学校发给办学许可证;对不批准正式设立的,应当书面说明理由。经审批正式设立的营利性民办学校应当依法到工商行政管理部门登记。

第十五条  设立营利性民办学校,要坚持党的建设同步谋划、党的组织同步设置、党的工作同步开展。

## 第三章 组 织 机 构

**第十六条** 营利性民办学校应当建立董事会、监事(会)、行政机构,同时建立党组织、教职工(代表)大会和工会。

营利性民办学校法定代表人由董事长或者校长担任。

**第十七条** 营利性民办学校董事会、行政机构、校长应当依据国家有关法律法规和学校章程设立和行使职权。

**第十八条** 营利性民办学校监事会中教职工代表不得少于1/3,主要履行以下职权:

(一) 检查学校财务。

(二) 监督董事会和行政机构成员履职情况。

(三) 向教职工(代表)大会报告履职情况。

(四) 国家法律法规和学校章程规定的其他职权。

**第十九条** 有犯罪记录、无民事行为能力或者限制行为能力者不得在学校董事会、监事会、行政机构任职。一个自然人不得同时在同一所学校的董事会、监事会任职。

**第二十条** 营利性民办学校应当切实加强党组织建设,强化党组织政治核心和政治引领作用,在事关学校办学方向、师生重大利益的重要决策中发挥指导、保障和监督作用。推进双向进入、交叉任职,党组织书记应当通过法定程序进入学校董事会和行政机构,党员校长、副校长等行政机构成员可按照党的有关规定进入党组织领导班子。监事会中应当有党组织领导班子成员。营利性民办学校应当加强共青团组织建设,充分发挥教职工(代表)大会和工会的作用。

## 第四章 教 育 教 学

**第二十一条** 营利性民办学校应当以培养人才为中心,遵循教育规律,不断提高教育教学质量,增强受教育者的社会责任感、创新精神、实践能力。

**第二十二条** 营利性民办学校应当抓好思想政治教育和德育工作。加强思想政治理论课和思想品德课教学,推进中国特色社会主义理论体系进教材、进课堂、进头脑。深入开展理想信念、爱国主义、集体主义、中国特色社会主义教育和中华优秀传统文化、革命传统文化、民族团结教育,引导师生员工树立正确的世界观、人生观、价值观。

**第二十三条** 实施学历教育的营利性民办学校应当按照国家规定设置专业、开设课程、选用教材。营利性民办幼儿园应当依据国家和地方有关规定科学开展保育和教育活动。

**第二十四条** 营利性民办学校招收学历教育学生、境外学生应当遵守国家有关规定,招生简章和广告应当报审批机关备案。其中,本科高等学校的招生简章和广告应当报省级人民政府教育行政部门备案。

**第二十五条** 营利性民办学校聘任的教师应当具备国家规定的教师资格或者相关专业技能资格,学校应当按照《中华人民共和国教师法》《中华人民共和国劳动合同法》等国家法律法规和有关规定与教职工签订劳动合同。学校应当加强教师师德建设和业务培训,依法保障教职工工资、福利待遇和其他合法权益。学校聘任外籍教师应当符合国家有关规定。

## 第五章 财务资产

**第二十六条** 营利性民办学校执行《中华人民共和国公司法》及有关法律规定的财务会计制度。学校应当独立设置财务管理机构,统一学校财务核算,不得账外核算。

**第二十七条** 营利性民办学校应当建立健全财务内部控制制度,按实际发生数列支,不得虚列虚报,不得以计划数或者预算数代替实际支出数。

**第二十八条** 营利性民办学校按学期或者学年收费,收费项目及标准应当向社会公示30天后执行。不得在公示的项目和标准外收取其他费用,不得以任何名义向学生摊派费用或者强行集资。

**第二十九条** 营利性民办学校收入应当全部纳入学校财务专户,出具税务部门规定的合法票据,由学校财务部门统一核算、统一管理,保障学校的教育教学、学生资助、教职工待遇以及学校的建设和发展。学校应当将党建工作、思想政治工作和群团组织工作经费纳入学校经费预算。

**第三十条** 营利性民办学校拥有法人财产权,存续期间,学校所有资产由学校依法管理和使用,任何组织和个人不得侵占、挪用、抽逃。营利性民办学校举办者不得抽逃注册资本,不得用教育教学设施抵押贷款、进行担保,办学结余分配应当在年度财务结算后进行。

**第三十一条** 营利性民办学校应当建立健全学校风险防范、安全管理制度和应急预警处理机制,保障学校师生权益、生命财产安全,维护学校安全稳定。学校法定代表人是学校安全稳定工作的第一责任人。

## 第六章 信息公开

**第三十二条** 营利性民办学校应当依据法律法规建立信息公开制度及信息公开保密审查机制,公开的信息不得危及国家安全、公共安全、经济安全、社会稳定和学校安全稳定。

**第三十三条** 营利性民办高等学校信息公开内容应当执行《高等学校信息公开办法》等国家有关规定,其他营利性民办学校信息公开办法由地方人民政府学校主管部门制定。

**第三十四条** 营利性民办学校应当按照《企业信息公示暂行条例》规定,通过国家企业信用信息公示系统,公示年度报告信息、行政许可信息以及行政处罚信息等信用信息。

**第三十五条** 营利性民办学校信息应当通过学校网站、信息公告栏、电子屏幕等场所和设施公开,并可根据需要设置公共阅览室、资料索取点方便调取和查阅。除学校已经公开的信息外,社会组织或者个人可以书面形式向学校申请获取其他信息。

## 第七章 变更与终止

**第三十六条** 营利性民办学校分立、合并、终止及其他重大事项变更,应当由学校董事会通过后报审批机关审批、核准,并依法向工商行政管理部门申请变更、注销登记手续。其中,营利性民办本科高等学校分立、合并、终止、名称变更由教育部审批,其他事项变更由省级人民政府核准。

**第三十七条** 营利性民办学校分立、合并、终止及其他重大事项变更,应当制定实施方案和应急工作预案,并按隶属关系报学校主管部门备案,保障学校教育教学秩序和师生权益不受影响。

第三十八条　营利性民办学校有下列情形之一的,应当终止:

(一)根据学校章程规定要求终止,并经审批机关批准的。

(二)被吊销办学许可证的。

(三)因资不抵债无法继续办学的。

第三十九条　营利性民办学校终止时,应当依法进行财务清算,财产清偿依据《中华人民共和国民办教育促进法》等法律法规和学校章程的规定处理,切实保障学校师生和相关方面的权益。

第四十条　营利性民办学校终止时,应当及时办理建制撤销、注销登记手续,将学校办学许可证正副本、印章交回原审批机关,将营业执照正副本缴回原登记管理机关。

第四十一条　营利性民办学校发生分立、合并、终止等重大事项变更,学校党组织应当及时向上级党组织报告,上级党组织应当及时对学校党组织的变更或者撤销作出决定。

## 第八章　监督与处罚

第四十二条　教育、人力资源社会保障行政部门依据《中华人民共和国民办教育促进法》规定的管理权限,对营利性民办学校实施年度检查制度。工商行政管理部门对营利性民办学校实施年度报告公示制度。

第四十三条　教育、人力资源社会保障行政部门依据《中华人民共和国民办教育促进法》规定的管理权限,加大对营利性民办学校招生简章的监管力度,对于使用未经备案的招生简章、发布虚假招生简章的民办学校依法依规予以处理。

第四十四条　教育、人力资源社会保障行政部门依据《中华人民共和国民办教育促进法》规定的管理权限,加强对营利性民办学校办学行为和教育教学质量的监督管理,依法依规开展督导和检查,组织或者委托社会组织定期进行办学水平和教育教学质量评估,并向社会公布评估结果。

第四十五条　教育行政部门应当加强对实施学历教育的营利性民办学校执行电子学籍和学历证书电子注册制度情况的监督,对非法颁发或者伪造学历证书、学位证书的营利性民办学校依法予以处理。

**第四十六条** 地方教育、人力资源社会保障及其他相关部门应当通过实施审计、建立监管平台等措施对营利性民办学校财务资产状况进行监督。

**第四十七条** 营利性民办学校违反《中华人民共和国教育法》《中华人民共和国民办教育促进法》及相关法律法规,有下列行为之一的,由教育、人力资源社会保障、工商行政部门或者其他相关部门依法责令限期改正,并予以警告;有违法所得的,退还所收费用后没收违法所得;情节严重的,责令停止招生、吊销办学许可证;构成犯罪的,依法追究刑事责任:

(一)办学方向、教学内容、办学行为违背党的教育方针,违反国家相关法律规定。

(二)办学条件达不到国家规定标准,存在安全隐患。

(三)提供虚假资质或者进行虚假广告、宣传等行为。

(四)筹设期间违规招生,办学期间违规收费。

(五)因学校责任造成教育教学及安全事故。

(六)抽逃办学资金、非法集资。

(七)存在其他违反法律法规行为。

**第四十八条** 民办学校有下列情形之一的,其举办者不得再举办或者参与举办营利性民办学校:

(一)法人财产权未完全落实。

(二)民办学校属营利性的,其被列入企业经营异常名录或严重违法失信企业名单。

(三)办学条件不达标。

(四)近2年有年度检查不合格情况。

(五)法律法规规定的其他情形。

## 第九章 附 则

**第四十九条** 营利性民办培训机构参照本细则执行。

**第五十条** 本细则由教育部、人力资源社会保障部、工商总局负责解释。

# 附录 7　中华人民共和国民办教育促进法（新）

**中华人民共和国主席令**

**第五十五号**

《全国人民代表大会常务委员会关于修改〈中华人民共和国民办教育促进法〉的决定》已由中华人民共和国第十二届全国人民代表大会常务委员会第二十四次会议于 2016 年 11 月 7 日通过，现予公布，自 2017 年 9 月 1 日起施行。

中华人民共和国主席　习近平

2016 年 11 月 7 日

## 中华人民共和国民办教育促进法

（2002 年 12 月 28 日第九届全国人民代表大会常务委员会第三十一次会议通过　根据 2013 年 6 月 29 日第十二届全国人民代表大会常务委员会第三次会议《关于修改〈中华人民共和国文物保护法〉等十二部法律的决定》第一次修正　根据 2016 年 11 月 7 日第十二届全国人民代表大会常务委员会第二十四次会议《关于修改〈中华人民共和国民办教育促进法〉的决定》第二次修正）

### 第一章　总　则

**第一条**　为实施科教兴国战略，促进民办教育事业的健康发展，维护民办学校和受教育者的合法权益，根据宪法和教育法制定本法。

**第二条**　国家机构以外的社会组织或者个人，利用非国家财政性经费，面向社会举办学校及其他教育机构的活动，适用本法。本法未作规定的，依照教育法和其他有关教育法律执行。

**第三条** 民办教育事业属于公益性事业,是社会主义教育事业的组成部分。

国家对民办教育实行积极鼓励、大力支持、正确引导、依法管理的方针。

各级人民政府应当将民办教育事业纳入国民经济和社会发展规划。

**第四条** 民办学校应当遵守法律、法规,贯彻国家的教育方针,保证教育质量,致力于培养社会主义建设事业的各类人才。

民办学校应当贯彻教育与宗教相分离的原则。任何组织和个人不得利用宗教进行妨碍国家教育制度的活动。

**第五条** 民办学校与公办学校具有同等的法律地位,国家保障民办学校的办学自主权。

国家保障民办学校举办者、校长、教职工和受教育者的合法权益。

**第六条** 国家鼓励捐资办学。

国家对为发展民办教育事业做出突出贡献的组织和个人,给予奖励和表彰。

**第七条** 国务院教育行政部门负责全国民办教育工作的统筹规划、综合协调和宏观管理。

国务院人力资源社会保障行政部门及其他有关部门在国务院规定的职责范围内分别负责有关的民办教育工作。

**第八条** 县级以上地方各级人民政府教育行政部门主管本行政区域内的民办教育工作。

县级以上地方各级人民政府人力资源社会保障行政部门及其他有关部门在各自的职责范围内,分别负责有关的民办教育工作。

**第九条** 民办学校中的中国共产党基层组织,按照中国共产党章程的规定开展党的活动,加强党的建设。

## 第二章 设　立

**第十条** 举办民办学校的社会组织,应当具有法人资格。

举办民办学校的个人,应当具有政治权利和完全民事行为能力。

民办学校应当具备法人条件。

**第十一条** 设立民办学校应当符合当地教育发展的需求,具备教育法和其他有关法律、法规规定的条件。

民办学校的设置标准参照同级同类公办学校的设置标准执行。

**第十二条** 举办实施学历教育、学前教育、自学考试助学及其他文化教育的民办学校,由县级以上人民政府教育行政部门按照国家规定的权限审批;举办实施以职业技能为主的职业资格培训、职业技能培训的民办学校,由县级以上人民政府人力资源社会保障行政部门按照国家规定的权限审批,并抄送同级教育行政部门备案。

**第十三条** 申请筹设民办学校,举办者应当向审批机关提交下列材料:

(一)申办报告,内容应当主要包括:举办者、培养目标、办学规模、办学层次、办学形式、办学条件、内部管理体制、经费筹措与管理使用等;

(二)举办者的姓名、住址或者名称、地址;

(三)资产来源、资金数额及有效证明文件,并载明产权;

(四)属捐赠性质的校产须提交捐赠协议,载明捐赠人的姓名、所捐资产的数额、用途和管理方法及相关有效证明文件。

**第十四条** 审批机关应当自受理筹设民办学校的申请之日起三十日内以书面形式作出是否同意的决定。

同意筹设的,发给筹设批准书。不同意筹设的,应当说明理由。

筹设期不得超过三年。超过三年的,举办者应当重新申报。

**第十五条** 申请正式设立民办学校的,举办者应当向审批机关提交下列材料:

(一)筹设批准书;

(二)筹设情况报告;

(三)学校章程、首届学校理事会、董事会或者其他决策机构组成人员名单;

(四)学校资产的有效证明文件;

(五)校长、教师、财会人员的资格证明文件。

**第十六条** 具备办学条件,达到设置标准的,可以直接申请正式设立,并应当提交本法第十三条和第十五条(三)(四)(五)项规定的材料。

**第十七条** 申请正式设立民办学校的,审批机关应当自受理之日起三个月内以书面形式作出是否批准的决定,并送达申请人;其中申请正式设立民办高等学校的,审批机关也可以自受理之日起六个月内以书面形式作出是否批准的决定,并送达申请人。

**第十八条** 审批机关对批准正式设立的民办学校发给办学许可证。

审批机关对不批准正式设立的,应当说明理由。

**第十九条** 民办学校的举办者可以自主选择设立非营利性或者营利性民办学校。但是,不得设立实施义务教育的营利性民办学校。

非营利性民办学校的举办者不得取得办学收益,学校的办学结余全部用于办学。

营利性民办学校的举办者可以取得办学收益,学校的办学结余依照公司法等有关法律、行政法规的规定处理。

民办学校取得办学许可证后,进行法人登记,登记机关应当依法予以办理。

## 第三章 学校的组织与活动

**第二十条** 民办学校应当设立学校理事会、董事会或者其他形式的决策机构并建立相应的监督机制。

民办学校的举办者根据学校章程规定的权限和程序参与学校的办学和管理。

**第二十一条** 学校理事会或者董事会由举办者或者其代表、校长、教职工代表等人员组成。其中三分之一以上的理事或者董事应当具有五年以上教育教学经验。

学校理事会或者董事会由五人以上组成,设理事长或者董事长一人。理事长、理事或者董事长、董事名单报审批机关备案。

**第二十二条** 学校理事会或者董事会行使下列职权:

(一)聘任和解聘校长;

(二)修改学校章程和制定学校的规章制度;

(三)制定发展规划,批准年度工作计划;

(四)筹集办学经费,审核预算、决算;

（五）决定教职工的编制定额和工资标准；

（六）决定学校的分立、合并、终止；

（七）决定其他重大事项。

其他形式决策机构的职权参照本条规定执行。

**第二十三条** 民办学校的法定代表人由理事长、董事长或者校长担任。

**第二十四条** 民办学校参照同级同类公办学校校长任职的条件聘任校长，年龄可以适当放宽。

**第二十五条** 民办学校校长负责学校的教育教学和行政管理工作，行使下列职权：

（一）执行学校理事会、董事会或者其他形式决策机构的决定；

（二）实施发展规划，拟订年度工作计划、财务预算和学校规章制度；

（三）聘任和解聘学校工作人员，实施奖惩；

（四）组织教育教学、科学研究活动，保证教育教学质量；

（五）负责学校日常管理工作；

（六）学校理事会、董事会或者其他形式决策机构的其他授权。

**第二十六条** 民办学校对招收的学生，根据其类别、修业年限、学业成绩，可以根据国家有关规定发给学历证书、结业证书或者培训合格证书。

对接受职业技能培训的学生，经政府批准的职业技能鉴定机构鉴定合格的，可以发给国家职业资格证书。

**第二十七条** 民办学校依法通过以教师为主体的教职工代表大会等形式，保障教职工参与民主管理和监督。

民办学校的教师和其他工作人员，有权依照工会法，建立工会组织，维护其合法权益。

## 第四章　教师与受教育者

**第二十八条** 民办学校的教师、受教育者与公办学校的教师、受教育者具有同等的法律地位。

**第二十九条** 民办学校聘任的教师，应当具有国家规定的任教资格。

**第三十条** 民办学校应当对教师进行思想品德教育和业务培训。

**第三十一条** 民办学校应当依法保障教职工的工资、福利待遇和其他合法权益,并为教职工缴纳社会保险费。

国家鼓励民办学校按照国家规定为教职工办理补充养老保险。

**第三十二条** 民办学校教职工在业务培训、职务聘任、教龄和工龄计算、表彰奖励、社会活动等方面依法享有与公办学校教职工同等权利。

**第三十三条** 民办学校依法保障受教育者的合法权益。

民办学校按照国家规定建立学籍管理制度,对受教育者实施奖励或者处分。

**第三十四条** 民办学校的受教育者在升学、就业、社会优待以及参加先进评选等方面享有与同级同类公办学校的受教育者同等权利。

## 第五章 学校资产与财务管理

**第三十五条** 民办学校应当依法建立财务、会计制度和资产管理制度,并按照国家有关规定设置会计账簿。

**第三十六条** 民办学校对举办者投入民办学校的资产、国有资产、受赠的财产以及办学积累,享有法人财产权。

**第三十七条** 民办学校存续期间,所有资产由民办学校依法管理和使用,任何组织和个人不得侵占。

任何组织和个人都不得违反法律、法规向民办教育机构收取任何费用。

**第三十八条** 民办学校收取费用的项目和标准根据办学成本、市场需求等因素确定,向社会公示,并接受有关主管部门的监督。

非营利性民办学校收费的具体办法,由省、自治区、直辖市人民政府制定;营利性民办学校的收费标准,实行市场调节,由学校自主决定。

民办学校收取的费用应当主要用于教育教学活动、改善办学条件和保障教职工待遇。

**第三十九条** 民办学校资产的使用和财务管理受审批机关和其他有关部门的监督。

民办学校应当在每个会计年度结束时制作财务会计报告,委托会计师事务所依法进行审计,并公布审计结果。

## 第六章 管理与监督

**第四十条** 教育行政部门及有关部门应当对民办学校的教育教学工作、教师培训工作进行指导。

**第四十一条** 教育行政部门及有关部门依法对民办学校实行督导,建立民办学校信息公示和信用档案制度,促进提高办学质量;组织或者委托社会中介组织评估办学水平和教育质量,并将评估结果向社会公布。

**第四十二条** 民办学校的招生简章和广告,应当报审批机关备案。

**第四十三条** 民办学校侵犯受教育者的合法权益,受教育者及其亲属有权向教育行政部门和其他有关部门申诉,有关部门应当及时予以处理。

**第四十四条** 国家支持和鼓励社会中介组织为民办学校提供服务。

## 第七章 扶持与奖励

**第四十五条** 县级以上各级人民政府可以设立专项资金,用于资助民办学校的发展,奖励和表彰有突出贡献的集体和个人。

**第四十六条** 县级以上各级人民政府可以采取购买服务、助学贷款、奖助学金和出租、转让闲置的国有资产等措施对民办学校予以扶持;对非营利性民办学校还可以采取政府补贴、基金奖励、捐资激励等扶持措施。

**第四十七条** 民办学校享受国家规定的税收优惠政策;其中,非营利性民办学校享受与公办学校同等的税收优惠政策。

**第四十八条** 民办学校依照国家有关法律、法规,可以接受公民、法人或者其他组织的捐赠。

国家对向民办学校捐赠财产的公民、法人或者其他组织按照有关规定给予税收优惠,并予以表彰。

**第四十九条** 国家鼓励金融机构运用信贷手段,支持民办教育事业的发展。

**第五十条** 人民政府委托民办学校承担义务教育任务,应当按照委托协议拨付相应的教育经费。

**第五十一条** 新建、扩建非营利性民办学校,人民政府应当按照与公办学校同等原则,以划拨等方式给予用地优惠。新建、扩建营利性民办学校,人民政府应当按照国家规定供给土地。

教育用地不得用于其他用途。

**第五十二条** 国家采取措施,支持和鼓励社会组织和个人到少数民族地区、边远贫困地区举办民办学校,发展教育事业。

## 第八章 变更与终止

**第五十三条** 民办学校的分立、合并,在进行财务清算后,由学校理事会或者董事会报审批机关批准。

申请分立、合并民办学校的,审批机关应当自受理之日起三个月内以书面形式答复;其中申请分立、合并民办高等学校的,审批机关也可以自受理之日起六个月内以书面形式答复。

**第五十四条** 民办学校举办者的变更,须由举办者提出,在进行财务清算后,经学校理事会或者董事会同意,报审批机关核准。

**第五十五条** 民办学校名称、层次、类别的变更,由学校理事会或者董事会报审批机关批准。

申请变更为其他民办学校,审批机关应当自受理之日起三个月内以书面形式答复;其中申请变更为民办高等学校的,审批机关也可以自受理之日起六个月内以书面形式答复。

**第五十六条** 民办学校有下列情形之一的,应当终止:

(一)根据学校章程规定要求终止,并经审批机关批准的;

(二)被吊销办学许可证的;

(三)因资不抵债无法继续办学的。

**第五十七条** 民办学校终止时,应当妥善安置在校学生。实施义务教育的民办学校终止时,审批机关应当协助学校安排学生继续就学。

**第五十八条** 民办学校终止时,应当依法进行财务清算。

民办学校自己要求终止的,由民办学校组织清算;被审批机关依法撤销的,由审批机关组织清算;因资不抵债无法继续办学而被终止的,由人民法院组织清算。

**第五十九条** 对民办学校的财产按照下列顺序清偿：

（一）应退受教育者学费、杂费和其他费用；

（二）应发教职工的工资及应缴纳的社会保险费用；

（三）偿还其他债务。

非营利性民办学校清偿上述债务后的剩余财产继续用于其他非营利性学校办学；营利性民办学校清偿上述债务后的剩余财产，依照公司法的有关规定处理。

**第六十条** 终止的民办学校，由审批机关收回办学许可证和销毁印章，并注销登记。

## 第九章 法 律 责 任

**第六十一条** 民办学校在教育活动中违反教育法、教师法规定的，依照教育法、教师法的有关规定给予处罚。

**第六十二条** 民办学校有下列行为之一的，由县级以上人民政府教育行政部门、人力资源社会保障行政部门或者其他有关部门责令限期改正，并予以警告；有违法所得的，退还所收费用后没收违法所得；情节严重的，责令停止招生、吊销办学许可证；构成犯罪的，依法追究刑事责任：

（一）擅自分立、合并民办学校的；

（二）擅自改变民办学校名称、层次、类别和举办者的；

（三）发布虚假招生简章或者广告，骗取钱财的；

（四）非法颁发或者伪造学历证书、结业证书、培训证书、职业资格证书的；

（五）管理混乱严重影响教育教学，产生恶劣社会影响的；

（六）提交虚假证明文件或者采取其他欺诈手段隐瞒重要事实骗取办学许可证的；

（七）伪造、变造、买卖、出租、出借办学许可证的；

（八）恶意终止办学、抽逃资金或者挪用办学经费的。

**第六十三条** 县级以上人民政府教育行政部门、人力资源社会保障行政部门或者其他有关部门有下列行为之一的，由上级机关责令其改正；情节严重的,对直接负责的主管人员和其他直接责任人员,依法给予处分;造成经济损失的,依法承担赔偿责任;构成犯罪的,依法追究刑事责任:

(一) 已受理设立申请,逾期不予答复的;

(二) 批准不符合本法规定条件申请的;

(三) 疏于管理,造成严重后果的;

(四) 违反国家有关规定收取费用的;

(五) 侵犯民办学校合法权益的;

(六) 其他滥用职权、徇私舞弊的。

**第六十四条** 违反国家有关规定擅自举办民办学校的,由所在地县级以上地方人民政府教育行政部门或者人力资源社会保障行政部门会同同级公安、民政或者工商行政管理等有关部门责令停止办学、退还所收费用,并对举办者处违法所得一倍以上五倍以下罚款;构成违反治安管理行为的,由公安机关依法给予治安管理处罚;构成犯罪的,依法追究刑事责任。

## 第十章 附 则

**第六十五条** 本法所称的民办学校包括依法举办的其他民办教育机构。

本法所称的校长包括其他民办教育机构的主要行政负责人。

**第六十六条** 境外的组织和个人在中国境内合作办学的办法,由国务院规定。

**第六十七条** 本法自2003年9月1日起施行。1997年7月31日国务院颁布的《社会力量办学条例》同时废止。

# 附录8　国家中长期教育改革和发展规划纲要(2010—2020年)

根据党的十七大关于"优先发展教育,建设人力资源强国"的战略部署,为促进教育事业科学发展,全面提高国民素质,加快社会主义现代化进程,制定本《教育规划纲要》。

## 序　言

百年大计,教育为本。教育是民族振兴、社会进步的基石,是提高国民素质、促进人的全面发展的根本途径,寄托着亿万家庭对美好生活的期盼。强国必先强教。优先发展教育、提高教育现代化水平,对实现全面建设小康社会奋斗目标、建设富强民主文明和谐的社会主义现代化国家具有决定性意义。

党和国家历来高度重视教育。新中国成立以来,在以毛泽东同志、邓小平同志、江泽民同志为核心的党的三代中央领导集体和以胡锦涛同志为总书记的党中央领导下,全党全社会同心同德,艰苦奋斗,开辟了中国特色社会主义教育发展道路,建成了世界最大规模的教育体系,保障了亿万人民群众受教育的权利。教育投入大幅增长,办学条件显著改善,教育改革逐步深化,办学水平不断提高。进入21世纪以来,城乡免费义务教育全面实现,职业教育快速发展,高等教育进入大众化阶段,农村教育得到加强,教育公平迈出重大步伐。教育的发展极大地提高了全民族素质,推进了科技创新、文化繁荣,为经济发展、社会进步和民生改善作出了不可替代的重大贡献。我国实现了从人口大国向人力资源大国的转变。

当今世界正处在大发展大变革大调整时期。世界多极化、经济全球化深入发展,科技进步日新月异,人才竞争日趋激烈。我国正处在改革发展的关键阶段,经济建设、政治建设、文化建设、社会建设以及生态文明建设全面推进,工业化、信息化、城镇化、市场化、国际化深入发展,人口、资源、环境压力日益加大,经济发展方式加快转变,都凸显了提高国民素质、培养创新人才的重要性和紧迫性。中国未来发展、中华民族伟大复兴,关键靠人才,基础在教育。

面对前所未有的机遇和挑战,必须清醒认识到,我国教育还不完全适应国家经济社会发展和人民群众接受良好教育的要求。教育观念相对落后,内容方法比较陈旧,中小学生课业负担过重,素质教育推进困难;学生适应社会和就业创业能力不强,创新型、实用型、复合型人才紧缺;教育体制机制不完善,学校办学活力不足;教育结构和布局不尽合理,城乡、区域教育发展不平衡,贫困地区、民族地区教育发展滞后;教育投入不足,教育优先发展的战略地位尚未得到完全落实。接受良好教育成为人民群众强烈期盼,深化教育改革成为全社会共同心声。

国运兴衰,系于教育;教育振兴,全民有责。在党和国家工作全局中,必须始终坚持把教育摆在优先发展的位置。按照面向现代化、面向世界、面向未来的要求,适应全面建设小康社会、建设创新型国家的需要,坚持育人为本,以改革创新为动力,以促进公平为重点,以提高质量为核心,全面实施素质教育,推动教育事业在新的历史起点上科学发展,加快从教育大国向教育强国、从人力资源大国向人力资源强国迈进,为中华民族伟大复兴和人类文明进步作出更大贡献。

# 第一部分　总体战略

## 第一章　指导思想和工作方针

(一)指导思想。高举中国特色社会主义伟大旗帜,以邓小平理论和"三个代表"重要思想为指导,深入贯彻落实科学发展观,实施科教兴国战略和人才强国战略,优先发展教育,完善中国特色社会主义现代教育体系,办好人民满意的教育,建设人力资源强国。

全面贯彻党的教育方针,坚持教育为社会主义现代化建设服务,为人民服务,与生产劳动和社会实践相结合,培养德智体美全面发展的社会主义建设者和接班人。

全面推进教育事业科学发展,立足社会主义初级阶段基本国情,把握教育发展阶段性特征,坚持以人为本,遵循教育规律,面向社会需求,优化结构布局,提高教育现代化水平。

(二)工作方针。优先发展、育人为本、改革创新、促进公平、提高质量。

把教育摆在优先发展的战略地位。教育优先发展是党和国家提出并长期坚持的一项重大方针。各级党委和政府要把优先发展教育作为贯彻落实科学发展观的一项基本要求,切实保证经济社会发展规划优先安排教育发展,财政资金优先保障教育投入,公共资源优先满足教育和人力资源开发需要。充分调动全社会关心支持教育的积极性,共同担负起培育下一代的责任,为青少年健康成长创造良好环境。完善体制和政策,鼓励社会力量兴办教育,不断扩大社会资源对教育的投入。

把育人为本作为教育工作的根本要求。人力资源是我国经济社会发展的第一资源,教育是开发人力资源的主要途径。要以学生为主体,以教师为主导,充分发挥学生的主动性,把促进学生健康成长作为学校一切工作的出发点和落脚点。关心每个学生,促进每个学生主动地、生动活泼地发展,尊重教育规律和学生身心发展规律,为每个学生提供适合的教育。努力培养造就数以亿计的高素质劳动者、数以千万计的专门人才和一大批拔尖创新人才。

把改革创新作为教育发展的强大动力。教育要发展,根本靠改革。要以体制机制改革为重点,鼓励地方和学校大胆探索和试验,加快重要领域和关键环节改革步伐。创新人才培养体制、办学体制、教育管理体制,改革质量评价和考试招生制度,改革教学内容、方法、手段,建设现代学校制度。加快解决经济社会发展对高质量多样化人才需要与教育培养能力不足的矛盾、人民群众期盼良好教育与资源相对短缺的矛盾、增强教育活力与体制机制约束的矛盾,为教育事业持续健康发展提供强大动力。

把促进公平作为国家基本教育政策。教育公平是社会公平的重要基础。教育公平的关键是机会公平,基本要求是保障公民依法享有受教育的权利,重点是促进义务教育均衡发展和扶持困难群体,根本措施是合理配置教育资源,向农村地区、边远贫困地区和民族地区倾斜,加快缩小教育差距。教育公平的主要责任在政府,全社会要共同促进教育公平。

把提高质量作为教育改革发展的核心任务。树立科学的质量观,把促进人的全面发展、适应社会需要作为衡量教育质量的根本标准。树立以提高质量为核心的教育发展观,注重教育内涵发展,鼓励学校办出特色、办出水平,出名师,育英才。建立以提高教育质量为导向的管理制度和工作机制,把教育资源配置和学校工作重点集中到强化教学环节、提高教育质量上来。制定教育质量国家标准,建立健全教育质量保障体系。加强教师队伍建设,提高教师整体素质。

## 第二章 战略目标和战略主题

(三)战略目标。到 2020 年,基本实现教育现代化,基本形成学习型社会,进入人力资源强国行列。

实现更高水平的普及教育。基本普及学前教育;巩固提高九年义务教育水平;普及高中阶段教育,毛入学率达到 90%;高等教育大众化水平进一步提高,毛入学率达到 40%;扫除青壮年文盲。新增劳动力平均受教育年限从 12.4 年提高到 13.5 年;主要劳动年龄人口平均受教育年限从 9.5 年提高到 11.2 年,其中受过高等教育的比例达到 20%,具有高等教育文化程度的人数比 2009 年翻一番。

形成惠及全民的公平教育。坚持教育的公益性和普惠性,保障公民依法享有接受良好教育的机会。建成覆盖城乡的基本公共教育服务体系,逐步实现基本公共教育服务均等化,缩小区域差距。努力办好每一所学校,教好每一个学生,不让一个学生因家庭经济困难而失学。切实解决进城务工人员子女平等接受义务教育问题。保障残疾人受教育权利。

提供更加丰富的优质教育。教育质量整体提升,教育现代化水平明显提高。优质教育资源总量不断扩大,更好满足人民群众接受高质量教育的需求。学生思想道德素质、科学文化素质和健康素质明显提高。各类人才服务国家、服务人民和参与国际竞争能力显著增强。

构建体系完备的终身教育。学历教育和非学历教育协调发展,职业教育和普通教育相互沟通,职前教育和职后教育有效衔接。继续教育参与率大幅提升,从业人员继续教育年参与率达到50%。现代国民教育体系更加完善,终身教育体系基本形成,促进全体人民学有所教、学有所成、学有所用。

健全充满活力的教育体制。进一步解放思想,更新观念,深化改革,提高教育开放水平,全面形成与社会主义市场经济体制和全面建设小康社会目标相适应的充满活力、富有效率、更加开放、有利于科学发展的教育体制机制,办出具有中国特色、世界水平的现代教育。

(四)战略主题。坚持以人为本、全面实施素质教育是教育改革发展的战略主题,是贯彻党的教育方针的时代要求,其核心是解决好培养什么人、怎样培养人的重大问题,重点是面向全体学生、促进学生全面发展,着力提高学生服务国家服务人民的社会责任感、勇于探索的创新精神和善于解决问题的实践能力。

坚持德育为先。立德树人,把社会主义核心价值体系融入国民教育全过程。加强马克思主义中国化最新成果教育,引导学生形成正确的世界观、人生观、价值观;加强理想信念教育和道德教育,坚定学生对中国共产党领导、社会主义制度的信念和信心;加强以爱国主义为核心的民族精神和以改革创新为核心的时代精神教育;加强社会主义荣辱观教育,培养学生团结互助、诚实守信、遵纪守法、艰苦奋斗的良好品质。加强公民意识教育,树立社会主义民主法治、自由平等、公平正义理念,培养社会主义合格公民。加强中华民族优秀文化传统教育和革命传统教育。把德育渗透于教育教学的各个环节,贯穿于学校教育、家庭教育和社会教育的各个方面。切实加强和改进未成年人思想道德建设和大学生思想政治教育工作。构建大中小学有效衔接的德育体系,创新德育形式,丰富德育内容,不断提高德育工作的吸引力和感染力,增强德育工作的针对性和实效性。加强辅导员、班主任队伍建设。

坚持能力为重。优化知识结构,丰富社会实践,强化能力培养。着力提高学生的学习能力、实践能力、创新能力,教育学生学会知识技能,学会动手动脑,学会生存生活,学会做人做事,促进学生主动适应社会,开创美好未来。

坚持全面发展。全面加强和改进德育、智育、体育、美育。坚持文化知识学习与思想品德修养的统一、理论学习与社会实践的统一、全面发展与个性发展的统一。加强体育,牢固树立健康第一的思想,确保学生体育课程和课余活动时间,提高体育教学质量,加强心理健康教育,促进学生身心健康、体魄强健、意志坚强;加强美育,培养学生良好的审美情趣和人文素养。加强劳动教育,培养学生热爱劳动、热爱劳动人民的情感。重视安全教育、生命教育、国防教育、可持续发展教育。促进德育、智育、体育、美育有机融合,提高学生综合素质,使学生成为德智体美全面发展的社会主义建设者和接班人。

专栏1 教育事业发展主目标

| 指 标 | 单位 | 2009年 | 2015年 | 2020年 |
|---|---|---|---|---|
| **学前教育** | | | | |
| 幼儿在园人数 | 万人 | 2 658 | 3 400 | 4 000 |
| 学前一年毛入园率 | % | 74.0 | 85.0 | 95.0 |
| 学前两年毛入园率 | % | 65.0 | 70.0 | 80.0 |
| 学前三年毛入园率 | % | 50.9 | 60.0 | 70.0 |
| **九年义务教育** | | | | |
| 在校生 | 万人 | 15 772 | 16 100 | 16 500 |
| 巩固率 | % | 90.8 | 93.0 | 95.0 |
| **高中阶段教育*** | | | | |
| 在校生 | 万人 | 4 624 | 4 500 | 4 700 |
| 毛入学率 | % | 79.2 | 87.0 | 90.0 |
| **职业教育** | | | | |
| 中等职业教育在校生 | 万人 | 2 179 | 2 250 | 2 350 |
| 高等职业教育在校生 | 万人 | 1 280 | 1 390 | 1 480 |
| **高等教育**** | | | | |
| 在学总规模 | 万人 | 2 979 | 3 350 | 3 550 |
| 在校生 | 万人 | 2 826 | 3 080 | 3 300 |
| 其中:研究生 | 万人 | 140 | 170 | 200 |
| 毛入学率 | % | 24.2 | 36.0 | 40.0 |
| **继续教育** | | | | |
| 从业人员继续教育 | 万人次 | 16 600 | 29 000 | 35 000 |

*含中等职业教育学生数;**含高等职业教育学生数。

专栏 2　人力资源开发主要目标

| 指　标 | 单位 | 2009 年 | 2015 年 | 2020 年 |
|---|---|---|---|---|
| 具有高等教育文化程度的人数 | 万人 | 9 830 | 14 500 | 19 500 |
| 主要劳动年龄人口平均受教育年限 | 年 | 9.5 | 10.5 | 11.2 |
| 其中:受过高等教育的比例 | % | 9.9 | 15.0 | 20.0 |
| 新增劳动力平均受教育年限 | 年 | 12.4 | 13.3 | 13.5 |
| 其中:受过高中阶段及以上教育的比例 | % | 67.0 | 87.0 | 90.0 |

# 第二部分　发展任务

## 第三章　学前教育

（五）基本普及学前教育。学前教育对幼儿身心健康、习惯养成、智力发展具有重要意义。遵循幼儿身心发展规律，坚持科学保教方法，保障幼儿快乐健康成长。积极发展学前教育，到 2020 年，普及学前一年教育，基本普及学前两年教育，有条件的地区普及学前三年教育。重视 0～3 岁婴幼儿教育。

（六）明确政府职责。把发展学前教育纳入城镇、社会主义新农村建设规划。建立政府主导、社会参与、公办民办并举的办园体制。大力发展公办幼儿园，积极扶持民办幼儿园。加大政府投入，完善成本合理分担机制，对家庭经济困难幼儿入园给予补助。加强学前教育管理，规范办园行为。制定学前教育办园标准，建立幼儿园准入制度。完善幼儿园收费管理办法。严格执行幼儿教师资格标准，切实加强幼儿教师培养培训，提高幼儿教师队伍整体素质，依法落实幼儿教师地位和待遇。教育行政部门加强对学前教育的宏观指导和管理，相关部门履行各自职责，充分调动各方面力量发展学前教育。

（七）重点发展农村学前教育。努力提高农村学前教育普及程度。着力保证留守儿童入园。采取多种形式扩大农村学前教育资源，改扩建、新建幼儿园，充分利用中小学布局调整富余的校舍和教师举办幼儿园（班）。发挥乡镇中心幼儿园对村幼儿园的示范指导作用。支持贫困地区发展学前教育。

## 第四章 义务教育

（八）巩固提高九年义务教育水平。义务教育是国家依法统一实施、所有适龄儿童少年必须接受的教育，具有强制性、免费性和普及性，是教育工作的重中之重。注重品行培养，激发学习兴趣，培育健康体魄，养成良好习惯。到2020年，全面提高普及水平，全面提高教育质量，基本实现区域内均衡发展，确保适龄儿童少年接受良好义务教育。

巩固义务教育普及成果。适应城乡发展需要，合理规划学校布局，办好必要的教学点，方便学生就近入学。坚持以输入地政府管理为主、以全日制公办中小学为主，确保进城务工人员随迁子女平等接受义务教育，研究制定进城务工人员随迁子女接受义务教育后在当地参加升学考试的办法。建立健全政府主导、社会参与的农村留守儿童关爱服务体系和动态监测机制。加快农村寄宿制学校建设，优先满足留守儿童住宿需求。采取必要措施，确保适龄儿童少年不因家庭经济困难、就学困难、学习困难等原因而失学，努力消除辍学现象。

提高义务教育质量。建立国家义务教育质量基本标准和监测制度。严格执行义务教育国家课程标准、教师资格标准。深化课程与教学方法改革，推行小班教学。配齐音乐、体育、美术等学科教师，开足开好规定课程。大力推广普通话教学，使用规范汉字。

增强学生体质。科学安排学习、生活、锻炼，保证学生睡眠时间。大力开展"阳光体育"运动，保证学生每天锻炼一小时，不断提高学生体质健康水平。提倡合理膳食，改善学生营养状况，提高贫困地区农村学生营养水平。保护学生视力。

（九）推进义务教育均衡发展。均衡发展是义务教育的战略性任务。建立健全义务教育均衡发展保障机制。推进义务教育学校标准化建设，均衡配置教师、设备、图书、校舍等资源。

切实缩小校际差距，着力解决择校问题。加快薄弱学校改造，着力提高师资水平。实行县(区)域内教师、校长交流制度。实行优质普通高中和优质中等职业学校招生名额合理分配到区域内初中的办法。义务教育阶段不得设置重点学校和重点班。在保障适龄儿童少年就近进入公办学校的前提下，发展民办教育，提供选择机会。

加快缩小城乡差距。建立城乡一体化义务教育发展机制,在财政拨款、学校建设、教师配置等方面向农村倾斜。率先在县(区)域内实现城乡均衡发展,逐步在更大范围内推进。

努力缩小区域差距。加大对革命老区、民族地区、边疆地区、贫困地区义务教育的转移支付力度。鼓励发达地区支援欠发达地区。

(十)减轻中小学生课业负担。过重的课业负担严重损害儿童少年身心健康。减轻学生课业负担是全社会的共同责任,政府、学校、家庭、社会必须共同努力,标本兼治,综合治理。把减负落实到中小学教育全过程,促进学生生动活泼学习、健康快乐成长。率先实现小学生减负。

各级政府要把减负作为教育工作的重要任务,统筹规划,整体推进。调整教材内容,科学设计课程难度。改革考试评价制度和学校考核办法。规范办学行为,建立学生课业负担监测和公告制度。不得以升学率对地区和学校进行排名,不得下达升学指标。规范各种社会补习机构和教辅市场。加强校外活动场所建设和管理,丰富学生课外及校外活动。

学校要把减负落实到教育教学各个环节,给学生留下了解社会、深入思考、动手实践、健身娱乐的时间。提高教师业务素质,改进教学方法,增强课堂教学效果,减少作业量和考试次数。培养学生学习兴趣和爱好。严格执行课程方案,不得增加课时和提高难度。各种等级考试和竞赛成绩不得作为义务教育阶段入学与升学的依据。

充分发挥家庭教育在儿童少年成长过程中的重要作用。家长要树立正确的教育观念,掌握科学的教育方法,尊重子女的健康情趣,培养子女的良好习惯,加强与学校的沟通配合,共同减轻学生课业负担。

## 第五章　高中阶段教育

(十一)加快普及高中阶段教育。高中阶段教育是学生个性形成、自主发展的关键时期,对提高国民素质和培养创新人才具有特殊意义。注重培养学生自主学习、自强自立和适应社会的能力,克服应试教育倾向。到2020年,普及高中阶段教育,满足初中毕业生接受高中阶段教育需求。

根据经济社会发展需要,合理确定普通高中和中等职业学校招生比例,今后一个时期总体保持普通高中和中等职业学校招生规模大体相当。加大对中西部贫困地区高中阶段教育的扶持力度。

（十二）全面提高普通高中学生综合素质。深入推进课程改革，全面落实课程方案，保证学生全面完成国家规定的文理等各门课程的学习。创造条件开设丰富多彩的选修课，为学生提供更多选择，促进学生全面而有个性的发展。逐步消除大班额现象。积极开展研究性学习、社区服务和社会实践。建立科学的教育质量评价体系，全面实施高中学业水平考试和综合素质评价。建立学生发展指导制度，加强对学生的理想、心理、学业等多方面指导。

（十三）推动普通高中多样化发展。促进办学体制多样化，扩大优质资源。推进培养模式多样化，满足不同潜质学生的发展需要。探索发现和培养创新人才的途径。鼓励普通高中办出特色。鼓励有条件的普通高中根据需要适当增加职业教育的教学内容。探索综合高中发展模式。采取多种方式，为在校生和未升学毕业生提供职业教育。

## 第六章　职　业　教　育

（十四）大力发展职业教育。发展职业教育是推动经济发展、促进就业、改善民生、解决"三农"问题的重要途径，是缓解劳动力供求结构矛盾的关键环节，必须摆在更加突出的位置。职业教育要面向人人、面向社会，着力培养学生的职业道德、职业技能和就业创业能力。到2020年，形成适应经济发展方式转变和产业结构调整要求、体现终身教育理念、中等和高等职业教育协调发展的现代职业教育体系，满足人民群众接受职业教育的需求，满足经济社会对高素质劳动者和技能型人才的需要。

政府要切实履行发展职业教育的职责。把职业教育纳入经济社会发展和产业发展规划，促使职业教育规模、专业设置与经济社会发展需求相适应。统筹中等职业教育与高等职业教育发展。健全多渠道投入机制，加大职业教育投入。

把提高质量作为重点。以服务为宗旨，以就业为导向，推进教育教学改革。实行工学结合、校企合作、顶岗实习的人才培养模式。坚持学校教育与职业培训并举，全日制与非全日制并重。制定职业学校基本办学标准。加强"双师型"教师队伍和实训基地建设,提升职业教育基础能力。建立健全技能型人才到职业学校从教的制度。完善符合职业教育特点的教师资格标准和专业技术职务(职称)评聘办法。建立健全职业教育质量保障体系,吸收企业参加教育质量评估。开展职业技能竞赛。

(十五)调动行业企业的积极性。建立健全政府主导、行业指导、企业参与的办学机制,制定促进校企合作办学法规,推进校企合作制度化。鼓励行业组织、企业举办职业学校,鼓励委托职业学校进行职工培训。制定优惠政策,鼓励企业接收学生实习实训和教师实践,鼓励企业加大对职业教育的投入。

(十六)加快发展面向农村的职业教育。把加强职业教育作为服务社会主义新农村建设的重要内容。加强基础教育、职业教育和成人教育统筹,促进农科教结合。强化省、市(地)级政府发展农村职业教育的责任,扩大农村职业教育培训覆盖面,根据需要办好县级职教中心。强化职业教育资源的统筹协调和综合利用,推进城乡、区域合作,增强服务"三农"能力。加强涉农专业建设,加大培养适应农业和农村发展需要的专业人才力度。支持各级各类学校积极参与培养有文化、懂技术、会经营的新型农民,开展进城务工人员、农村劳动力转移培训。逐步实施农村新成长劳动力免费劳动预备制培训。

(十七)增强职业教育吸引力。完善职业教育支持政策。逐步实行中等职业教育免费制度,完善家庭经济困难学生资助政策。改革招生和教学模式。积极推进学历证书和职业资格证书"双证书"制度,推进职业学校专业课程内容和职业标准相衔接。完善就业准入制度,执行"先培训、后就业""先培训、后上岗"的规定。制定退役士兵接受职业教育培训的办法。建立健全职业教育课程衔接体系。鼓励毕业生在职继续学习,完善职业学校毕业生直接升学制度,拓宽毕业生继续学习渠道。提高技能型人才的社会地位和待遇。加大对有突出贡献高技能人才的宣传表彰力度,形成行行出状元的良好社会氛围。

## 第七章 高 等 教 育

(十八)全面提高高等教育质量。高等教育承担着培养高级专门人才、发展科学技术文化、促进社会主义现代化建设的重大任务。提高质量是高等教育发展的核心任务,是建设高等教育强国的基本要求。到2020年,高等教育结构更加合理,特色更加鲜明,人才培养、科学研究和社会服务整体水平全面提升,建成一批国际知名、有特色、高水平的高等学校,若干所大学达到或接近世界一流大学水平,高等教育国际竞争力显著增强。

(十九)提高人才培养质量。牢固确立人才培养在高校工作中的中心地位,着力培养信念执着、品德优良、知识丰富、本领过硬的高素质专门人才和拔尖创新人才。加大教学投入。把教学作为教师考核的首要内容,把教授为低年级学生授课作为重要制度。加强实验室、校内外实习基地、课程教材等基本建设。深化教学改革。推进和完善学分制,实行弹性学制,促进文理交融。支持学生参与科学研究,强化实践教学环节。加强就业创业教育和就业指导服务。创立高校与科研院所、行业、企业联合培养人才的新机制。全面实施"高等学校本科教学质量与教学改革工程"。严格教学管理。健全教学质量保障体系,改进高校教学评估。充分调动学生学习积极性和主动性,激励学生刻苦学习,增强诚信意识,养成良好学风。

大力推进研究生培养机制改革。建立以科学与工程技术研究为主导的导师责任制和导师项目资助制,推行产学研联合培养研究生的"双导师制"。实施"研究生教育创新计划"。加强管理,不断提高研究生特别是博士生的培养质量。

(二十)提升科学研究水平。充分发挥高校在国家创新体系中的重要作用,鼓励高校在知识创新、技术创新、国防科技创新和区域创新中作出贡献。大力开展自然科学、技术科学、哲学社会科学研究。坚持服务国家目标与鼓励自由探索相结合,加强基础研究;以重大现实问题为主攻方向,加强应用研究。促进高校、科研院所、企业科技教育资源共享,推动高校创新组织模式,培育跨学科、跨领域的科研与教学相结合的团队。促进科研与教学互动、与创新人才培养相结合。充分发挥研究生在科学研究中的作用。加强高校重点科研创新基地与科技创新平台建设。完善以创新和质量为导向的科研评价机制。积极参与马克思主义理论研究和建设工程。深入实施"高等学校哲学社会科学繁荣计划"。

(二十一)增强社会服务能力。高校要牢固树立主动为社会服务的意识,全方位开展服务。推进产学研用结合,加快科技成果转化,规范校办产业发展。为社会成员提供继续教育服务。开展科学普及工作,提高公众科学素质和人文素质。积极推进文化传播,弘扬优秀传统文化,发展先进文化。积极参与决策咨询,主动开展前瞻性、对策性研究,充分发挥智囊团、思想库作用。鼓励师生开展志愿服务。

(二十二)优化结构办出特色。适应国家和区域经济社会发展需要,建立动态调整机制,不断优化高等教育结构。优化学科专业、类型、层次结构,促进多学科交叉和融合。重点扩大应用型、复合型、技能型人才培养规模。加快发展专业学位研究生教育。优化区域布局结构。设立支持地方高等教育专项资金,实施中西部高等教育振兴计划。新增招生计划向中西部高等教育资源短缺地区倾斜,扩大东部高校在中西部地区招生规模,加大东部高校对西部高校对口支援力度。鼓励东部地区高等教育率先发展。建立完善军民结合、寓军于民的军队人才培养体系。

促进高校办出特色。建立高校分类体系,实行分类管理。发挥政策指导和资源配置的作用,引导高校合理定位,克服同质化倾向,形成各自的办学理念和风格,在不同层次、不同领域办出特色,争创一流。

加快建设一流大学和一流学科。以重点学科建设为基础,继续实施"985工程"和优势学科创新平台建设,继续实施"211工程"和启动特色重点学科项目。改进管理模式,引入竞争机制,实行绩效评估,进行动态管理。鼓励学校优势学科面向世界,支持参与和设立国际学术合作组织、国际科学计划,支持与境外高水平教育、科研机构建立联合研发基地。加快创建世界一流大学和高水平大学的步伐,培养一批拔尖创新人才,形成一批世界一流学科,产生一批国际领先的原创性成果,为提升我国综合国力贡献力量。

## 第八章 继续教育

(二十三)加快发展继续教育。继续教育是面向学校教育之后所有社会成员的教育活动,特别是成人教育活动,是终身学习体系的重要组成部分。更新继续教育观念,加大投入力度,以加强人力资源能力建设为核心,大力发展非学历继续教育,稳步发展学历继续教育。重视老年教育。倡导全民阅读。广泛开展城乡社区教育,加快各类学习型组织建设,基本形成全民学习、终身学习的学习型社会。

(二十四)建立健全继续教育体制机制。政府成立跨部门继续教育协调机构,统筹指导继续教育发展。将继续教育纳入区域、行业总体发展规划。行业主管部门或协会负责制定行业继续教育规划和组织实施办法。加快继续教育法制建设。健全继续教育激励机制,推进继续教育与工作考核、岗位聘任(聘用)、职务(职称)评聘、职业注册等人事管理制度的衔接。鼓励个人多种形式接受继续教育,支持用人单位为从业人员接受继续教育提供条件。加强继续教育监管和评估。

(二十五)构建灵活开放的终身教育体系。发展和规范教育培训服务,统筹扩大继续教育资源。鼓励学校、科研院所、企业等相关组织开展继续教育。加强城乡社区教育机构和网络建设,开发社区教育资源。大力发展现代远程教育,建设以卫星、电视和互联网等为载体的远程开放继续教育及公共服务平台,为学习者提供方便、灵活、个性化的学习条件。

搭建终身学习"立交桥"。促进各级各类教育纵向衔接、横向沟通,提供多次选择机会,满足个人多样化的学习和发展需要。健全宽进严出的学习制度,办好开放大学,改革和完善高等教育自学考试制度。建立继续教育学分积累与转换制度,实现不同类型学习成果的互认和衔接。

## 第九章 民 族 教 育

(二十六)重视和支持民族教育事业。加快民族教育事业发展,对于推动少数民族和民族地区经济社会发展,促进各民族共同团结奋斗、共同繁荣发展,具有重大而深远的意义。要加强对民族教育工作的领导,全面贯彻党的民族政策,切实解决少数民族和民族地区教育事业发展面临的特殊困难和突出问题。

在各级各类学校广泛开展民族团结教育。推动党的民族理论和民族政策、国家法律法规进教材、进课堂、进头脑,引导广大师生牢固树立马克思主义祖国观、民族观、宗教观,不断夯实各民族大团结的基础,增强中华民族自豪感和凝聚力。

(二十七)全面提高少数民族和民族地区教育发展水平。公共教育资源要向民族地区倾斜。中央和地方政府要进一步加大对民族教育支持力度。

促进民族地区各级各类教育协调发展。巩固民族地区义务教育普及成果,确保适龄儿童少年依法接受义务教育,全面提高普及水平,全面提高教育教学质量。支持边境县和民族自治地方贫困县义务教育学校标准化建设,加强民族地区寄宿制学校建设。加快民族地区高中阶段教育发展。支持教育基础薄弱地区改扩建、新建一批高中阶段学校。大力发展民族地区职业教育。加大对民族地区中等职业教育的支持力度。积极发展民族地区高等教育。支持民族院校加强学科和人才队伍建设,提高办学质量和管理水平。进一步办好高校民族预科班。加大对人口较少民族教育事业的扶持力度。

大力推进双语教学。全面开设汉语文课程,全面推广国家通用语言文字。尊重和保障少数民族使用本民族语言文字接受教育的权利。全面加强学前双语教育。国家对双语教学的师资培养培训、教学研究、教材开发和出版给予支持。

加强教育对口支援。认真组织落实内地省市对民族地区教育支援工作。充分利用内地优质教育资源,探索多种形式,吸引更多民族地区少数民族学生到内地接受教育。办好面向民族地区的职业学校。加大对民族地区师资培养培训力度,提高教师的政治素质和业务素质。国家制定优惠政策,鼓励支持高等学校毕业生到民族地区基层任教。支持民族地区发展现代远程教育,扩大优质教育资源覆盖面。

## 第十章　特　殊　教　育

(二十八) 关心和支持特殊教育。特殊教育是促进残疾人全面发展、帮助残疾人更好地融入社会的基本途径。各级政府要加快发展特殊教育,把特殊教育事业纳入当地经济社会发展规划,列入议事日程。全社会要关心支持特殊教育。

提高残疾学生的综合素质。注重潜能开发和缺陷补偿,培养残疾学生积极面对人生、全面融入社会的意识和自尊、自信、自立、自强的精神。加强残疾学生职业技能和就业能力培养。

（二十九）完善特殊教育体系。到 2020 年,基本实现市(地)和 30 万人口以上、残疾儿童少年较多的县(市)都有一所特殊教育学校。各级各类学校要积极创造条件接收残疾人入学,不断扩大随班就读和普通学校特教班规模。全面提高残疾儿童少年义务教育普及水平,加快发展残疾人高中阶段教育,大力推进残疾人职业教育,重视发展残疾人高等教育。因地制宜发展残疾儿童学前教育。

（三十）健全特殊教育保障机制。国家制定特殊教育学校基本办学标准,地方政府制定学生人均公用经费标准。加大对特殊教育的投入力度。鼓励和支持接收残疾学生的普通学校为残疾学生创造学习和生活条件。加强特殊教育师资队伍建设,采取措施落实特殊教育教师待遇。在优秀教师表彰中提高特殊教育教师比例。加大对家庭经济困难残疾学生的资助力度。逐步实施残疾学生高中阶段免费教育。

# 第三部分 体 制 改 革

## 第十一章 人才培养体制改革

（三十一）更新人才培养观念。深化教育体制改革,关键是更新教育观念,核心是改革人才培养体制,目的是提高人才培养水平。树立全面发展观念,努力造就德智体美全面发展的高素质人才。树立人人成才观念,面向全体学生,促进学生成长成才。树立多样化人才观念,尊重个人选择,鼓励个性发展,不拘一格地培养人才。树立终身学习观念,为持续发展奠定基础。树立系统培养观念,推进小学、中学、大学有机衔接,教学、科研、实践紧密结合,学校、家庭、社会密切配合,加强学校之间、校企之间、学校与科研机构之间的合作以及中外合作等多种联合培养方式,形成体系开放、机制灵活、渠道互通、选择多样的人才培养体制。

（三十二）创新人才培养模式。适应国家和社会发展需要,遵循教育规律和人才成长规律,深化教育教学改革,创新教育教学方法,探索多种培养方式,形成各类人才辈出、拔尖创新人才不断涌现的局面。

注重学思结合。倡导启发式、探究式、讨论式、参与式教学,帮助学生学会学习。激发学生的好奇心,培养学生的兴趣爱好,营造独立思考、自由探索、勇于创新的良好环境。适应经济社会发展和科技进步的要求,推进课程改革,加强教材建设,建立健全教材质量监管制度。深入研究、确定不同教育阶段学生必须掌握的核心内容,形成教学内容更新机制。充分发挥现代信息技术作用,促进优质教学资源共享。

注重知行统一。坚持教育教学与生产劳动、社会实践相结合。开发实践课程和活动课程,增强学生科学实验、生产实习和技能实训的成效。充分利用社会教育资源,开展各种课外及校外活动。加强中小学校外活动场所建设;加强学生社团组织指导,鼓励学生积极参与志愿服务和公益事业。

注重因材施教。关注学生不同特点和个性差异,发展每一个学生的优势潜能。推进分层教学、走班制、学分制、导师制等教学管理制度改革。建立学习困难学生的帮助机制。改进优异学生培养方式,在跳级、转学、转换专业以及选修更高学段课程等方面给予支持和指导。健全公开、平等、竞争、择优的选拔方式,改进中学生升学推荐办法,创新研究生培养方法。探索高中阶段、高等学校拔尖学生培养模式。

(三十三)改革教育质量评价和人才评价制度。改进教育教学评价,根据培养目标和人才理念,建立科学、多样的评价标准。开展由政府、学校、家长及社会各方面参与的教育质量评价活动。做好学生成长记录,完善综合素质评价。探索促进学生发展的多种评价方式,激励学生乐观向上、自主自立、努力成才。

改进人才评价及选用制度,为人才培养创造良好环境。树立科学人才观,建立以岗位职责为基础,以品德、能力和业绩为导向的科学化、社会化人才评价发现机制。强化人才选拔使用中对实践能力的考查,克服社会用人单纯追求学历的倾向。

## 第十二章 考试招生制度改革

(三十四)推进考试招生制度改革。以考试招生制度改革为突破口,克服一考定终身的弊端,推进素质教育的实施和创新人才培养。按照有利于科学选拔人才、促进学生健康发展、维护社会公平的原则,探索招生与考试相对分离的办法,政府宏观管理,专业机构组织实施,学校依法自主招生,学生多次选择,逐步形成分类考试、综合评价、多元录取的考试招生制度。加强考试管理,完善专业考试机构功能,提高服务能力和水平。成立国家教育考试指导委员会,研究制定考试改革方案,指导考试改革试点。

(三十五)完善中等学校考试招生制度。完善初中就近免试入学的具体办法。完善学业水平考试和综合素质评价,为高中阶段学校招生录取提供更加科学的依据。改进高中阶段学校考试招生方式,发挥优质普通高中和优质中等职业学校招生名额合理分配的导向作用。规范优秀特长生录取程序与办法。中等职业学校实行自主招生或注册入学。

(三十六)完善高等学校考试招生制度。深化考试内容和形式改革,着重考查综合素质和能力。以高等学校人才选拔要求和国家课程标准为依据,完善国家考试科目试题库,保证国家考试的科学性、导向性和规范性。探索有的科目一年多次考试的办法,探索实行社会化考试。

逐步实施高等学校分类入学考试。普通高等学校本科入学考试由全国统一组织;高等职业教育入学考试由各省、自治区、直辖市组织。成人高等教育招生办法由各省、自治区、直辖市确定。深入推进研究生入学考试制度改革,加强创新能力考查,发挥和规范导师在选拔录取中的作用。

完善高等学校招生名额分配方式和招生录取办法,建立健全有利于促进入学机会公平、有利于优秀人才选拔的多元录取机制。普通高等学校本科招生以统一入学考试为基本方式,结合学业水平考试和综合素质评价,择优录取。对特长显著、符合学校培养要求的,依据面试或者测试结果自主录取;高中阶段全面发展、表现优异的,推荐录取;符合条件、自愿到国家需要的行业、地区就业的,签订协议实行定向录取;对在实践岗位上作出突出贡献或具有特殊才能的人才,建立专门程序,破格录取。

(三十七)加强信息公开和社会监督。完善考试招生信息发布制度,实现信息公开透明,保障考生权益,加强政府和社会监督。公开高等学校招生名额分配原则和办法,公开招生章程和政策、招生程序和结果,公开自主招生办法、程序和结果。加强考试招生法规建设,规范学校招生录取程序,清理并规范升学加分政策。强化考试安全责任,加强诚信制度建设,坚决防范和严肃查处考试招生舞弊行为。

## 第十三章　建设现代学校制度

（三十八）推进政校分开、管办分离。适应中国国情和时代要求,建设依法办学、自主管理、民主监督、社会参与的现代学校制度,构建政府、学校、社会之间的新型关系。适应国家行政管理体制改革要求,明确政府管理权限和职责,明确各级各类学校办学权利和责任。探索适应不同类型教育和人才成长的学校管理体制与办学模式,避免千校一面。完善学校目标管理和绩效管理机制。健全校务公开制度,接受师生员工和社会的监督。随着国家事业单位分类改革推进,探索建立符合学校特点的管理制度和配套政策,克服行政化倾向,取消实际存在的行政级别和行政化管理模式。

（三十九）落实和扩大学校办学自主权。政府及其部门要树立服务意识,改进管理方式,完善监管机制,减少和规范对学校的行政审批事项,依法保障学校充分行使办学自主权和承担相应责任。高等学校按照国家法律法规和宏观政策,自主开展教学活动、科学研究、技术开发和社会服务,自主设置和调整学科、专业,自主制定学校规划并组织实施,自主设置教学、科研、行政管理机构,自主确定内部收入分配,自主管理和使用人才,自主管理和使用学校财产和经费。扩大普通高中及中等职业学校在办学模式、育人方式、资源配置、人事管理、合作办学、社区服务等方面的自主权。

（四十）完善中国特色现代大学制度。完善治理结构。公办高等学校要坚持和完善党委领导下的校长负责制。健全议事规则与决策程序,依法落实党委、校长职权。完善大学校长选拔任用办法。充分发挥学术委员会在学科建设、学术评价、学术发展中的重要作用。探索教授治学的有效途径,充分发挥教授在教学、学术研究和学校管理中的作用。加强教职工代表大会、学生代表大会建设,发挥群众团体的作用。

加强章程建设。各类高校应依法制定章程,依照章程规定管理学校。尊重学术自由,营造宽松的学术环境。全面实行聘任制度和岗位管理制度。确立科学的考核评价和激励机制。

扩大社会合作。探索建立高等学校理事会或董事会,健全社会支持和监督学校发展的长效机制。探索高等学校与行业、企业密切合作共建的模式,推进高等学校与科研院所、社会团体的资源共享,形成协调合作的有效机制,提高服务经济建设和社会发展的能力。推进高校后勤社会化改革。

推进专业评价。鼓励专门机构和社会中介机构对高等学校学科、专业、课程等水平和质量进行评估。建立科学、规范的评估制度。探索与国际高水平教育评价机构合作,形成中国特色学校评价模式。建立高等学校质量年度报告发布制度。

(四十一)完善中小学学校管理制度。完善普通中小学和中等职业学校校长负责制。完善校长任职条件和任用办法。实行校务会议等管理制度,建立健全教职工代表大会制度,不断完善科学民主决策机制。扩大中等职业学校专业设置自主权。建立中小学家长委员会。引导社区和有关专业人士参与学校管理和监督。发挥企业参与中等职业学校发展的作用。建立中等职业学校与行业、企业合作机制。

## 第十四章　办学体制改革

(四十二)深化办学体制改革。坚持教育公益性原则,健全政府主导、社会参与、办学主体多元、办学形式多样、充满生机活力的办学体制,形成以政府办学为主体、全社会积极参与、公办教育和民办教育共同发展的格局。调动全社会参与的积极性,进一步激发教育活力,满足人民群众多层次、多样化的教育需求。

深化公办学校办学体制改革,积极鼓励行业、企业等社会力量参与公办学校办学,扶持薄弱学校发展,扩大优质教育资源,增强办学活力,提高办学效益。各地可从实际出发,开展公办学校联合办学、委托管理等试验,探索多种形式,提高办学水平。

改进非义务教育公共服务提供方式,完善优惠政策,鼓励公平竞争,引导社会资金以多种方式进入教育领域。

(四十三)大力支持民办教育。民办教育是教育事业发展的重要增长点和促进教育改革的重要力量。各级政府要把发展民办教育作为重要工作职责,鼓励出资、捐资办学,促进社会力量以独立举办、共同举办等多种形式兴办教育。完善独立学院管理和运行机制。支持民办学校创新体制机制和育人模式,提高质量,办出特色,办好一批高水平民办学校。

依法落实民办学校、学生、教师与公办学校、学生、教师平等的法律地位,保障民办学校办学自主权。清理并纠正对民办学校的各类歧视政策。制定完善促进民办教育发展的优惠政策。对具备学士、硕士和博士学位授予单位条件的民办学校,按规定程序予以审批。建立完善民办学校教师社会保险制度。

健全公共财政对民办教育的扶持政策。政府委托民办学校承担有关教育和培训任务,拨付相应教育经费。县级以上人民政府可以根据本行政区域的具体情况设立专项资金,用于资助民办学校。国家对发展民办教育作出突出贡献的组织、学校和个人给予奖励和表彰。

(四十四)依法管理民办教育。教育行政部门要切实加强对民办教育的统筹、规划和管理工作。积极探索营利性和非营利性民办学校分类管理。规范民办学校法人登记。完善民办学校法人治理结构。民办学校依法设立理事会或董事会,保障校长依法行使职权,逐步推进监事制度。积极发挥民办学校党组织的作用。完善民办高等学校督导专员制度。落实民办学校教职工参与民主管理、民主监督的权利。依法明确民办学校变更、退出机制。切实落实民办学校法人财产权。依法建立民办学校财务、会计和资产管理制度。任何组织和个人不得侵占学校资产、抽逃资金或者挪用办学经费。建立民办学校办学风险防范机制和信息公开制度。扩大社会参与民办学校的管理与监督。加强对民办教育的评估。

## 第十五章　管理体制改革

(四十五)健全统筹有力、权责明确的教育管理体制。以转变政府职能和简政放权为重点,深化教育管理体制改革,提高公共教育服务水平。明确各级政府责任,规范学校办学行为,促进管办评分离,形成政事分开、权责明确、统筹协调、规范有序的教育管理体制。中央政府统一领导和管理国家教育事业,制定发展规划、方针政策和基本标准,优化学科专业、类型、层次结构和区域布局。整体部署教育改革试验,统筹区域协调发展。地方政府负责落实国家方针政策,开展教育改革试验,根据职责分工负责区域内教育改革、发展和稳定。

(四十六)加强省级政府教育统筹。进一步加大省级政府对区域内各级各类教育的统筹。统筹管理义务教育,推进城乡义务教育均衡发展,依法落实发展义务教育的财政责任。促进普通高中和中等职业学校合理分布,加快普及高中阶段教育,重点扶持困难地区高中阶段教育发展。促进省域内职业教育协调发展和资源共享,支持行业、企业发展职业教育。完善以省级政府为主管理高等教育的体制,合理设置和调整高等学校及学科、专业布局,提高管理水平和办学质量。依法审批设立实施专科学历教育的高等学校,审批省级政府管理本科院校学士学位授予单位和已确定为硕士学位授予单位的学位授予点。完善省对省以下财政转移支付体制,加大对经济欠发达地区的支持力度。根据国家标准,结合本地实际,合理确定各级各类学校办学条件、教师编制等实施标准。统筹推进教育综合改革,促进教育区域协作,提高教育服务经济社会发展的水平。支持和督促市(地)、县级政府履行职责,发展管理好当地各类教育。

(四十七)转变政府教育管理职能。各级政府要切实履行统筹规划、政策引导、监督管理和提供公共教育服务的职责,建立健全公共教育服务体系,逐步实现基本公共教育服务均等化,维护教育公平和教育秩序。改变直接管理学校的单一方式,综合应用立法、拨款、规划、信息服务、政策指导和必要的行政措施,减少不必要的行政干预。

提高政府决策的科学性和管理的有效性。规范决策程序,在重大教育政策出台前要公开讨论,充分听取群众意见。成立教育咨询委员会,为教育改革和发展提供咨询论证,提高重大教育决策的科学性。建立和完善国家教育基本标准。整合国家教育质量监测评估机构及资源,完善监测评估体系,定期发布监测评估报告。加强教育监督检查,完善教育问责机制。

培育专业教育服务机构。完善教育中介组织的准入、资助、监管和行业自律制度。积极发挥行业协会、专业学会、基金会等各类社会组织在教育公共治理中的作用。

## 第十六章 扩大教育开放

(四十八)加强国际交流与合作。坚持以开放促改革、促发展。开展多层次、宽领域的教育交流与合作,提高我国教育国际化水平。借鉴国际上先进的教育理念和教育经验,促进我国教育改革发展,提升我国教育的国际地位、影响力和竞争力。适应国家经济社会对外开放的要求,培养大批具有国际视野、通晓国际规则、能够参与国际事务和国际竞争的国际化人才。

(四十九)引进优质教育资源。吸引境外知名学校、教育和科研机构以及企业,合作设立教育教学、实训、研究机构或项目。鼓励各级各类学校开展多种形式的国际交流与合作,办好若干所示范性中外合作学校和一批中外合作办学项目。探索多种方式利用国外优质教育资源。

吸引更多世界一流的专家学者来华从事教学、科研和管理工作,有计划地引进海外高端人才和学术团队。引进境外优秀教材,提高高等学校聘任外籍教师的比例。吸引海外优秀留学人员回国服务。

(五十)提高交流合作水平。扩大政府间学历学位互认。支持中外大学间的教师互派、学生互换、学分互认和学位互授联授。加强与国外高水平大学合作,建立教学科研合作平台,联合推进高水平基础研究和高技术研究。加强中小学、职业学校对外交流与合作。加强国际理解教育,推动跨文化交流,增进学生对不同国家、不同文化的认识和理解。

推动我国高水平教育机构海外办学,加强教育国际交流,广泛开展国际合作和教育服务。支持国际汉语教育。提高孔子学院办学质量和水平。加大教育国际援助力度,为发展中国家培养培训专门人才。拓宽渠道和领域,建立高等学校毕业生海外志愿者服务机制。

创新和完善公派出国留学机制,在全国公开选拔优秀学生进入国外高水平大学和研究机构学习。加强对自费出国留学的政策引导,加大对优秀自费留学生资助和奖励力度。坚持"支持留学、鼓励回国、来去自由"的方针,提高对留学人员的服务和管理水平。

进一步扩大外国留学生规模。增加中国政府奖学金数量,重点资助发展中国家学生,优化来华留学人员结构。实施来华留学预备教育,增加高等学校外语授课的学科专业,不断提高来华留学教育质量。

加强与联合国教科文组织等国际组织的合作,积极参与双边、多边和全球性、区域性教育合作。积极参与和推动国际组织教育政策、规则、标准的研究和制定。搭建高层次国际教育交流合作与政策对话平台,加强教育研究领域和教育创新实践活动的国际交流与合作。

加强内地与港澳台地区的教育交流与合作。扩展交流内容,创新合作模式,促进教育事业共同发展。

# 第四部分　保障措施

## 第十七章　加强教师队伍建设

(五十一)建设高素质教师队伍。教育大计,教师为本。有好的教师,才有好的教育。提高教师地位,维护教师权益,改善教师待遇,使教师成为受人尊重的职业。严格教师资质,提升教师素质,努力造就一支师德高尚、业务精湛、结构合理、充满活力的高素质专业化教师队伍。

(五十二)加强师德建设。加强教师职业理想和职业道德教育,增强广大教师教书育人的责任感和使命感。教师要关爱学生,严谨笃学,淡泊名利,自尊自律,以人格魅力和学识魅力来教育感染学生,做学生健康成长的指导者和引路人。将师德表现作为教师考核、聘任(聘用)和评价的首要内容。采取综合措施,建立长效机制,形成良好学术道德和学术风气,克服学术浮躁,查处学术不端行为。

(五十三)提高教师业务水平。完善培养培训体系,做好培养培训规划,优化队伍结构,提高教师专业水平和教学能力。通过研修培训、学术交流、项目资助等方式,培养教育教学骨干、"双师型"教师、学术带头人和校长,造就一批教学名师和学科领军人才。

以农村教师为重点,提高中小学教师队伍整体素质。创新农村教师补充机制,完善制度政策,吸引更多优秀人才从教。积极推进师范生免费教育,实施农村义务教育学校教师特设岗位计划,完善代偿机制,鼓励高校毕业生到艰苦边远地区当教师。完善教师培训制度,将教师培训经费列入政府预算,对教师实行每五年一周期的全员培训。加大民族地区双语教师培养培训力度。加强校长培训,重视辅导员和班主任培训。加强教师教育,构建以师范院校为主体、综合大学参与、开放灵活的教师教育体系。深化教师教育改革,创新培养模式,增强实习实践环节,强化师德修养和教学能力训练,提高教师培养质量。

以"双师型"教师为重点,加强职业院校教师队伍建设。加大职业院校教师培养培训力度。依托相关高等学校和大中型企业,共建"双师型"教师培养培训基地。完善教师定期到企业实践制度。完善相关人事制度,聘任(聘用)具有实践经验的专业技术人员和高技能人才担任专兼职教师,提高持有专业技术资格证书和职业资格证书教师比例。

以中青年教师和创新团队为重点,建设高素质的高校教师队伍。大力提高高校教师教学水平、科研创新和社会服务能力。促进跨学科、跨单位合作,形成高水平教学和科研创新团队。创新人事管理和薪酬分配方式,引导教师潜心教学科研,鼓励中青年优秀教师脱颖而出。实施海外高层次人才引进计划、"长江学者奖励计划"和"国家杰出青年科学基金"等人才项目,为高校集聚具有国际影响的学科领军人才。

(五十四)提高教师地位待遇。不断改善教师的工作、学习和生活条件,吸引优秀人才长期从教、终身从教。依法保证教师平均工资水平不低于或者高于国家公务员的平均工资水平,并逐步提高。落实教师绩效工资。对长期在农村基层和艰苦边远地区工作的教师,在工资、职务(职称)等方面实行倾斜政策,完善津贴补贴标准。建设农村艰苦边远地区学校教师周转宿舍。研究制定优惠政策,改善教师工作和生活条件。关心教师身心健康。落实和完善教师医疗养老等社会保障政策。国家对在农村地区长期从教、贡献突出的教师给予奖励。

(五十五)健全教师管理制度。完善并严格实施教师准入制度,严把教师入口关。国家制定教师资格标准,提高教师任职学历标准和品行要求。建立教师资格证书定期登记制度。省级教育行政部门统一组织中小学教师资格考试和资格认定,县级教育行政部门按规定履行中小学教师的招聘录用、职务(职称)评聘、培养培训和考核等管理职能。

逐步实行城乡统一的中小学编制标准,对农村边远地区实行倾斜政策。制定幼儿园教师配备标准。建立统一的中小学教师职务(职称)系列,在中小学设置正高级教师职务(职称)。探索在职业学校设置正高级教师职务(职称)。制定高等学校编制标准。加强学校岗位管理,创新聘用方式,规范用人行为,完善激励机制,激发教师积极性和创造性。建立健全义务教育学校教师和校长流动机制。城镇中小学教师在评聘高级职务(职称)时,原则上要有一年以上在农村学校或薄弱学校任教经历。加强教师管理,完善教师退出机制。制定校长任职资格标准,促进校长专业化,提高校长管理水平。推行校长职级制。

创造有利条件,鼓励教师和校长在实践中大胆探索,创新教育思想、教育模式和教育方法,形成教学特色和办学风格,造就一批教育家,倡导教育家办学。大力表彰和宣传模范教师的先进事迹。国家对作出突出贡献的教师和教育工作者设立荣誉称号。

## 第十八章 保障经费投入

(五十六)加大教育投入。教育投入是支撑国家长远发展的基础性、战略性投资,是教育事业的物质基础,是公共财政的重要职能。要健全以政府投入为主、多渠道筹集教育经费的体制,大幅度增加教育投入。

各级政府要优化财政支出结构,统筹各项收入,把教育作为财政支出重点领域予以优先保障。严格按照教育法律法规规定,年初预算和预算执行中的超收收入分配都要体现法定增长要求,保证教育财政拨款增长明显高于财政经常性收入增长,并使按在校学生人数平均的教育费用逐步增长,保证教师工资和学生人均公用经费逐步增长。按增值税、营业税、消费税的3%足额征收教育费附加,专项用于教育事业。提高国家财政性教育经费支出占国内生产总值的比例,2012年达到4%。

社会投入是教育投入的重要组成部分。充分调动全社会办教育的积极性,扩大社会资源进入教育途径,多渠道增加教育投入。完善财政、税收、金融和土地等优惠政策,鼓励和引导社会力量捐资、出资办学。完善非义务教育培养成本分担机制,根据经济发展状况、培养成本和群众承受能力,调整学费标准。完善捐赠教育激励机制,落实个人教育公益性捐赠支出在所得税税前扣除的规定。

(五十七)完善投入机制。进一步明确各级政府提供公共教育服务职责,完善各级教育经费投入机制,保障学校办学经费的稳定来源和增长。各地根据国家办学条件基本标准和教育教学基本需要,制定并逐步提高区域内各级学校学生人均经费基本标准和学生人均财政拨款基本标准。

将义务教育全面纳入财政保障范围,实行国务院和地方各级人民政府根据职责共同负担,省、自治区、直辖市人民政府负责统筹落实的投入体制。进一步完善中央财政和地方财政分项目、按比例分担的农村义务教育经费保障机制,提高保障水平。尽快化解农村义务教育学校债务。

非义务教育实行以政府投入为主、受教育者合理分担、其他多种渠道筹措经费的投入机制。学前教育建立政府投入、社会举办者投入、家庭合理负担的投入机制。普通高中实行以财政投入为主,其他渠道筹措经费为辅的机制。中等职业教育实行政府、行业、企业及其他社会力量依法筹集经费的机制。高等教育实行以举办者投入为主、受教育者合理分担培养成本、学校设立基金接受社会捐赠等筹措经费的机制。

进一步加大农村、边远贫困地区、民族地区的教育投入。中央财政通过加大转移支付,支持农村欠发达地区和民族地区教育事业发展,加强关键领域和薄弱环节,解决突出问题。

健全国家资助政策体系。各地要根据学前教育普及程度和发展情况,逐步对农村家庭经济困难和城镇低保家庭子女接受学前教育予以资助。提高农村义务教育家庭经济困难寄宿生生活补助标准,改善中小学生营养状况。建立普通高中家庭经济困难学生国家资助制度。完善普通本科高校、高等职业学校和中等职业学校家庭经济困难学生资助政策体系。完善助学贷款体制机制。推进生源地信用助学贷款。建立健全研究生教育收费制度,完善资助政策,设立研究生国家奖学金。根据经济发展水平和财力状况,建立国家奖助学金标准动态调整机制。

(五十八)加强经费管理。坚持依法理财,严格执行国家财政资金管理法律制度和财经纪律。建立科学化、精细化预算管理机制,科学编制预算,提高预算执行效率。设立高等教育拨款咨询委员会,增强经费分配的科学性。加强学校财务会计制度建设,完善经费使用内部稽核和内部控制制度。完善教育经费监管机构职能,在高等学校试行设立总会计师职务,提升经费使用和资产管理专业化水平。公办高等学校总会计师由政府委派。加强经费使用监督，强化重大项目建设和经费使用全过程审计，确保经费使用规范、安全、有效。建立并不断完善教育经费基础信息库，提升经费管理信息化水平。防范学校财务风险。建立经费使用绩效评价制度，加强重大项目经费使用考评。加强学校国有资产管理，建立健全学校国有资产配置、使用、处置管理制度，防止国有资产流失，提高使用效益。

完善学校收费管理办法，规范学校收费行为和收费资金使用管理。坚持勤俭办学，严禁铺张浪费，建设节约型学校。

## 第十九章　加快教育信息化进程

（五十九）加快教育信息基础设施建设。信息技术对教育发展具有革命性影响，必须予以高度重视。把教育信息化纳入国家信息化发展整体战略，超前部署教育信息网络。到2020年，基本建成覆盖城乡各级各类学校的教育信息化体系，促进教育内容、教学手段和方法现代化。充分利用优质资源和先进技术，创新运行机制和管理模式，整合现有资源，构建先进、高效、实用的数字化教育基础设施。加快终端设施普及，推进数字化校园建设，实现多种方式接入互联网。重点加强农村学校信息基础建设，缩小城乡数字化差距。加快中国教育和科研计算机网、中国教育卫星宽带传输网升级换代。制定教育信息化基本标准，促进信息系统互联互通。

（六十）加强优质教育资源开发与应用。加强网络教学资源体系建设。引进国际优质数字化教学资源。开发网络学习课程。建立数字图书馆和虚拟实验室。建立开放灵活的教育资源公共服务平台，促进优质教育资源普及共享。创新网络教学模式，开展高质量高水平远程学历教育。继续推进农村中小学远程教育，使农村和边远地区师生能够享受优质教育资源。

强化信息技术应用。提高教师应用信息技术水平，更新教学观念，改进教学方法，提高教学效果。鼓励学生利用信息手段主动学习、自主学习，增强运用信息技术分析解决问题能力。加快全民信息技术普及和应用。

（六十一）构建国家教育管理信息系统。制定学校基础信息管理要求，加快学校管理信息化进程，促进学校管理标准化、规范化。推进政府教育管理信息化，积累基础资料，掌握总体状况，加强动态监测，提高管理效率。整合各级各类教育管理资源，搭建国家教育管理公共服务平台，为宏观决策提供科学依据，为公众提供公共教育信息，不断提高教育管理现代化水平。

## 第二十章 推进依法治教

（六十二）完善教育法律法规。按照全面实施依法治国基本方略的要求，加快教育法制建设进程，完善中国特色社会主义教育法律法规。根据经济社会发展和教育改革的需要，修订教育法、职业教育法、高等教育法、学位条例、教师法、民办教育促进法，制定有关考试、学校、终身学习、学前教育、家庭教育等法律。加强教育行政法规建设。各地根据当地实际，制定促进本地区教育发展的地方性法规和规章。

（六十三）全面推进依法行政。各级政府要按照建设法治政府的要求，依法履行教育职责。探索教育行政执法体制机制改革，落实教育行政执法责任制，及时查处违反教育法律法规、侵害受教育者权益、扰乱教育秩序等行为，依法维护学校、学生、教师、校长和举办者的权益。完善教育信息公开制度，保障公众对教育的知情权、参与权和监督权。

（六十四）大力推进依法治校。学校要建立完善符合法律规定、体现自身特色的学校章程和制度，依法办学，从严治校，认真履行教育教学和管理职责。尊重教师权利，加强教师管理。保障学生的受教育权，对学生实施的奖励与处分要符合公平、公正原则。健全符合法治原则的教育救济制度。

开展普法教育。促进师生员工提高法律素质和公民意识，自觉知法守法，遵守公共生活秩序，做遵纪守法的楷模。

（六十五）完善督导制度和监督问责机制。制定教育督导条例，进一步健全教育督导制度。探索建立相对独立的教育督导机构，独立行使督导职能。健全国家督学制度，建设专职督导队伍。坚持督政与督学并重、监督与指导并重。加强义务教育督导检查，开展学前教育和高中阶段教育督导检查。强化对政府落实教育法律法规和政策情况的督导检查。建立督导检查结果公告制度和限期整改制度。

严格落实问责制。主动接受和积极配合各级人大及其常委会对教育法律法规执行情况的监督检查以及司法机关的司法监督。建立健全层级监督机制。加强监察、审计等专门监督。强化社会监督。

## 第二十一章　重大项目和改革试点

（六十六）组织实施重大项目。2010—2012年，围绕教育改革发展战略目标，着眼于促进教育公平，提高教育质量，增强可持续发展能力，以加强关键领域和薄弱环节为重点，完善机制，组织实施一批重大项目。

义务教育学校标准化建设。完善城乡义务教育经费保障机制，科学规划、统筹安排、均衡配置、合理布局。实施中小学校舍安全工程，集中开展危房改造、抗震加固，实现城乡中小学校舍安全达标；改造小学和初中薄弱学校，尽快使义务教育学校的师资、教学仪器设备、图书、体育场地基本达标；改扩建劳务输出大省和特殊困难地区农村学校寄宿设施，改善农村学生特别是留守儿童寄宿条件，基本满足需要。

义务教育教师队伍建设。继续实施农村义务教育学校教师特设岗位计划，吸引高校毕业生到农村从教；加强农村中小学薄弱学科教师队伍建设，重点培养和补充一批边远贫困地区和革命老区急需紧缺教师；对义务教育教师进行全员培训，组织校长研修培训；对专科学历以下小学教师进行学历提高教育，使全国小学教师学历逐步达到专科以上水平。

推进农村学前教育。支持办好现有的乡镇和村幼儿园；重点支持中西部贫困地区充分利用中小学富余校舍和社会资源，改扩建或新建乡镇和村幼儿园；对农村幼儿园园长和骨干教师进行培训。

职业教育基础能力建设。支持建设一批职业教育实训基地，提升职业教育实践教学水平；完成一大批"双师型"教师培训，聘任(聘用)一大批有实践经验和技能的专兼职教师；支持一批中等职业教育改革示范校和优质特色校建设，支持高等职业教育示范校建设；支持一批示范性职业教育集团学校建设，促进优质资源开放共享。

提升高等教育质量。实施中西部高等教育振兴计划，加强中西部地方高校优势学科和师资队伍建设；实施东部高校对口支援西部高校计划；支持建设一批高等学校产学研基地；实施基础学科拔尖学生培养试验计划和卓越工程师、医师等人才教育培养计划;继续实施"985工程"和优势学科创新平台建设,继续实施"211工程"和启动特色重点学科项目;继续实施"高等学校本科教学质量与教学改革工程""研究生教育创新计划""高等学校哲学社会科学繁荣计划"和"高等学校高层次创新人才计划"。

发展民族教育。巩固民族地区普及九年义务教育成果,支持边境县和民族自治地方贫困县实现义务教育学校标准化;重点扶持和培养一批边疆民族地区紧缺教师人才;加强对民族地区中小学和幼儿园双语教师培养培训;加快民族地区高中阶段教育发展,启动内地中职班,支持教育基础薄弱县的改扩建、新建一批普通高中和中等职业学校;支持民族院校建设。

发展特殊教育。改扩建和新建一批特殊教育学校,使市(地)和30万人口以上、残疾儿童少年较多的县(市)都有一所特殊教育学校;为现有特殊教育学校添置必要的教学、生活和康复训练设施,改善办学条件;对特殊教育教师进行专业培训,提高教育教学水平。

对家庭经济困难学生的资助。启动民族地区、贫困地区农村小学生营养改善计划;免除中等职业教育家庭经济困难学生和涉农专业学生学费;把普通高中学生和研究生纳入国家助学体系。

教育信息化建设。提高中小学每百名学生拥有计算机台数,为农村中小学班级配备多媒体远程教学设备;建设有效共享、覆盖各级各类教育的国家数字化教学资源库和公共服务平台;基本建成较完备的国家级和省级教育基础信息库以及教育质量、学生流动、资源配置和毕业生就业状况等监测分析系统。

教育国际交流合作。支持一批示范性中外合作办学机构;支持在高校建设一批国际合作联合实验室、研究中心;引进一大批海外高层次人才;开展大中小学校长和骨干教师海外研修培训;支持扩大公派出国留学规模;实施留学中国计划,扩大来华留学生规模;培养各种外语人才;支持孔子学院建设。

(六十七)组织开展改革试点。成立国家教育体制改革领导小组,研究部署、指导实施教育体制改革工作。根据统筹规划、分步实施、试点先行、动态调整的原则,选择部分地区和学校开展重大改革试点。

推进素质教育改革试点。建立减轻中小学生课业负担的有效机制;加强基础教育课程教材建设;开展高中办学模式多样化试验,开发特色课程;探索弹性学制等培养方式;完善教育质量监测评估体系,定期发布测评结果等。

义务教育均衡发展改革试点。建立城乡一体化义务教育发展机制;实行县(区)域内教师、校长交流制度;实行优质普通高中和优质中等职业学校招生名额合理分配到区域内初中的办法;切实解决区域内义务教育阶段择校问题等。

职业教育办学模式改革试点。以推进政府统筹、校企合作、集团化办学为重点,探索部门、行业、企业参与办学的机制;开展委托培养、定向培养、订单式培养试点;开展工学结合、弹性学制、模块化教学等试点;推进职业教育为"三农"服务、培养新型农民的试点。

终身教育体制机制建设试点。建立区域内普通教育、职业教育、继续教育之间的沟通机制;建立终身学习网络和服务平台;统筹开发社会教育资源,积极发展社区教育;建立学习成果认证体系,建立"学分银行"制度等。

拔尖创新人才培养改革试点。探索贯穿各级各类教育的创新人才培养途径;鼓励高等学校联合培养拔尖创新人才;支持有条件的高中与大学、科研院所合作开展创新人才培养研究和试验,建立创新人才培养基地。

考试招生制度改革试点。完善初中和高中学业水平考试和综合素质评价;探索实行高水平大学联考;探索高等职业学校自主考试或根据学业水平考试成绩注册入学;探索自主录取、推荐录取、定向录取、破格录取的具体方式;探索缩小高等学校入学机会区域差距的举措等。

现代大学制度改革试点。研究制定党委领导下的校长负责制实施意见。制定和完善学校章程,探索学校理事会或董事会、学术委员会发挥积极作用的机制;全面实行聘任制度和岗位管理制度;实行新进人员公开招聘制度;探索协议工资制等灵活多样的分配办法;建立多种形式的专职科研队伍,推进管理人员职员制;完善校务公开制度等。

深化办学体制改革试点。探索公办学校联合办学、中外合作办学、委托管理等改革试验;开展对营利性和非营利性民办学校分类管理试点;建立民办学校财务、会计和资产管理制度;探索独立学院管理和发展的有效方式等。

地方教育投入保障机制改革试点。建立多渠道筹措教育经费长效机制;

制定各级学校学生人均经费基本标准和学生人均财政拨款基本标准;探索政府收入统筹用于支持教育的办法;建立教育投入分项分担机制;依法制定鼓励教育投入的优惠政策;对长期在农村基层和艰苦边远地区工作的教师实行工资福利倾斜政策等。

省级政府教育统筹综合改革试点。探索政校分开、管办分离实现形式;合理部署区域内学校、学科、专业设置;制定办学条件、教师编制、招生规模等基本标准;推进县(市)教育综合改革试点;加强教育督导制度建设,探索督导机构独立履行职责的机制;探索省际教育协作改革试点,建立跨地区教育协作机制等。

## 第二十二章 加强组织领导

(六十八)加强和改善对教育工作的领导。各级党委和政府要以邓小平理论和"三个代表"重要思想为指导,深入贯彻落实科学发展观,把推动教育事业优先发展、科学发展作为重要职责,健全领导体制和决策机制,及时研究解决教育改革发展的重大问题和群众关心的热点问题。要把推进教育事业科学发展作为各级党委和政府政绩考核的重要内容,完善考核机制和问责制度。各级政府要定期向同级人民代表大会或其常务委员会报告教育工作情况。建立各级党政领导班子成员定点联系学校制度。有关部门要切实履行职责,支持教育改革和发展。扩大人民群众对教育事业的知情权、参与度。

加强教育宏观政策和发展战略研究,提高教育决策科学化水平。鼓励和支持教育科研人员坚持理论联系实际,深入探索中国特色社会主义教育规律,研究和回答教育改革发展重大理论和现实问题,促进教育事业科学发展。

(六十九)加强和改进教育系统党的建设。把教育系统党组织建设成为学习型党组织。深入学习马克思列宁主义、毛泽东思想、邓小平理论、"三个代表"重要思想以及科学发展观,坚持用发展的马克思主义武装党员干部、教育广大师生。深入推动中国特色社会主义理论体系进教材、进课堂、进头脑。深入开展社会主义核心价值体系学习教育。

健全各级各类学校党的组织。把全面贯彻党的教育方针、培养社会主义建设者和接班人贯穿学校党组织活动始终,坚持社会主义办学方向,牢牢把握党对学校意识形态工作的主导权。高等学校党组织要充分发挥在学校改革发展中的领导核心作用,中小学党组织要充分发挥在学校工作中的政治核心作用。加强民办学校党的建设,积极探索党组织发挥作用的途径和方法。

加强学校领导班子和领导干部队伍建设,不断提高思想政治素质和办学治校能力。坚持德才兼备、以德为先的用人标准,选拔任用学校领导干部。加大学校领导干部培养培训和交流任职力度。

着力扩大党组织的覆盖面,推进工作创新,增强生机活力。充分发挥学校基层党组织战斗堡垒作用和党员先锋模范作用。加强在优秀青年教师、优秀学生中发展党员工作。重视学校共青团、少先队工作。

加强教育系统党风廉政建设和行风建设。大兴密切联系群众之风、求真务实之风、艰苦奋斗之风、批评和自我批评之风。坚持标本兼治、综合治理、惩防并举、注重预防的方针,完善体现教育系统特点的惩治和预防腐败体系。严格执行党风廉政建设责任制,加大教育、监督、改革、制度创新力度,坚决惩治腐败。坚持从严治教、规范管理,积极推行政务公开、校务公开。坚决纠正损害群众利益的各种不正之风。

(七十)切实维护教育系统和谐稳定。加强和改进学校思想政治工作,加强校园文化建设,深入开展平安校园、文明校园、绿色校园、和谐校园创建活动。重视解决好师生员工的实际困难和问题。完善矛盾纠纷排查化解机制,完善学校突发事件应急管理机制,妥善处置各种事端。加强校园网络管理。建立健全安全保卫制度和工作机制,完善人防、物防和技防措施。加强师生安全教育和学校安全管理,提高预防灾害、应急避险和防范违法犯罪活动的能力。加强校园和周边环境治安综合治理,为师生创造安定有序、和谐融洽、充满活力的工作、学习、生活环境。

# 实 施

《教育规划纲要》是21世纪我国第一个中长期教育规划纲要,涉及面广、时间跨度大、任务重、要求高,必须周密部署、精心组织、认真实施,确保各项任务落到实处。

明确目标任务,落实责任分工。贯彻实施《教育规划纲要》,是各级党委和政府的重要职责。各地区各部门要在中央统一领导下,按照《教育规划纲要》的部署和要求,对目标任务进行分解,明确责任分工。国务院教育行政部门负责《教育规划纲要》的组织协调与实施,各有关部门积极配合,密切协作,共同抓好贯彻落实。

提出实施方案,制定配套政策。各地要围绕《教育规划纲要》确定的战略目标、主要任务、体制改革、重大措施和项目等,提出本地区实施的具体方案和措施,分阶段、分步骤组织实施。各有关部门要抓紧研究制定切实可行、操作性强的配套政策,尽快出台实施。

鼓励探索创新,加强督促检查。充分尊重人民群众的首创精神,鼓励各地积极探索,勇于创新,创造性地实施《教育规划纲要》。对各地在实施《教育规划纲要》中好的做法和有效经验,要及时总结,积极推广。对《教育规划纲要》实施情况进行监测评估和跟踪检查。

广泛宣传动员,营造良好环境。广泛宣传党的教育方针政策,广泛宣传优先发展教育、建设人力资源强国的重要性和紧迫性,广泛宣传《教育规划纲要》的重大意义和主要内容,动员全党全社会进一步关心支持教育事业的改革和发展,为《教育规划纲要》的实施创造良好社会环境和舆论氛围。

# 参考文献

[1] Prahald C K, Hamel G. The core competence of the corporation[J]. Harvard Business Review, 1990(3).

[2] 徐辉,季诚钧.独立学院人才培养的理论与实践[M].杭州:浙江大学出版社,2007.

[3] 张卫良.大学核心竞争力理论与实践研究(第一辑)[M].青岛:青岛海洋大学出版社,2006.

[4] 刘巨钦,朱健.独立学院人才培养质量体系建设研究[M].湘潭:湘潭大学出版社,2008.

[5] 教育部高等教育教学评估中心.新机制、新模式、新探索——独立学院[M].北京:高等教育出版社,2005.

[6] 海因茨·韦里克.管理学[M].北京:经济科学出版社,2003.

[7] 中华人民共和国教育部.http://www.moe.edu.cn/.

[8] 中国独立学院在线.http://www.cicol.cn/new/.

[9] 中国教育在线.http://www.eol.cn/.

[10] 龙飞.德国应用技术大学(RH)对我国独立学院高校转型的启示[D].重庆:西南大学,2015.

[11] 何一珍."后过渡期"独立学院发展路径研究[D].南京:南京师范大学,2017.

[12] 薛湘.独立学院可持续发展问题研究[D].桂林:广西师范大学,2015.

[13] 鲁禹廷.独立学院转设为民办高校后的发展战略研究——以湖北省独立学院为例[D].桂林:广西师范大学,2017.

[14] 潘懋元.应用型人才培养的理论与实践[M].厦门:厦门大学出版社,2011.

[15] 孟庆国.地方高校转型发展服务区域经济社会[N].中国教育报,2014-4-28.

[16] 聂伟.关于将独立学院院校纳入现代职业教育体系构建的探讨——兼论职业教育的边界[J].中国高教研究,2012(11).

[17] 夏建国.生态位视角下中国应用技术大学的发展[J].职业技术教育,2013(25).

[18] 刘平清,邱红锋,刘孝杰.中德应用技术大学师资队伍建设比较研究[J].科教导刊,2015(3).

[19] 张君诚,许明春.独立学院向应用技术大学转型"三落实"研究[J].三明学院学报,2014(6).

[20] 龙飞.德国应用技术大学(FH)对我国独立学院离校转型的启示[D].重庆:西南大学,2015.

[21] 姚汝贤,孙利.应用技术大学背景下的教师转型发展探索[J].计算机教育,2015(3).

[22] 刘平清,邱红锋,刘孝杰.中德应用技术大学师资队伍建设比较研究[J].科教导刊,2015(3).

[23] 葛艳娜,路姝娟.中德应用型本科师资队伍建设比较研究[J].上海第二工业大学学报,2011(4).

[24] 杨睿宇,马箫.新建地方本科高校师资队伍建设探讨——基于转型发展视角[J].重庆科技学院学报(社会科学版),2015(1).

[25] 张庆奎.建设应用技术大学的战略思考:基于常熟理工学院的办学探索[J].常熟理工学院学报(哲学社会科学版),2014(5).

[26] 赖德胜,武向荣.论大学的核心竞争力[J].教育研究,2002(7).

[27] 刘春艳,孙小权,钱少明.独立学院核心竞争力评价指标体系实证研究[J].职业技术教育(教科版),2006(19).

[28] 刘俊,陈志丹.高校独立学院核心竞争力的制约与培育[J].理论纵横,2007(10).